高职高专国家骨干院校重点专业建设规划教材
管　理　工　程　系　列

基础会计

JICHU KUAIJI

方东明◎主 编

北京师范大学出版集团
BEIJING NORMAL UNIVERSITY PUBLISHING GROUP
安徽大学出版社

图书在版编目(CIP)数据

基础会计/方东明主编. —合肥:安徽大学出版社,2014.8(2019.5 重印)
高职高专国家骨干院校重点专业建设规划教材. 管理工程系列
ISBN 978-7-5664-0810-5

Ⅰ. ①基… Ⅱ. ①方… Ⅲ. ①会计学-高等职业教育-教材 Ⅳ. ①F230

中国版本图书馆 CIP 数据核字(2014)第 182507 号

基础会计 方东明 主编

出版发行:北京师范大学出版集团
安徽大学出版社
(安徽省合肥市肥西路 3 号 邮编 230039)
www.bnupg.com.cn
www.ahupress.com.cn
印　刷:合肥现代印务有限公司
经　销:全国新华书店
开　本:184mm×260mm
印　张:16
字　数:389 千字
版　次:2014 年 8 月第 1 版
印　次:2019 年 5 月第 2 次印刷
定　价:32.00 元
ISBN 978-7-5664-0810-5

策划编辑:李　梅　武溪溪
责任编辑:武溪溪
责任印制:陈　如
装帧设计:张同龙　李　军
美术编辑:李　军

前 言

本书是会计学的入门教材，主要介绍了会计学的基本理论、基本方法和基本操作技能。通过本书的学习，能够使学生理解和掌握会计学的基本理论和方法，并具有相应的会计实务操作技能。本书主要适合高职高专院校会计、管理、经济等专业学生的教学使用，也可以作为各类会计培训学校的教学教材和广大会计人员的自学参考用书。

本书在编写过程中遵循高等教育“以岗位为基础，以能力为本位”，“理论必须够用为度”的原则和培养应用型、技能型人才的目标，同时结合高职高专“双证就业”的办学要求，将会计从业资格证书考试要求纳入教材编写内容，力求做到基础理论教学与实践技能操作相结合，为学生取得会计从业资格证书奠定基础。

本书在编写内容上重视图、表、例的使用，力求做到通俗易懂、简洁明了。为方便教师教学和学生学习，每章都注明了教学目的、教学重点、教学难点，并附有本章小结和课后练习题、实训题，帮助学生理解和掌握所学内容。

本书由安徽交通职业技术学院方东明担任主编，负责全书的统稿、修改、补充和总纂等工作。各章编写具体分工如下：吴金菊编写第一章、第二章，韩素兰编写第三章、第四章，吴玉昭编写第五章、第六章，李昕编写第七章、第十章，方东明编写第八章、第九章。本书在编写过程中得到了安徽省公路局凌勇、安徽安联信达会计师事务所方伟、安徽国强会计师事务所李中华、合肥金德电力设备制造有限公司李二松的大力支持，在此一并表示感谢！

由于编者水平有限，书中难免有不足之处，敬请读者批评指正，在此深表谢意！

编　者

2014 年 5 月

目　录

第一章　总　论

教学目的

□了解会计的产生与发展
□掌握会计的含义和基本职能
□掌握会计核算的基本前提
□掌握会计信息质量要求
□了解会计核算方法

教学重点

□会计的基本含义
□会计核算的基本假设
□会计信息质量要求

教学难点

□会计核算的基本假设
□会计信息质量要求

建议课时

6 课时

第一节　会计概述

一、会计的产生与发展

会计作为一种特殊的经济管理活动，是随着社会生产的发展和对社会生产管理的要求而产生，并随着社会经济的进步而不断完善和提高的。

人类的生存和社会的发展需要生产活动。生产活动一方面创造物质财富，取得一定的劳动成果，另一方面要发生人力、物力的耗费。为了以尽可能少的劳动耗费，生产出尽可能多的劳动成果，人们需要对劳动耗费和劳动成果进行记录、计算和分析。这种对生产过程中劳动耗费和劳动成果的确认、计量、报告，就是基本意义的会计。

最初的会计只是作为生产职能的附带部分，即由生产者在生产时间之外将收入、支付等事项记载下来，如原始社会的“结绳记事”、“绘图记事”等。随着社会生产的进一步发展、生产规模的日益扩大，需要记录的事情越来越多，于是生产者委托专门的人员从事记录工作，会计逐渐从生产职能中分离出来，成为独立的职能或工作。

会计作为一项记录、计算和考核收支的工作，无论在中国还是在外国，都具有几千年的历史。但是，会计作为一种专业知识，成为一门独立的学科，则是近几百年的事。回顾会计产生与发展的整个历程，大体上可划分为三个阶段。

(一)古代会计

关于会计的起源有不同的说法，多数人认为计数是会计的雏形。如古巴比伦人在金属盒瓦片上记录商业交易，古代中国人发明“结绳记事”法等，按现在的会计术语解释，就是“收入减付出等于结余”。

在我国，“会计”一词的出现，最早始于西周。当时，由于农业、手工业及商业经济的发展和繁荣，人们对计量、记录有了更高的要求，为了满足生产经营及国家统治的需要，出现了专司朝廷钱粮收支的官吏——“司会”，进行“月计岁会”。把每月零星计算称为“计”，把年终总和计算称为“会”，由此，“会计”一词开始使用。“会计”二字连用，除了有计算和记录的含义外，还有管理和考核之意。

古代会计一般是指从会计产生到复式记账法出现以前这段漫长的时间。这一阶段，会计的特点是以实物和货币作为计量单位，会计作为生产职能的附带部分，以官厅会计为主，会计核算采用单式记账。

(二)近代会计

近代会计从运用复式记账法开始，复式记账法在理论上打开了会计由古代迈向近代阶段的大门。近代会计的发展有两大突破：一是商品经济发展，使会计以货币作为主要的计量尺度；二是会计的记录采用复式记账，形成了账户体系。

会计从古代演进到近代，有两个重要的里程碑。

一是复式簿记的产生。中世纪，意大利的佛罗伦萨、热那亚、威尼斯等地的商业和金融业特别繁荣，成为世界贸易中心，日益繁荣的商业和金融业要求不断改进和提高已经流行于这三个城市的复式记账方法。为适应实际的需要，1494 年，意大利数学家卢卡·巴其阿勒出版了《算术·几何·比及比例概要》，该书第一次全面系统地总结了复式记账方法，并从理论上给予了必要阐述。这是会计史上的重要里程碑，标志着近代会计的出现，卢卡·巴其阿勒也因此被称为“会计学之父”。通过该书的宣传，复式簿记法首先在欧洲得到广泛传播，后来又传入美国、日本等国家，从而在资本主义国家得以普遍应用。

二是世界上第一个会计师协会的成立。19 世纪的工业革命、工业制度和大生产方式的出现，使正确计算固定资产折旧、合理分摊间接费用、正确计算产品生产成本及控制成本费用的发生成为现实需要，因此成本会计得到迅速发展。随着股份制公司的发展，公司所有者和公司股东不再是公司的管理者。所有权和经营权的分离，要求公司经理向公司所有者公开报告其经营业绩。而公司经理出于自身的目的，总是设法美化其业绩。为适应这种变化，1854 年，苏格兰的会计师成立第一个特许会计师协会——爱丁堡会计师协会。从此，扩大了会计的服务对象，增加了会计的核算内容，会计的作用得到了社会的广泛承认。这被认为是会计史上的第二个里程碑。

在近代会计阶段，会计的特点是以货币作为主要计量单位，具有独立的管理职能，以企业会计为主，会计核算采用复式记账，形成一套完整的会计核算方法。

(三)现代会计

现代意义上的会计是在 20 世纪 50 年代以后，在市场经济发达的国家发展起来的。这一阶段生产力水平得到较大发展，企业规模越来越大，跨国公司对于世界经济的影响越来越大，科学技术的进步使得生产工艺复杂化，产品品种多样化，企业之间的竞争越来越激烈。为适应竞争的需要，企业迫切地需要降低成本，就产生了标准成本法，管理会计得到迅速发展，丰富了会计的内涵和外延，形成财务会计和管理会计两大分支。丰富的社会经济实践为会计理论的逐渐形成提供了肥沃的土壤，会计成为一门应用性科学。会计标准和会计规范逐渐形成并完善，会计标准的国际化问题不断引起人们的重视。股份制公司的出现，使得社会资本不断集中，随之而来的是上市公司的出现、资本市场的产生和不断完善，使得会计信息的重要性为世人瞩目，在社会中客观上形成了注册会计师对会计报表的真实性、公允性发表审计意见的制度。

现代会计阶段，会计的特点是会计分为财务会计和管理会计两大分支；会计理论逐渐形成，使会计成为一门科学；会计规范逐渐在国际范围内趋同；出现注册会计师，对会计报表的真实性、公允性发表审计意见。

二、会计的含义与基本特征

(一)会计的含义

会计是以货币为主要计量单位，运用专门的方法，对企业、行政事业等单位的经济活动进行连续、系统、全面、综合的确认、计量、报告和监督，向财务会计报告使用者提供有关的会计信息，并进行必要的经济预测、分析、参与决策的一种经济管理活动。

(二)会计的基本特征

会计的基本特征主要表现在以下四个方面。

1.会计是以货币为主要的计量单位

在经济活动中，人们为了有效地安排劳动时间，以尽可能少的劳动消耗生产出更多更好的物质产品，满足人们的生产、生活需要，必须全面地记录和计算人力、物力、财力的消耗。对劳动时间的消耗与取得的劳动成果进行比较、分析，必须采取一个统一的计量单位。以货币的形式从数量方面对再生产活动进行记录、计算、分析和比较，可以把各种性质相同或不相同的经济业务加以综合，求得各种综合性指标，总括地反映经济业务的发生和结果。因此，会计在日常核算时以货币为主要计量单位对会计事项进行记账、算账、报账，但货币并非唯一的计量单位，必要时辅之以实物量度和劳动量度等指标计量。

2.会计对经济活动进行连续、系统、完整的记录与反映

所谓“连续性”，是指在核算时应按经济业务发生时间的先后顺序，不间断地进行记录；所谓“系统性”，是指从开始记录一次经济业务到最后编制会计报表的整个核算过程中，要逐步把会计资料加以系统化，通过分类、汇总、加工、整理，以取得经济核算的各项指标；所谓“完整性”，是指对用于会计对象的全部经济业务都要进行记录与计算，既不能遗漏，也不能任意取舍。

3.会计采用一系列专门的技术和方法

会计方法是会计在反映和监督会计对象时所采用的一系列专门方法。会计的方法包括会计核算方法、会计分析方法和会计检查方法。三种方法既彼此独立又相互联系。其中，会计核算是会计的基本方法，是会计分析和会计检查的基础；会计分析是会计核算的继续和发展；会计检查是对会计工作质量的检验，是会计核算的必要补充。

4.会计的本质是一项经济管理活动或经济信息系统，它属于管理的范畴

会计是以货币为主要计量单位，核算和监督企业、政府以及非营利组织等单位经济活动的一种经济管理工作，同时，它又是一个以提供财务信息为主的经济信息系统。会计可以对单位经济业务的合法性和合理性进行审查，因此，加强会计工作对于加强企业单位经济管理，提高经济效益有着十分重要的意义。

三、会计的基本职能

会计的职能是指会计在经济管理过程中所具有的功能。会计在不断地发展，会计的职能也在不断地扩大。目前，会计的职能主要有进行会计核算、实施会计监督、预测经济前景、参与经济决策、绩效评价等。其中，进行会计核算和实施会计监督是会计最基本的职能。

（一）会计核算职能

会计核算是指会计以货币为主要计量单位，通过确认、计量、记录、报告等环节，将各单位（企业、事业单位、行政单位和非营利性组织等）的经济活动转换成对决策者有用的会计信息。

会计核算职能又称为“反映职能”，是会计最基本的职能，是其他经济管理工作的基础。不论会计处理的手段和方法如何变化，也不论会计的功能如何发展，会计核算的职能仍然是其最基本的职能。

我国《会计法》第十条规定，会计核算的基本内容包括：款项和有价证券的收付；财物的收发、增减和使用；债权、债务的发生和结算；资本、基金的增减；收入、支出、费用、成本的计算；财务成果的计算和处理；需要办理会计手续、进行会计核算的其他事项。

会计核算具有以下特点：

(1)会计核算以货币为主要计量单位，从价值量方面综合反映企事业单位的经济活动情况，并辅助采用实物量度和劳动量度进行核算。

(2)会计对经济活动的核算具有连续性、系统性、全面性和综合性等特点。

(3)会计核算遵循可靠性要求，以凭证为主要依据。会计核算不能用估计数、预算数代替实际数记账，而必须以凭证为依据，如实记录经济活动的发展过程及由此引起的资金运动变化,保证会计资料的客观、真实和可靠。会计凭证是证明经济业务发生、明确经济责任的书面文件。

(4)会计核算主要是一种事后核算,即对已发生的经济活动进行事后记录、计量和报告,反映各单位的历史状况。从时间的发展看,今天的现状是明天的历史。会计对已发生的经济活动情况加以记录和报告,所提供的信息都是历史资料的总结。

(二)会计监督职能

会计监督职能是指会计人员在进行会计核算的同时,对特定主体经济活动的真实性、合法性和合理性进行监督。

1.真实性监督

真实性监督是指检查各项会计核算是否根据实际发生的经济业务进行。会计资料作为重要的社会资源和“商业语言”,为政府管理部门、投资者、债权人及社会公众评价财务状况、防范经营风险等提供重要依据。因此,保证会计资料真实、完整是维护社会经济秩序正常运转的客观要求。

2.合法性监督

合法性监督是指检查企业单位发生的各项经济业务是否符合国家有关法律、法规。会计人员对于违反法律和国家统一会计制度的会计事项,有权拒绝办理或者按照职权予以纠正。

3.合理性监督

合理性监督是指检查各项财务收支是否符合客观经济规律及经营管理要求,保证各项财务收支符合特定的财务收支计划,实现预算目标。

会计监督要依据会计的监督标准。会计的监督标准包括:国家各项方针政策;财经法律、法规和规章;会计法律、法规和国家统一会计制度;国务院业务主管部门和各省、自治区、直辖市财政部门根据《会计法》和国家统一会计制度制定的具体实施办法或补充规定;各单位内部会计管理制度,各单位内部的预算、财务计划、经济计划和业务计划等。

会计监督具有以下特点:

(1)会计监督主要利用各种价值指标进行货币监督。会计核算通过价值指标综合反映经济活动的过程和结果,会计监督也需借助于这些价值指标。会计监督通过价值指标可以全面、及时、有效地控制各企事业单位的经济活动。

(2)会计监督要对企事业单位经济活动的全过程进行监督。会计监督贯穿于经济活动的全过程,包括事前监督、事中监督和事后监督。事前监督是指依据会计的监督标准,主要采用预测的方法,预测和分析将要发生的经济活动能否达到的预期结果,是否与决策和计划的目标一致。事中监督是指按照会计的监督标准,主要采用控制和审核的方法,对进行中的经济活动进行审核和分析,对已发现的问题提出建议,督促有关部门采取措施,调整经济活动,使其按照预定的目标和要求进行。事后监督是指以会计的监督标准为准绳,通过检查和分析已取得的会计资料,对已完成的经济活动的合法性、合理性和有效性进行的考核和评价。

(3)会计监督的依据是国家现行的政策、法律法规,会计监督应遵循合法性和合理性。

会计核算职能和会计监督职能是相辅相成的。会计核算是会计监督的必备条件和基础,会计监督是会计核算的前提和继续。没有会计监督,会计核算就失去存在的意义;没有会计核算,会计监督就失去存在的基础。

四、会计对象

会计对象是指会计所核算和监督的内容。凡是能够以货币表现的经济活动的特定对象,都是会计所核算和监督的内容,也就是会计对象。而以货币表现的经济活动,通常又称为"价值运动"或"资金运用"。

企业、行政、事业单位的经济活动的具体内容不同,经济活动、资金运动方式也不相同,具体的会计对象也不一样。为了明确会计的一般对象,应按经济活动的特点,将单位分为非营利性单位和营利性单位两类。

营利性单位按其职能可分为制造企业、商品流通企业、施工企业等。下面以制造企业为例,说明其具体的会计对象。制造企业的主要活动是生产产品,为了生产,企业必须拥有厂房、设备、原材料和生产工人,工人利用生产设备将原材料变成产成品。工人生产产品的过程是劳动力价值、原材料价值和设备价值向产品转移的过程。这些以货币形式表现的生产经营活动构成了工业企业的资金运动。通常,企业的资金运动按照流向的不同可分为资金投入、资金循环与周转和资金退出等三个环节。

(一)资金投入

工业企业要进行生产经营,必须拥有一定的资金,这些资金的来源包括企业所有者投入的资金和债权人投入的资金两部分,前者属于企业所有者权益,后者属于企业债权人权益——企业负债。投入企业的资金要用于购买机器设备和原材料,并支付职工的工资等。这样投入的资金最终构成企业流动资产、非流动资产和费用。

(二)资金循环与周转

工业企业的经营过程包括供应、生产、销售三个阶段。在供应过程中企业要购买原材料等劳动对象,发生材料买入费、运输费、装卸费等材料采购成本,与供应单位发生货款的结算关系。在生产过程中,劳动者借助于劳动手段将劳动对象加工成特定的产品,同时发生原材料消耗、固定资产磨损的折旧费、生产工人劳动耗费的人工费,使企业与职工之间发生工资结算关系,有关单位之间发生劳务结算关系等。在销售过程中将生产的产品销售出去,发生支付销售费用、收回货款、交纳税金等业务活动,并同购货方发生货款结算关系、同税务机关发生税务结算关系。综上所述,资金的循环就是从货币资金开始依次转化为储备资金、生产资金、产品资金,最后又回到货币资金的过程,资金周而复始地循环,称为"资金循环"。

(三)资金退出

资金退出是资金离开企业,退出企业的资金循环与周转。资金退出的形式包括偿还债务、上缴税金、向所有者分配利润、经法定程序减少资本等。

上述资金运动的三阶段是相互支持、相互制约的统一体。没有资金的投入,就没有资金的循环与周转,就不会有债务的偿还、税金的上缴和利润的分配等;没有资金的退出,就不会有新一轮的资金投入,也就不会有企业的进一步发展。

通常，营利性单位的资金运动还可以归结为以下六个方面：资产的取得与使用；负债的发生与结算；所有者权益的增减变动；费用发生与成本的形成；销售的实现与收入的取得；利润的形成与分配。

非营利性单位是指行政、事业单位，例如各级政府部门、学校以及研究单位等。这些单位不以营利为目的，但为了执行国家和社会赋予的特定任务，一方面要向财政部门和上级单位按核定的预算领取行政经费，取得相应的资金；另一方面，要按照预算规定的用途和开支标准，购置必要的资产，支付办公经费等费用开支。收支相抵后的余额，或是按规定上缴国家财政和上级单位，或是留待后续使用。资产增减、经费拨缴、经费使用及结存等构成了行政事业单位会计核算与监督的具体内容。有些事业单位按照国家的规定，实行企业化管理，在允许自收自支的同时，国家给予适当的补助，但这些单位的这部分经济活动与营利性企业并无本质的区别，其会计核算和监督的内容也基本一致。

第二节 会计基本假设

会计基本假设是会计确认、计量和报告的前提，是对会计核算所处时间、空间环境等所作的合理设定。我国《企业会计准则——基本准则》明确规定，会计基本假设包括会计主体、持续经营、会计分期和货币计量等四个部分。

一、会计主体

会计主体又称“会计实体”，是会计核算服务对象。会计主体假设明确了会计人员的立场和会计核算的空间范围。会计核算必须首先明确会计主体，即为谁核算，核算谁的经济业务。会计主体的弹性很大，凡是有经济业务的任何特定的独立单位，都可以进行独立核算。如一个经济单位是一个会计主体，若干家企业组成的集团公司可以作为一个会计主体，企业内部的某一部门也可以作为一个会计主体。

会计主体假设之所以成为会计核算的基本前提之一，是因为传统会计理论认为，会计信息系统所处理的数据和提供的信息不是漫无边际的，而是严格限制在每一个特定的、在经营上或经济上具有独立性的单位之内。

“会计主体”和“法律主体”并非是对等的概念。“法律主体”是法律上的名词，它是指由出资人出资组建，在政府指定部门登记，拥有法人财产权，具有独立民事行为能力的单位。一般来说，法律主体是一个会计主体，但会计主体不一定是法律主体。例如，集团公司是由若干具有法人地位的企业组成，出于经营管理的需要，为了全面地考核和反映集团公司的经营活动和财务成果，有必要把集团公司作为一个会计主体，编制合并报表。又如，由企业管理的证券投资基金、企业年金基金等，尽管不属于法律主体，但属于会计主体。

会计主体必须具备三个条件：具有一定数量的经济来源；进行独立的生产经营活动或其他活动；实现独立核算并提供反映本主体经营活动情况的会计报表。

会计主体实际上是对会计核算和监督的空间范围的界定，一切核算工作都是站在特定会计主体立场上的。在会计核算中，只有首先从空间上对会计工作的具体核算范围予以界定，才能将会计主体的财务活动与该主体的所有者、内部职工和其他经济实体的财务活动严格区分开。

二、持续经营

持续经营是指在可以预见的将来，企业单位将会按当前的规模和状态继续经营下去，不会停业，也不会大规模地削减业务。即在可预见的将来，该会计主体不会破产清算，其持有的资产按预定用途使用，所承担的债务将正常偿还。例如，企业贷款购入一台设备，预计使用8年，由于持续经营假设，该设备才可以按照设备的使用寿命预计其为企业服务的年限。同时，其债务也将按发生时承诺的条件去清偿。持续经营假设为会计对象设定了一种运行的状态。

会计正是在持续经营这一前提条件下，才可能进行会计确认和计量，使会计方法和程序建立在非清算的基础之上，解决财产计价和收益确认的问题，以保持会计信息处理的一致性和稳定性。只有在持续经营的前提下，区分资产和负债成为必要，企业的资产、和负债才可能进行会计分期，区分为流动的和长期的，并为采用权责发生制奠定基础。当然，任何企业都存在破产的可能性，一旦进入破产清算，持续经营前提将被清算前提所替代。

三、会计分期

一个企业的经营成果，从理论上讲，只有到经营活动全部停止或破产清算时才能最终计算确定。但在现实中这个命题无法成立，这是因为：一方面，会计主体的经济活动何时停止是一个不确定因素；另一方面，会计信息的使用者不可能等到经营活动全部停止或企业单位破产时才去了解财务报告。由此，在会计实践中就需要对连续不断的经营活动过程，规定在一个较短的期间内对其进行考核和报告。因此，产生了“会计分期”的概念。

会计分期，是指将一个企业持续不断的生产经营活动人为地划分为一个个连续的、长短相同的期间。会计分期的目的，在于通过会计期间划分，分期结算账目，按期考核并报告其经营活动成果。它是对会计主体时间范围具体划分的假定。会计期间是人为划分的，根据世界各国对预算年度的规定不同，会计年度采用的形式有：公历制（即每年1月1日起至本年12月31日止），如中国、德国、匈牙利、波兰、瑞士、朝鲜等国；四月制（即每年4月1日起至次年3月31日止），如英国、加拿大、印度、日本、新加坡等国；七月制（即每年7月1日起至次年6月30日止），如瑞典、澳大利亚等国；十月制（即每年10月1日起至次年9月30日止），如美国、缅甸、泰国、斯里兰卡等国。

《企业会计准则——基本准则》规定，企业应当划分会计期间，分期结算账目和编制财务报告。在会计分期假设下，企业应当划分会计期间。会计期间通常分为年度和中期，中期是指短于一个完整的会计年度的报告期间，一般指半年度、季度、月度等。

会计分期假设是持续经营假设的补充。有了会计分期，才产生本期与非本期的区别；有了本期和非本期的区别，才产生权责发生制和收付实现制，使得不同类型的主体有了记账的基准；由于权责发生制的采用，要求对一些收入和费用要按照权责关系在本期和以后的会计期间进行分配，确定其归属的会计期间，为此出现了应收、应付、预收、预付、折旧、摊销等会计处理方法。

四、货币计量

货币作为价值的尺度，是商品经济发展到一定阶段的产物。货币计量的基本含义是：会计主体在进行会计核算时，要求经济业务的处理选择以货币作为量度来加以确认。对会计主体的经营活动及其成果核算，采用具有综合性的货币量度，旨在克服实物量度的差异性和劳动量度的复杂性。

货币计量是指会计主体在会计确认、计量和报告时采用货币作为主要计量单位，记录和反映会计主体的经营过程和经营成果。在会计核算中，日常登记账簿、编制财务报表的货币，也就是单位进行会计核算所使用的货币，称为“记账本位币”。在我国，《会计法》规定，企事业单位会计核算以人民币为记账本位币，业务收支结算以外币为主的单位，可选定其中一种外币作为记账本位币，但在编制财务报表时应当折算为人民币。此外，记账本位币一经确定，不得随意变更。

上述会计核算的四项基本假设，具有相互依存、相互补充的关系。会计主体确定了会计核算的空间范围，持续经营与会计分期确定了会计核算的时间长度，而货币计量则为会计核算提供了必要的手段。没有会计主体，就没有持续经营；没有持续经营就不会有会计分期；没有货币计量就不会有现代会计。

第三节 会计信息质量要求

会计信息质量要求是对企业财务报告中所提供的会计信息质量的基本要求，是使财务报告所提供的会计信息对使用者决策有用所应具备的基本特征。在会计核算中，只有符合质量要求的会计信息，才能达到会计核算的目标。我国《企业会计准则——基本准则》对会计信息质量的要求主要有：可靠性、相关性、可理解性、可比性、实质重于形式、重要性、谨慎性和及时性等。

一、可靠性

可靠性又称“真实性”，是指会计核算应当以实际发生的交易或者事项为依据进行会计确认、计量和报告，如实反映符合确认和计量要求的各项要素及其他相关信息，保证会计信息真实可靠、内容完整。

可靠性是会计信息的一个重要质量特征。在企业经济管理过程中，只有在正确、可靠的会计信息的基础上，才能作出正确的决策，进行有效的控制管理。可靠性要求会计信息客观公正，对所有登记和列入会计报表的资料必须有足以证明其真实的客观证据。

二、相关性

相关性是指企业提供的会计信息应当与财务会计报告使用者的经济决策需要相关，有助于财务会计报告使用者对企业过去、现在和未来的情况作出评价或者预测。

相关性要求会计核算信息必须符合国家宏观经济管理的需要，满足各有关方面了解企业财务状况和经营成果的需要，满足企业加强内部经营管理的需要。

三、可理解性

可理解性又称“明晰性”，是指企业提供的会计信息应当简单明了，便于财务会计报告使用者理解和使用。可理解性要求会计所提供的会计信息简明、易懂，能够简单明了地反映企业财务状况和经营成果，并容易为人们所理解。在会计核算中，按照可理解性要求，有利于会计信息的使用者准确、完整地把握会计信息所要说明的内容，从而更好地加以利用。

四、可比性

可比性是指会计核算必须符合国家的统一规定，提供相互可比的会计核算资料。

可比性要求同一企业不同时期发生的相同或者相似的交易或者事项应当采用一致的会计政策，不得随意变更。确实要更改的，应当在附注中说明。不同企业发生的相同或相似的交易或者事项，应当采用规定的会计政策，确保会计信息口径一致、相互可比。企业在选择会计处理方法时，应当选择使用国家统一规定的会计处理方法；在编制财务会计报告时，应当按照国家统一规定的财务会计指标编报，以便不同企业会计信息的相互可比。

五、实质重于形式

实质重于形式是指企业应当按照交易或者事项的经济实质进行会计确认、计量和报告，不应仅以交易或者事项的法律形式为依据。实质指经济实质，形式指法律形式。有时经济业务的外在法律形式并不能真实反映其实质内容。比如，法律可能写明商品的所有权已经转移给买方，但事实上卖方仍享有该资产的未来经济利益，如融资租赁。为了真实地反映企业财务状况和经营成果，就不能仅仅根据经济业务的外在表现形式来进行核算，而要反映其经济实质。

六、重要性

重要性是指企业提供的会计信息应当反映企业财务状况、经营成果和现金流量等有关的所有重要交易或者事项。

重要性要求在会计核算过程中对经济业务或会计事项应区别其重要程度，采用不同的会计处理方法和程序。具体来说，那些对于企业的经济活动或会计信息使用者相对重要的交易或事项应分别核算，分项反映，力求准确，并在财务会计报告中作重点说明，而对那些次要的交易或事项，在不影响会计信息真实性的情况下，则可适当简化会计核算程序，采用简便的会计处理方法进行处理，并在财务会计报告中合并反映。

会计核算中按照重要性要求，能够使会计核算在全面反映企业财务状况和经营成果的基础上，保证重点，有助于加强对经济活动和经营决策有重大影响和有重要意义的关键性问题的核算，达到事半功倍的效果，并有助于简化核算，节约人力、财力，提高会计工作效率。

七、谨慎性

谨慎性又称“稳健性”，是指企业对交易或者事项进行会计确认、计量和报告时应当保持应有的谨慎，不应高估资产或者收益、低估负债或者费用。

谨慎性要求会计人员在对某些交易或事项存在不同的会计处理方法和程序可供选择时，在不影响合理选择的前提下，以尽可能选用一种不虚增利润和夸大所有者权益的会计处理方法和程序进行会计处理，要求合理核算可能发生的损失和费用。

谨慎性要求是针对经济活动的不确定因素，要求人们在会计处理上保持谨慎小心的态度，充分估计可能发生的风险和损失，尽量少计或不计可能发生的收益，使会计报表使用者、决策者提高警惕，防范风险，以应付纷繁复杂的外部经济环境的变化，把风险和损失缩小到或限制在极小的范围内。

八、及时性

及时性是指企业对于已经发生的交易或者事项应当及时进行会计确认、计量和报告，不得提前或者延后。及时性要求在会计核算工作中讲求时效，要求会计处理及时进行，以及会计信息的及时利用。不仅要求任何信息真实可靠，而且必须保证时效，及时将信息提供给使用者使用。在市场经济条件下，市场瞬息万变，企业竞争日趋激烈，各方面对会计信息的及时性要求越来越高。

会计核算及时性，一是要求及时收集会计信息，即要求在交易或事项发生后，会计人员要及时收集整理各种原始单据；二是要求及时对会计信息进行加工处理，及时编制财务会计报告；三是及时传递会计信息，将编制出的财务会计报告及时传递给会计报表使用者。

第四节　会计核算环节和会计核算方法

一、会计核算环节

我国《企业会计准则——基本准则》规定，会计核算包括会计确认、会计计量、会计记录和会计报告等四个环节。

（一）会计确认

会计确认是指依据一定的标准，对企业单位发生的各项经济业务进行辨认并确定哪些数据能够进入和何时进入会计处理过程的工作。会计确认解决的是会计的定性问题，包括确认标准和确认时间。

1.会计确认标准

会计确认应遵循可定义性、可计量性、相关性和可靠性标准。其中，可定义性和可计量性是会计确认的最主要标准。

2.会计确认时间

由于会计基本假设之一是会计分期，人为地将处于持续经营状态下的经济活动划分为不同会计期间，必然会导致一些收入、费用出现跨越不同会计期间的现象。而且，在现代商品经济条件下，商业信用的广泛使用，使得经济业务发生的时间与实际的收付款时间往往不一致，在这种情况下，可供选择的确认时间标准就有权责发生制和收付实现制两种。

(1)权责发生制。权责发生制也称“应计制”或“应收应付制”，是指以权责发生为基础来确定本期的收入和费用，而不是以款项的实际收付作为记账基础。在权责发生制下，凡是应属于本期的收入和费用，不论款项是否收付，均作为本期的收入和费用处理；反之，凡是不属于本期的收入和费用，即使款项已经收付，也不能作为本期的收入和费用处理。

(2)收付实现制。收付实现制也称“现金制”或“实收实付制”，是指以实际收到或支付现金为基础来确认本期的收入和费用。在收付实现制下，凡是本期已收到或付出现金，不论是否应归属于本期，都作为本期的收入和费用进行会计处理；反之，凡是本期没有收到或支付的现金，即使应归属于本期，也不作为本期的收入和费用处理。

权责发生制是持续经营和会计分期假设的产物，其目的在于公正、合理地确定每一个会计期间的收入和费用，进而正确计量企业的损益，为会计信息使用者提供用于正确判断、评价和决策的信息。我国《企业会计准则——基本准则》明确规定，企业应当以权责发生制为基础进行会计确认、计量、记录和报告。在我国，收付实现制适用于业务比较简单的行政、事业单位的非经营活动的核算。

(二)会计计量

会计计量是对经济活动进行量化的过程，它是指在会计核算中运用一定的计量单位，选择被计量对象的合理属性，计算、确定应予记录的各项经济业务的金额的过程。

会计计量的对象是会计要素。对会计要素进行计量，一是要运用计量单位，即主要以货币为计量单位；二是选择计量标准，即计量属性，我国《企业会计准则——基本准则》规定，企业可选用五种计量属性，包括历史成本、重置成本、可变现净值、现值和公允价值。

1.历史成本

资产按照购置时支付的现金或者现金等价物的金额，或者按照购置资产时所付出的对价的公允价值计算。负债按照因承担现时义务而收到的款项或者资产的金额，或者承担现时义务的合同金额，或者按照日常活动中为偿还负债预期需要支付的现金或者现金等价物的金额计算。

2.重置成本

资产按照现在购买相同或者相似的资产所需支付的现金或者现金等价物的金额计算。负债按照现在偿付该项负债所需支付的现金或者现金等价物的金额计算。

3.可变现净值

资产按照其正常对外销售所能收到现金或者现金等价物的金额扣减该资产至完工时估计将要发生的成本、估计的销售费用以及相关税费后的金额计算。

4.现值

资产按照预计从其持续使用和最终处置中所产生的未来净现金流入量的折现金额

计算。负债按照预计期限内需要偿还的未来净现金流出量的折现金额计算。

5.公允价值

资产和负债按照在公平交易中，熟悉情况的交易双方自愿进行资产交换或者债务清偿的金额计算。

（三）会计记录

会计记录是指根据一定的账务处理程序，对经过确认、计量的经济业务在账簿上进行登记，以便对会计数据进一步加工处理的过程。

（四）会计报告

会计报告是指根据会计信息使用者的要求，按照一定的格式，把账簿记录加工成财务指标体系，提供给信息使用者，据以进行分析、预测和决策。

二、会计核算方法

会计方法是指从事会计工作所使用的各种技术方法，是用来核算和监督会计对象的手段。会计方法作为一个完整的、科学的方法体系，包括财务会计的方法和管理会计的方法。财务会计的方法包括会计核算方法、会计分析方法和会计检查方法。管理会计的方法主要包括会计预测、决策和控制等方法。其中，会计核算方法是会计的最基本方法。

“会计核算方法”是对会计对象进行连续、系统、全面、综合的确认、计量、记录和报告所采用的各种方法的总称。会计核算方法主要由以下七种方法构成。

（一）设置会计科目和账户

设置会计科目和账户是对会计对象的具体内容进行分类反映的一种专门方法。会计科目是对会计对象的具体内容进行分类核算的项目名称。账户是根据会计科目在账簿中开设的专门户头，是分类、连续记录各项经济业务的平台。由于会计对象十分复杂，为了系统、连续地进行反映和监督，企业除了设立会计科目进行分类以外，还必须根据规定的会计科目开设账户，分别登记各项经济业务，以便取得各种核算指标，并随时加以分析、检查和监督。

（二）复式记账

复式记账是记录经济业务的一种专门方法。复式记账是对任何一笔经济业务，都必须在两个或两个以上的有关账户中相互联系地进行登记。采用这种方法记账，使每项经济业务所涉及的两个或两个以上的账户发生对应关系，登记在对应账户上的金额相等。通过账户的对应关系及金额相等的平衡关系，可以完整地反映每项经济业务的来龙去脉及其相互关系，可以检查有关经济业务的记录是否正确。

（三）填制和审核凭证

填制和审核凭证是保证会计记录客观真实和对经济业务进行监督的一种专门方法。会计凭证是记录经济业务、明确经济责任的书面证明，是登记账簿的依据。会计凭证按照填制的程序和用途可以分为原始凭证和记账凭证。原始凭证是经济业务发生或完成时填制或取得的凭证。记账凭证是根据原始凭证编制，用以确认应记账户名称、方向和金额的凭证。填制审核凭证是会计核算工作程序的第一环节。会计凭证必须经过审核正确无误，才能据以记账。通过凭证的填制和审核，可以保证经济业务的合法性、合理性和正确性。

（四）登记账簿

会计账簿是由一定格式、相互联系的账页所组成，用来完整、连续和系统地登记各项经济业务的簿籍，是储存会计信息的重要载体。在账簿中要按规定和企业实际需要开设账户，以便分类记录经济业务。登记账簿就是将会计凭证中记录的经济业务序时地、分类地记到相关账册中形成账簿记录，通过账簿登记，可将分散的经济业务进行系统的归类和汇总，为成本计算和编制会计报表等提供总括和明细的会计数据。

（五）成本计算

成本计算是对生产经营过程中所发生的各种费用，按照一定对象和标准进行归集和分配，以计算产品总成本和单位成本的一种专门方法。这一专门方法主要在企业会计中采用。

（六）财产清查

财产清查是对各项财产物资进行盘点和核对，查明其实有数，并将实存数和账存数进行核对，确定账实是否相符。如果账实不符，应查明原因、提出处理意见，并根据实存数调整账务，以确保账实相符的一种专门方法。

（七）编制财务会计报告

财务会计报告是根据账簿记录定期编制，总括反映会计主体特定日期财务状况和一定时期的经营成果、资金流量及成本费用的书面文件。财务会计报告由会计报表、会计报表附注、财务状况说明书三部分组成。通过编制财务会计报告，一方面可为外部的信息使用者如债权人、投资者、银行和财政部门等提供有助于其决策的重要信息；另一方面也为企业内部经营管理和分析考核提供依据。

以上各种会计核算方法是互相联系、有机结合的一个完整的方法体系。其中，设置账户是进行会计核算的准备工作；复式记账是会计核算所使用的特有方法；填制和审核凭证、登记账簿和编制会计报表是会计核算工作的三个基本步骤；成本计算和财产清查能够保证会计核算资料的准确可靠。任何单位进行会计核算都必须运用这七种方法，缺一不可。一般经济业务发生后，经办人员要按规定手续填制（或取得）和审核原始凭证；根据审核无误的凭证，按照设置的账户，采用复式记账法编制记账凭证，并据以在相关账簿中进行登记；在一定时期（通常是月末、年末）根据账簿资料进行实际成本计算；通过财产清查调整账簿记录，保证账实相符；最后在账实相符的基础上根据账簿资料编制会计报表。

本章小结

会计作为人类管理经济的一项实践活动，是随着经济的不断发展而发展的。经济越发达，会计越重要。会计的发展经历了漫长而复杂的过程。

会计的职能是指会计作为经济管理工作所具有的功能或能够发挥的作用,包括会计核算和会计监督两大职能。会计对象是指会计所核算和监督的内容。企业会计的对象是企业的资金运动,其运动过程具体表现为企业资金投入、资金使用和资金退出。

会计假设也称“会计核算的基本前提”。会计假设是企业会计确认、计量和报告的前提,是对会计核算所处时间、空间环境作出的合理设定。会计假设包括会计主体、持续经营、会计分期和货币计量。会计信息质量要求是对企业财务报告中所提供的会计信息质量的基本要求,是使财务报告提供的会计信息对使用者决策有用所应具备的基本特征,包括可靠性、相关性、可理解性、可比性、实质重于形式、重要性、谨慎性和及时性。

会计核算方法是指对会计对象进行连续、系统、完整的记录、计算、反映和监督所应用的基本方法,主要包括设置账户、复式记账、填制和审核凭证、登记账簿、成本计算、财产清查和编制会计报表。

思考与练习

一、单项选择题

1. 最初,会计只是(　　)的附带部分,而后才逐渐从中分离出来。
   A. 管理职能　B. 决策职能　C. 生产职能　D. 核算职能
2. 会计的本质是指会计是(　　)。
   A. 经济管理的一种工具　B. 经济管理的重要组成部分
   C. 核算和监督　D. 反映和考核
3. 会计的基本职能是(　　)。
   A. 反映和考核　B. 核算和监督　C. 预测和决策　D. 分析和管理
4. 会计以(　　)为基本形式。
   A 实物计量　B. 货币计量　C. 时间计量　D. 价值计量
5. 会计假设包括会计主体(　　)。
   A. 实际成本　B. 客观性原则　C. 持续经营　D. 会计准则
6. 按照收付实现制要求,确定各项收入和费用归属期的标准是(　　)。
   A. 实际发生的收支　B. 实际收付的业务
   C. 实际款项的收付　D. 实际的经营成果
7. 真实性原则要求会计核算必须具有(　　)。
   A. 可比性　B. 相关性　C. 可验证性　D. 明晰性
8. 会计以(　　)作为主要计量单位。
   A. 劳动　B. 实物　C. 货币　D. 实物和货币
9. (　　)是会计主体在可以预见的未来,将根据正常的经营方针和既定的经营目标经营下去。
   A. 会计分期　B. 持续经营　C. 会计主体　D. 货币计量
10. 在会计核算中,产生权责发生制和收付实现制两种不同的记账基础所依据的会计基本假设是(　　)。

A. 会计主体　B. 持续经营　C. 会计分期　D. 货币计量

二、多项选择题

1. 会计对象就是能用货币表现的各种经济活动，它的具体内容包括(　　)。

A. 资金投入　B. 资金运用　C. 资金退出　D. 资金运动

2. 下列各项中，属于会计基本职能的有(　　)。

A. 进行会计核算　B. 预测经济前景

C. 评价未来业绩　D. 实施会计监督

3. 我国企业会计准则规定，会计期间分为(　　)。

A. 年度　B. 半年度　C. 季度　D. 月度

4. 下列项目中可以作为一个会计主体进行核算的有(　　)。

A. 母公司　B. 分公司

C. 母公司和子公司组成的企业集团　D. 销售部门

5. 下列说法中正确的有(　　)。

A. 会计核算过程中采用货币为统一的计量单位

B. 我国企业进行会计核算只能以人民币作为记账本位币

C. 业务收支以外币为主的单位可以选择某种外币作为记账本位币

D. 在境外设立的中国企业向国内报送的财务报告，应当折算为人民币

6. 会计核算的一般环节有(　　)。

A. 会计确认　B. 会计计量　C. 会计记录　D. 会计报告

7. 现代会计的两大分支是(　　)。

A. 财务会计　B. 成本会计　C. 管理会计　D. 决策会计

8. 资金退出包括(　　)。

A. 偿还债务　B. 上缴税金

C. 向所有者分配利润　D. 经法定程序减少资本

9. 投入企业的资金包括(　　)。

A. 所有者投入的资金　B. 储备资金

C. 债权人投入的资金　D. 捐赠资金

10. 会计具有的基本特征包括(　　)。

A. 会计以货币为主要计量单位　B. 会计拥有一系列专门方法

C. 会计具有核算和监督的基本职能　D. 会计的本质是管理活动

三、判断题

1. 会计主体就是法律主体。(　　)

2. 持续经营前提是会计计量理论的基本依据。(　　)

3. 会计处理前后应一致符合相关性要求。(　　)

4. “谨慎性”要求在会计核算工作中做到谨慎行事，不夸大企业的资产。(　　)

5. 会计分期不同，对利润的总额不会产生影响。(　　)

6. 凡是特定主体能够以货币表现的经济活动，都是会计核算和监督的内容，也就是会计的对象。(　　)

7. 根据收付实现制的要求，当期已经实现的收入和已经发生或应当负担的费用，无

论款项是否收付，都不应当作为当期的收入和费用计入利润表。（　）

8.企业会计核算以人民币为记账本位币，业务收支以人民币以外的货币为主的企业，可以选定其中一种货币作为记账本位币。（　）

9.签订经济合同是一项经济活动，因此属于会计对象。（　）

10.企业会计的确认、计量和报告应当以收付实现制为基础。（　）

四、简答题

1.什么是会计？会计是怎么产生和发展的？

2.什么是会计核算和会计监督职能？它们之间有何关系？

3.会计有哪些特点？

4.会计的目标是什么？

5.会计核算有哪些基本前提？其基本内容是什么？

6.会计信息质量要求包括哪些内容？

7.会计核算的基本程序是什么？

8.会计核算有哪些专门方法？它们之间有何联系？

五、实务题

资料：某公司2010年3月发生下列经济业务(不考虑增值税)：

(1)销售产品5000元，收到货款存入银行。

(2)销售产品15000元，货款尚未收到。

(3)预付下半年房屋租金6000元。

(4)收到A公司上月所欠货款2000元。

要求：分别按权责发生制和收付实现制原则，计算该公司本月收入和费用。

第二章　会计要素与会计科目

教学目的

□掌握会计要素、会计科目、会计账户及其结构
□了解会计科目和账户之间的关系

教学重点

□会计六要素的含义、特征及内容
□会计恒等式
□会计科目与账户

教学难点

□会计要素的内容
□经济业务对会计要素的影响

建议课时

6 课时

第一节　会计要素

会计核算的基本假设只是会计核算的基本前提。为了具体实施会计核算，还应对会计所反映和监督的内容进行分类。会计要素是对会计对象进行的基本分类，是会计核算对象的具体化，是用于反映会计主体财务状况、确定经营成果的基本单位。从企业会计来说，其核算的对象是反映企业生产经营情况的资金运动，实质上就是企业各种经济资源的来源与运用，也就是各种经济资源的来龙去脉。为此，要表明企业的财务状况，就需要按照一定的标准对各种经济资源的占用进行分类，通过分类将其反映在财务报表中。

《企业会计准则——基本准则》规定，企业应当按照交易或事项的经济特征确定会计

要素。企业会计要素包括资产、负债、所有者权益、收入、费用和利润等六大会计要素。其中,资产、负债和所有者权益三项要素反映企业的财务状况,收入、费用和利润三项要素反映企业的经营成果。

会计要素既是设置会计科目的基本依据,也是构成会计报表的基本要素。资产、负债及所有者权益构成资产负债表的基本要素,收入、费用及利润构成利润表的基本要素。

一、资产

(一)资产的定义

资产是指企业过去的交易或者事项形成的、企业拥有或者控制的、预期会给企业带来经济利益的资源。

根据资产的定义,资产具有以下几个方面的特征。

1.资产是企业拥有或者控制的资源

资产的本质是资源,应当为企业拥有或者控制,具体是指企业享有某项资源的所有权,或者虽然不享有某项资源的所有权,但该资源能被企业所控制。

企业拥有资产的所有权,通常表明企业拥有从资产中获取预期经济利益的权利。有些情况下,虽然企业不享有一些资源的所有权,但能实际控制这些资源,同样也能够从这些资源中获取经济利益,根据实质重于形式的原则,这部分经济资源也应作为企业的资产。例如,以融资租赁方式租入的固定资产,对承租方而言,尽管其并不拥有该资产的所有权,但承租方实际控制了该资产的使用及其所带来的经济利益。

2.资产预期会给企业带来经济利益

资产预期会给企业带来经济利益,是指直接或者间接导致现金和现金等价物流入企业的潜力。这种潜力既可以来源于企业的日常经营活动,也可以来源于非日常经营活动。带来的经济利益,既可以是现金和现金等价物的直接流入,也可以是转化为现金和现金等价物的间接流入,还可以是现金和现金等价物流出的减少。

资产预期会给企业带来经济利益是资产最重要的特征。凡预期不能给企业带来经济利益的,均不能作为企业的资产确认。前期已确认的资产项目,如果预期不再为企业带来经济利益的,也不能再作为企业的资产。

3.资产由企业过去的交易或事项形成

资产是由企业过去的交易或事项形成的。企业过去的交易或者事项包括购买、生产、建造行为或其他交易或者事项。预期在未来发生的交易或者事项不形成资产。例如,企业有购买固定资产的计划,因购买行为尚未发生,就不符合资产的定义,不能确认为资产。

一项资源在符合资产定义的情况下,并不一定能够作为资产确认,该资源要确认为资产,还应该同时满足两个条件:一是与该资产有关的经济利益很可能流入企业;二是该资源的成本或者价值能够可靠地计量。

符合资产定义和资产确认条件的项目,应当列入资产负债表;符合资产定义、但不符合资产确认条件的项目,不应当列入资产负债表。

(二)资产的分类

资产可以是货币的,也可以是非货币的;可以是有形的,也可以是无形的。按照流动性，企业的资产可以分为流动资产和非流动资产。

1.流动资产

流动资产是指可以在一年或者超过一年的一个营业周期内变现或者耗用的资产。主要包括库存现金、银行存款、交易性金融资产、应收及预付款项和存货等。

（1）库存现金是企业存放在财会部门的库存现金。

（2）银行存款是企业存放在银行或其他金融机构的各种存款。

（3）交易性金融资产是企业为了近期内出售而持有的、以赚取差价为目的所购的有活跃市场报价的股票、债券、基金投资等。

（4）应收及预付款包括应收票据、应收账款、预付账款、应收股利、应收利息、其他应收款等。

（5）存货是企业在生产经营过程中为销售或者耗用而储存的各种资产，包括库存商品、半成品、在产品以及各类原材料、周转材料等。

2.非流动资产

非流动资产即不能在一年或者超过一年的一个营业周期内变现或者耗用的资产。主要包括长期投资、固定资产、无形资产和其他资产等。

（1）持有至到期投资，即到期日固定、回收金额固定或可确定，且企业有明确意图和能力持有至到期的非衍生金融资产。

（2）可供出售金融资产，即初始确认时即被指定为可供出售的非衍生金融资产，以及除以公允价值计量且其变动计入当期损益的金融资产、持有至到期投资、贷款和应收款项以外的金融资产。

（3）投资性房地产，即为赚取租金或资本增值，或两者兼有而持有的房地产。

（4）固定资产，即为生产商品、提供劳务、出租或经营管理而持有的，使用寿命超过一个会计期间的有形资产，包括房屋及建筑物、机器设备、运输设备、工具器具等。

（5）无形资产，即企业拥有或者控制的，没有实物形态的可辨认非货币性资产，包括专利权、非专利技术、商标权、著作权、土地使用权等。

二、负债

（一）负债的定义

负债是指企业过去的交易或者事项形成的、预期会导致经济利益流出企业的现时义务。根据负债的定义，负债具有以下几个方面的特征。

1.负债是企业承担的现时义务

现时义务是指企业在现行条件下已承担的义务。未来发生的交易或者事项形成的义务不属于现时义务，不应当确认为负债。

2.负债的清偿会导致经济利益流出企业

负债是企业所承担的现实义务，履行义务时必然会引起企业经济利益的流出，否则，就不能作为企业的负债来处理。负债在大多数情况下，需要用现金进行清偿；在某些情况下，也可以用商品和其他资产或者通过提供劳务的方式进行清偿；有些负债还可以通过举借新债来抵补或者将债务转为股本等。

3. 负债由过去的交易或者事项所形成

负债是企业过去的交易或者事项所形成的结果。过去的交易或者事项包括购买商品、使用劳务、接受贷款等。预期在未来发生的交易或者事项不形成负债。

（二）负债的确认条件

一项义务是否作为企业的负债确认，除符合负债定义以外，还必须同时满足以下两个条件。

（1）与该义务有关的经济利益很可能流出企业。

（2）未来流出的经济利益的金额能够可靠地计量。

符合负债定义和负债确认条件的项目，应当列入资产负债表；符合负债定义、但不符合负债确认条件的项目，不应当列入资产负债表。

（三）负债的分类

负债按其流动性（偿还期的长短）可分为流动负债和非流动负债。

1. 流动负债

流动负债即在一年或超过一年的一个营业周期内偿还的债务，包括短期借款、应付票据、应付账款、预收账款、应付职工薪酬、应交税费、应付利息、应付股利、其他应付款等。

2. 非流动负债

非流动负债即偿还期在一年或超过一年的一个营业周期以上的债务，包括长期借款、应付债券、长期应付款等。

三、所有者权益

（一）所有者权益的定义

所有者权益是指企业资产扣除负债后由所有者享有的剩余权益。公司的所有者权益又称为"股东权益"。所有者权益的来源包括所有者投入的资本、直接计入所有者权益的利得和损失、留存收益等。

1. 所有者投入的资本

所有者投入的资本既包括所有者投入的、构成注册资本或股本部分的金额，即实收资本，也包括所有者投入的、超过注册资本或股本部分的资本溢价或股本溢价，即资本公积。

2. 直接计入所有者权益的利得和损失

即不应计入当期损益、会导致所有者权益发生增减变动的、与所有者投入资本或者向所有者分配利润无关的利得或者损失。其中，利得是指由企业非日常活动所形成的、会导致所有者权益增加的、与所有者投入资本无关的经济利益的流入。损失是指由企业非日常活动所发生的、会导致所有者权益减少的、与向所有者分配利润无关的经济利益的流出。

3. 留存收益

留存收益是企业历年实现的净利润中留存于企业的部分，主要包括盈余公积和未分配利润。

(二)所有者权益的确认条件

所有者权益的确认依赖于其他会计要素,尤其是资产和负债要素的确认。所有者权益的金额也主要取决于资产和负债的计量。所有者权益项目应当列入资产负债表。

(三)所有者权益的分类

所有者权益按其构成的内容,可以分为以下四个项目。

1.实收资本(股本)

实收资本即所有者投入的、构成注册资本或股本的部分。

2.资本公积

资本公积即投资人投入的资本溢价或股本溢价,直接计入所有者权益的利得和损失。

3.盈余公积

盈余公积即按国家有关规定从税后利润中提取的公积金等。

4.未分配利润

未分配利润即企业留与以后年度分配的利润或待分配利润。

四、收入

(一)收入的定义

收入是指企业在日常活动中形成的、会导致所有者权益增加的、与所有者投入资本无关的经济利益的总流入。根据收入的定义,收入具有以下几个方面的特征。

1.收入由企业日常活动所形成

日常活动是指企业为完成其经营目标所从事的经常性的活动以及与之相关的活动。例如工业企业制造并销售产品,商业企业销售商品等。

2.收入会导致经济利益的流入

收入使企业资产增加或者负债减少,但这种经济利益的流入不包括由所有者投入资本的增加所引起的经济利益流入。

3.收入最终导致所有者权益增加

因收入所引起的经济利益流入,使得企业资产增加或者负债减少,最终会导致所有者权益增加。

(二)收入的确认条件

符合收入的定义,确认收入要同时满足以下条件。

(1)与收入相关的经济利益很可能流入企业。

(2)经济利益流入企业的结果会导致企业资产增加或者负债减少。

(3)经济利益的流入额能够可靠计量。

符合收入定义和收入确认条件的项目,应当列入利润表。

(三)收入的分类

收入按企业经营业务的主次分为主营业务收入和其他业务收入。

1.主营业务收入

主营业务收入是指企业在主要的生产经营业务中产生的收入。例如,工业企业在生产和销售商品的过程中所取得的收入。

2.其他业务收入

其他业务收入是指企业在主营业务以外的生产经营活动中产生的收入。例如,制造业企业的材料销售收入、技术转让收入、固定资产的出租收入等。

五、费用

(一)费用的定义

费用是指企业在日常活动中发生的、会导致所有者权益减少的、与向所有者分配利润无关的经济利益的总流出。

根据费用的定义,费用具有以下几个方面的特征。

1.费用是在企业日常活动中所发生的

日常活动中所发生的费用包括销售成本、职工薪酬、折旧费用等。

2.费用会导致经济利益的流出

费用使企业资产减少或者负债增加,但这种经济利益的流出不包括向所有者分配利润引起的经济利益流出。

3.费用最终导致所有者权益减少

因费用所引起的经济利益流出使得企业资产减少或者负债增加,最终会导致所有者权益减少。

4.费用与向所有者分配利润无关

向所有者分配利润属于利润分配的内容,不构成企业的费用。

(二)费用的确认条件

符合费用的定义,在同时满足以下条件时,确认为费用。

(1)与费用相关的经济利益很可能流出企业。

(2)经济利益流出企业的结果会导致企业资产减少或者负债增加。

(3)经济利益的流出额能够可靠计量。

符合费用定义和费用确认条件的项目,应当列入利润表。

(三)费用的分类

费用是为实现收入而发生的支出,应与收入配比确认、计量。费用主要包括直接为生产产品和提供劳务而发生的直接费用,为组织车间生产而发生的间接费用,为组织和管理企业生产经营活动而发生的管理费用、财务费用、销售费用等期间费用。

1.直接费用

直接费用是指为生产商品和提供劳务等发生的直接人工、直接材料、商品进价和其他直接费用。直接费用与营业收入有明确的因果关系,应直接计入生产经营成本,与营业收入进行配比。

2.间接费用

间接费用是指为生产商品、提供劳务而发生的共同性费用。如车间管理人员工资,这些费用同提供的商品与劳务也具有一定的因果关系，但需要采用一定的标准分配计入生产经营成本，并与营业收入相配比。

3.期间费用

期间费用是指本期发生的，不能计入本期产品成本而应从本期营业收入中扣减的各项费用，包括管理费用、财务费用和销售费用。管理费用是指企业行政管理部门为组织和管理生产经营活动而发生的各项费用，如管理人员工资、差旅费等；财务费用是企业为筹集资金等而发生的各项费用，如借款利息、汇款手续费等；销售费用是企业为销售商品和提供劳务而发生的各项费用，如广告费等。由于期间费用与会计期间直接相联，因此，期间费用与其发生期的收入相配比，从费用发生当期的利润中全额抵减。

六、利润

(一)利润的定义

利润是指企业在一定会计期间的经营成果。利润往往是评价企业管理层业绩的一项重要指标。通常情况下，如果企业实现了利润，表明企业所有者权益增加，业绩得到了提升，如果企业发生了亏损，即利润为负数，表明企业所有者权益减少，业绩下滑。

利润包括收入减去费用后的净额、直接计入当期利润的利得和损失等。其中，收入减去费用后的净额，反映了企业日常经营活动的业绩；直接计入当期利润的利得和损失，是指应当计入当期损益、会导致所有者权益发生增减变动的、与所有者投入资本或者向所有者分配利润无关的非日常活动的经济利益流入或者流出。企业应当严格区分收入和利得、费用和损失，以便更加全面地反映企业的经营业绩。

(二)利润的确认条件

利润的确认主要依赖于收入、费用、利得和损失的确认，其金额也取决于收入、费用、利得和损失金额的计量。

(三)利润的分类

利润按其构成的不同层次可划分为营业利润、利润总额和净利润。

1.营业利润

营业利润等于营业收入减去营业成本、营业税金及附加、销售费用、管理费用、财务费用、资产减值损失，加上公允价值变动收益(减去公允价值变动损失)和投资收益(减去投资损失)。

2.利润总额

利润总额等于营业利润加上营业外收入减去营业外支出。利润总额也称“税前利润”，是衡量企业经营业绩的十分重要的经济指标。

3.净利润

净利润是指在利润总额中按规定交纳了企业所得税后公司的利润留成，一般也称为“税后利润”或“净收入”。它等于利润总额减去所得税费用。净利润是一个企业的最终经营成果，净利润多，企业的经营效益就好；净利润少，企业的经营效益就差，它是衡量一个企业经营效益的主要指标。

以上六大会计要素科学地概括了企业会计对象的具体内容，它们既具有各自不同的性质和特点，又存在着紧密的联系。任何企业单位的经济活动，都无一例外地表现为上述六类会计要素的增减变化。因此，企业会计对象的具体内容就是资产、负债、所有者权益、收入、费用、利润六大会计要素及其增减变动情况。会计要素还是设置会计科目和账户、构筑基本会计报表框架的依据，在会计核算上具有重要的意义。

第二节　会计等式

会计等式又称“会计方程式”或“会计恒等式”，是指会计诸要素之间基本数量关系的表达式。会计等式揭示了会计要素之间的内在联系，因而成为会计核算的理论基础。

一、会计基本等式

一个企业要开展生产经营活动，首先必须拥有一定数量的资产，如库存现金、银行存款、材料、机器设备等。资产是企业正常经营的物质基础。通常，企业的资产有两个来源：一是所有者提供，二是债权人提供。所有者和债权人对企业资产的要求权称为“权益”。

权益和资产密切相连，是对同一个企业的经济资源从两个不同的角度所进行的表述。资产表明的是企业经济资源存在的形式及分布情况，而权益则表明的是企业经济资源所产生的利益的归属。因此资产与权益从数量上总是相等的，有多少资产就应有多少权益，用公式表示即为：

资产＝权益

由于企业资产的出资人包括投资者和债权人，因而对资产的要求权自然分为所有者权益和债权人权益。债权人权益，即负债，是指债权人要求企业到期还本付息的权利。所有者权益，是指所有者对企业资产抵减负债后的净资产所享有的权利。因此，权益由债权人权益和所有者权益组成。用公式表示即为：

权益＝债权人权益＋所有者权益

或

权益＝负债＋所有者权益

根据资产＝权益，可得：

资产＝负债＋所有者权益

这一等式称“会计基本等式”，又称“会计恒等式”。它表明了资产、负债和所有者权益三个会计要素之间的基本关系，反映了企业在某一特定时点所拥有的资产及债权人和投资者对企业资产要求权的基本状况。这一等式是设置账户、复式记账和编制资产负债表的理论依据。

企业运用债权人和投资者所提供的资产，通过经营运作获得收入，同时发生相关费用。将一定期间的收入与发生的费用对比，就能确定该期间企业的经营成果。因此，反映经营成果的会计等式为：

收入－费用＝利润(亏损)

其中，收入会引起资产的增加或负债的减少，进而使所有者权益增加；费用会引起资产的减少或负债的增加，进而使所有者权益减少。因此在会计期中，会计恒等式又有如下的转化形式：

资产＝负债＋所有者权益＋(收入－费用)

资产＝负债＋所有者权益＋利润

收入与费用两大会计要素记载的经济业务事项，依据配比原则并通过结账形成利润，最终转化为所有者权益。因此，在会计期末，会计恒等关系又恢复至其基本形式，即为：

资产＝负债＋所有者权益

这一平衡关系构建了资产负债表的基本框架，可以总括地反映企业某特定时点的财务状况。例如表 2-1 是某企业 2011 年 12 月 31 日的资产负债表的简化格式。

表 2-1 资产负债表

2011 年 12 月 31 日　　单位:元

资产		负债及所有者权益	
银行存款	9000	应付账款	9000
应收账款	16000	短期借款	19000
存货	25000		
		实收资本	60000
固定资产	50000	盈余公积	12000
资产总计	100000	负债及所有者权益总计	100000

从上述的资产负债表中可以了解到，这家企业的资产合计为 100000 元，这一资产总额由两个方面的权益构成，一是债权人提供的 28000 元(负债)和所有者提供的 72000 元(所有者权益)。资产负债表的重要特征就是企业的资产总计与负债和所有者权益总计相等。

二、经济业务的发生对会计等式的影响

企业的经济业务事项复杂多样，但从其对资产、负债和所有者权益影响的角度考察，经济业务事项可分为四种类型、九种业务。

1.资产和权益同增，增加的金额相等

(1)资产和所有者权益同时增加。

(2)资产和负债同时增加。

2.资产和权益同减，减少的金额相等

(1)资产和负债同时减少。

(2)资产和所有者权益同时减少。

3.资产内部有增有减，增减金额相等

4.权益内部有增有减，增减金额相等

(1)负债增加，所有者权益减少。

(2)负债减少，所有者权益增加。

(3)负债项目此增彼减。

(4)所有者权益项目此增彼减。

以上各种经济业务类型表明,经济业务的发生,不会破坏会计等式的平衡关系。现以前例企业 2012 年 1 月份发生的部分经济业务事项为例,对上述九类基本业务事项做出具体说明。

(一)资产和负债同时增加

【例 2-1】 企业赊购材料 10000 元。

该笔业务增加了材料,即增加资产。同时,使企业的负债中的应付账款项目增加,两者的金额均为 10000 元。这笔业务对会计等式的影响如表 2-2 所示。

表 2-2

单位:元

	资产	=	负债	+	所有者权益
经济业务事项发生前	100000		28000		72000
经济业务事项引起的变动	+10000		+10000		
经济业务事项发生后	110000		38000		72000

(二)资产和所有者权益同时增加

【例 2-2】 企业收到投资者投入资金 10000 元。

这笔业务使企业资产中的银行存款增加,同时也使得所有者权益中的实收资本增加,两者金额均为 10000 元。这笔业务对会计等式的影响如表 2-3 所示。

表 2-3

单位:元

	资产	=	负债	+	所有者权益
经济业务事项发生前	110000		38000		72000
经济业务事项引起的变动	+10000				+10000
经济业务事项发生后	120000		38000		82000

(三)资产和负债同时减少

【例 2-3】 企业以银行存款 20000 元偿还前欠的材料购货款。

这笔业务使企业资产中的银行存款减少,而这一减少的存款正好予以弥补应付账款,使负债也发生减少,两者金额均为 20000 元。这笔业务对会计等式的影响如表 2-4 所示。

表 2-4

单位:元

	资产	=	负债	+	所有者权益
经济业务事项发生前	120000		38000		82000
经济业务事项引起的变动	−20000		−20000		
经济业务事项发生后	100000		18000		82000

(四)资产和所有者权益同时减少

【例 2-4】 企业以银行存款 20000 元分配股利。

这笔业务使企业资产中的银行存款减少,同时利润分配导致所有者权益减少,两者金额均为 20000 元。这笔业务对会计等式的影响如表 2-5 所示。

表 2-5

单位:元

	资产	=	负债	+	所有者权益
经济业务事项发生前	100000		18000		82000
经济业务事项引起的变动	-20000				-20000
经济业务事项发生后	80000		18000		62000

(五)资产项目此增彼减

【例 2-5】 企业以银行存款 30000 元购入设备一台。

这笔业务使该企业资产中的固定资产增加 30000 元,该企业因这一项投资使资产中的银行存款减少,两者金额均为 30000 元。这笔业务对会计等式的影响如表 2-6 所示。

表 2-6

单位:元

	资产	=	负债	+	所有者权益
经济业务事项发生前	80000		18000		62000
经济业务事项引起的变动	+30000				
	-30000				
经济业务事项发生后	80000		18000		62000

(六)负债增加,所有者权益减少

【例 2-6】 企业宣告分派股利 25000 元。

这笔业务由于股利未付,使企业负债中的应付股利增加,同时通过利润分配导致所有者权益减少,两者金额均为 25000 元。这笔业务对会计等式的影响如表 2-7 所示。

表 2-7

单位:元

	资产	=	负债	+	所有者权益
经济业务事项发生前	80000		18000		62000
经济业务事项引起的变动			+25000		-25000
经济业务事项发生后	80000		43000		37000

(七)负债减少,所有者权益增加

【例 2-7】 企业与某债权人达成协议,将其 10000 元应付账款转为对本企业的投资。

这笔业务使企业负债中的应付账款减少,同时所有者权益中的实收资本增加,两者金额均为 10000 元。这笔业务对会计等式的影响如表 2-8 所示。

表 2-8

单位:元

	资产	=	负债	+	所有者权益
经济业务事项发生前	80000		43000		37000
经济业务事项引起的变动			－10000		＋10000
经济业务事项发生后	80000		33000		47000

(八)负债项目此增彼减

【例 2-8】 企业向银行取得短期借款,直接偿还应付账款 20000 元。

这笔业务使企业增加了负债项目的短期借款,同时取得的短期借款直接用以冲减短期借款,使应付账款金额减少,两者金额均为 80000 元。这笔业务对会计等式的影响如表 2-9 所示。

表 2-9

单位:元

	资产	=	负债	+	所有者权益
经济业务事项发生前	80000	=	33000	+	47000
经济业务事项引起的变动			＋20000		
			－20000		
经济业务事项发生后	80000		33000		47000

(九)所有者权益项目此增彼减

【例 2-9】 企业以盈余公积 12000 元转增资本。

这笔业务一方面使企业所有者权益中的盈余公积减少,另一方面使企业所有者权益中的另一个项目实收资本增加,两者金额均为 12000 元。这笔业务对会计等式的影响如表 2-10 所示。

表 2-10

单位:元

	资产	=	负债	+	所有者权益
经济业务事项发生前	80000		33000		47000
经济业务事项引起的变动					＋12000
					－12000
经济业务事项发生后	80000		33000		47000

上述九种基本业务类型可作如下汇总。

表 2-11　会计汇总类型一览表

单位:元

	资产	=	负债	+	所有者权益
1	+		+		
2	+				+
3	−		−		
4	−				−
5	+−				
6			+		−
7			−		+
8			+−		
9					+−

上述九种会计事项,无论是哪一种情况,均不会破坏资产、负债及所有者权益之间的数量恒等关系。

实际中,还可能涉及一些更为复杂的情形。

【例 2-10】 企业购买机器设备一台,价值 50500 元,其中 50000 元以转账支票支付,余款以库存现金付讫。

这笔经济业务使企业资产项目中的固定资产增加 50500 元,银行存款减少 50000 元,库存现金减少 500 元。这笔业务对会计等式的影响如表 2-12 所示。

表 2-12

单位:元

	资产	=	负债	+	所有者权益
经济业务事项发生前	80000		33000		47000
经济业务事项引起的变动	+50500				
	−50000				
	−500				
经济业务事项发生后	80000		33000		47000

虽然这笔业务涉及两个以上的项目,但总体上仍属于资产项目此增彼减的基本业务类型,对会计等式的数量平衡关系没有任何影响。

【例 2-11】 企业向银行取得 60000 元的长期借款,其中 50000 元直接用于偿还短期借款,余款存入银行。

这笔经济业务使企业负债中的长期借款增加 60000 元,短期借款减少 50000 元,资产项目中的银行存款增加 10000 元。这笔业务对会计等式的影响如表 2-13 所示。

表 2-13

单位:元

	资产	=	负债	+	所有者权益
经济业务事项发生前	80000		33000		47000
经济业务事项引起的变动	+10000		+60000		
			-50000		
经济业务事项发生后	90000		43000		47000

这笔业务同时包含了负债项目此增彼减和资产与负债同时增加两种基本业务类型。这一类会计事项称为“复合业务”。同时,正如上述分析所示,复合业务同样不会对会计恒等关系产生任何影响。

第三节 会计科目

如前所述,会计核算的主要对象是企业发生的各项经济业务事项,虽然通过会计要素的设置,可以使这些经济业务事项按资产、负债、所有者权益、收入、费用和利润进行分类、归纳与整理,但由于会计要素本身所涉及的内容较为复杂,因此,所提供的分类信息仍不能满足企业日常管理的需要。为了能提供更为详细的分类信息,有必要把会计要素作进一步划分。会计科目就是对会计要素的进一步划分。

例如,资产要素可细分为现金、银行存款、原材料、库存商品、应收账款、固定资产等;负债要素可细分为短期借款、应付账款、应交税费等;所有者权益要素可细分为实收资本、资本公积、盈余公积、未分配利润等;收入要素可细分为主营业务收入、其他业务收入、营业外收入等;费用要素可细分为生产成本、制造费用、管理费用、销售费用等。这些会计上专用的名称就是会计科目。

一、会计科目的概念

会计科目,简称“科目”,是对会计要素的具体内容进行分类核算的项目。设置会计科目,就是根据会计对象的具体内容和管理要求,事先规定分类核算的项目和标志的一种专门方法。

会计科目是进行各项会计记录和提供各项会计信息的基础,在会计核算中具有重要意义。其主要表现在:

(1)会计科目是复式记账的基础。复式记账要求每一笔经济业务在两个或两个以上相互联系的账户中进行登记,以反映资金运动的来龙去脉。

(2)会计科目是编制记账凭证的基础。会计凭证是确定所发生的经济业务应记入何种科目以及分门别类登记账簿的凭据。

(3)会计科目为成本计算与财产清查提供了前提条件。通过会计科目的设置,有助于成本核算,使各种成本计算成为可能;而通过账面记录与实际结存的核对,又为财产清查、保证账实相符提供了必备的条件。

(4)会计科目为编制财务报表提供了方便。财务报表是提供会计信息的主要手段，为了保证会计信息的质量及其提供的及时性，财务报表中的许多项目与会计科目是一致的，并根据会计科目的本期发生额或余额填列。

二、会计科目的分类

(一)会计科目按归属的会计要素分类

会计科目按其所属的会计要素不同进行分类，可分为资产类、负债类、共同类、所有者权益类、成本类和损益类六大类。

1.资产类科目

资产类科目是指用于核算资产增减变化，提供资产类项目会计信息的会计科目。按资产的流动性分为反映流动资产的科目和反映非流动资产的科目。

2.负债类科目

负债类科目是指用于核算负债增减变化，提供负债类项目会计信息的会计科目。按负债的偿还期限分为反映流动负债的科目和反映长期负债的科目。

3.所有者权益类科目

所有者权益类科目是指用于核算所有者权益增减变化，提供所有者权益有关项目会计信息的会计科目。按所有者权益的形成和性质可分为反映资本的科目和反映留存收益的科目。

4.成本类科目

成本类科目是指用于核算成本的发生和归集情况，提供成本相关会计信息的会计科目。按成本的不同内容和性质可分为反映制造成本的科目和反映劳务成本的科目。

5.损益类科目

损益类科目是指用于核算收入、费用的发生或归集，提供一定期间损益相关的会计信息的会计科目。按损益的不同内容可以分为反映收入的科目和反映费用的科目。

(二)会计科目按其提供信息的详细程度及统驭关系分类

会计科目按提供信息的详细程度及统驭关系分类，可以分为总分类科目和明细分类科目两类。

1.总分类科目

总分类科目又称“一级科目”或“总账科目”，它是对会计要素具体内容进行总括分类、提供总括信息的会计科目；总分类科目反映各种经济业务的概括情况，是进行总分类核算的依据，如“库存现金”、“应收账款”、“原材料”等科目，都是总分类科目。

2.明细分类科目

明细分类科目又称“明细科目”，是对总分类科目作进一步分类、提供更详细和更具体会计信息的科目。如“应收账款”科目按债务人名称或姓名设置明细科目，反映应付账款的具体对象。

总分类科目对所属的明细分类科目起着统驭和控制作用；明细分类科目对其归属的总分类科目起着补充和具体说明的作用。

另外，在会计工作中，根据企业经济管理和提供会计分类信息指标的需要，还可以在总分类科目下设二级科目，二级科目是介于总分类科目和明细分类科目之间的科目。如果某一级科目统驭下的明细科目较多，可以增设二级科目，二级科目比总分类科目提供的指标详细，又比明细分类科目提供的指标概括。例如，企业的原材料品种繁多，则可在“原材料”这一总账科目下，按材料类别设置“原料及主要材料”、“辅助材料”、“燃料”等二级科目，按品名设明细科目。

三、会计科目的设置

（一）会计科目的设置原则

合理地设置会计科目与账户，是会计核算的重要方法之一，其他设置的合理与否直接决定着会计信息的科学性、系统性和准确性。因此，如何设置会计科目及设置哪些会计科目，要充分考虑各方面对会计信息的要求及会计核算和监督的具体内容的特点。一般来说，设置会计科目要遵循以下原则。

1.科学性原则

设置会计科目必须结合不同会计对象的特点，科学地进行分类，以达到全面核算会计主体的经济业务过程及结果的目的。例如，工业企业是制造产品的单位，根据其业务特点，就必须设置核算和监督工业生产过程的会计科目，如“生产成本”、“制造费用”等科目；而从事商品流通的企业，不组织产品的生产，因此不需设置上述科目，但因其重要的经营业务是商品的买卖，因此，必须设置反映商品买卖过程的科目，如“物资采购”、“商品进销差价”等科目。

2.统一性和灵活性相结合的原则

为了满足宏观经济管理的要求，在科目名称和核算内容上，应尽量做到核算口径一致，相互可比，以利于提供统一口径的会计信息。我国目前的会计科目是由财政部统一制定颁布的，但从微观上来说，各个单位的规模和经济业务特点千差万别，因此，在能够提供统一核算指标的前提下，各个单位也可根据自己的具体情况，设置、增补或合并会计科目，以保证会计信息的有用性。

3.稳定性原则

为了便于比较分析不同时期的会计核算指标和在一定范围内汇总核算，应保持会计科目的相对稳定性；不要经常变更会计科目的名称、核算内容、数量，以利于会计核算指标相互可比。

4.合规性原则

为了保证会计信息的可比性，国家财政部门对企业所使用的会计科目作了较为具体的规定。企业应当按照国家财政部门制定的会计制度的统一规定，设置本企业适用的会计科目。对于国家统一会计制度规定的会计科目，企业可以根据自身的生产经营特点，在不影响会计核算要求和财务报表指标汇总以及对外提供统一的财务报表的前提下，自行增设、减少或合并某些会计科目。

（二）常用会计科目

根据《企业会计准则应用指南》，一般工商企业所使用的主要会计科目如表 2-14 所示。

表 2-14 企业常用会计科目参照表

序号	编号	会计科目名称	序号	编号	会计科目名称	序号	编号	会计科目名称
		一、资产类	34	1604	在建工程	65	3202	被套期项目
1	1001	库存现金	35	1605	工程物资			四、所有者权益类
2	1002	银行存款	36	1606	固定资产清理	66	4001	实收资本
3	1015	其他货币资金	37	1701	无形资产	67	4002	资本公积
4	1101	交易性金融资产	38	1702	累计摊销	68	4101	盈余公积
5	1121	应收票据	39	1703	无形资产减值准备	69	4103	本年利润
6	1122	应收账款	40	1711	商誉	70	4104	利润分配
7	1123	预付账款	41	1801	长期待摊费用	71	4201	库存股
8	1131	应收股利	42	1811	递延所得税资产			五、成本类
9	1132	应收利息	43	1901	待处理财产损益	72	5001	生产成本
10	1231	其他应收款			二、负债类	73	5101	制造费用
11	1241	坏账准备	44	2001	短期借款	74	5103	待摊进货费用
12	1321	代理业务资产	45	2101	交易性金融负债	75	5201	劳务成本
13	1401	材料采购	46	2201	应付票据	76	5301	研发支出
15	1403	原材料	47	2202	应付账款			六、损益类
16	1404	材料成本差异	48	2205	预收账款	77	6001	主营业务收入
17	1406	库存商品	49	2211	应付职工薪酬	78	6051	其他业务收入
18	1407	发出商品	50	2221	应交税费	79	6101	公允价值变动损益
19	1410	商品进销差价	51	2231	应付利息	80	6111	投资损益
20	1411	委托加工物资	52	2232	应付股利	81	6301	营业外收入
21	1412	周转材料	53	2241	其他应付款	82	6401	主营业务成本
22	1461	存货跌价准备	54	2314	代理业务负债	83	6402	其他业务支出
23	1501	持有至到期投资	55	2401	递延收益	84	6403	营业税金及附加
24	1502	持有至到期投资减值准备	56	2501	长期借款	85	6601	销售费用
25	1503	可供出售金融资产	57	2502	应付债券	86	6602	管理费用
26	1511	长期股权投资	58	2701	长期应付款	87	6603	财务费用
27	1512	长期股权投资减值准备	59	2702	未确认融资费用	88	6604	勘探费用
28	1521	投资性房地产	60	2711	专项应付款	89	6701	资产减值损失
29	1531	长期应收款	61	2801	预计负债	90	6711	营业外支出
30	1541	未实现融资收益	62	2901	递延所得税负债	91	6801	所得税费用
31	1601	固定资产			三、共同类	92	6901	以前年度损益调整
32	1602	累计折旧	63	3101	衍生工具			
33	1603	固定资产减值准备	64	3201	套期工具			

第四节 会计账户

一、账户的涵义和设置原则

会计账户是根据会计科目设置,用以分类核算和监督会计主体各项以货币表现的经济业务的发生情况和由此而引起的资产、负债、所有者权益、收入和费用的变化及其结果的一种方式,是对会计信息进行记录、整理、加工的载体。

会计科目的确定,只是对会计核算内容进行科学的分类。要对经济业务进行连续系统地反映,必须为每个科目开设账户。通过设置账户,将发生的经济业务在相应的账户中进行分类地、连续地记录,可以对会计要素的具体内容的增减变化情况及其结果据以系统地、全面地反映。

为了正确设置账户,充分发挥账户在会计核算中的作用,设置账户应遵循以下基本原则。

1.设置账户,要结合企业生产经营的特点,满足会计核算的要求

不同性质的企业,其生产经营各具特色。企业在设置账户时,要充分结合本单位的具体经济活动的特点。例如,制造企业的主要经营活动分为供、产、销三个阶段,因此相对应的账户设置中就有"材料采购"、"生产成本"、"主营业务收入"等账户。企业设置的账户,一方面要有其明确的、独特的核算内容;另一方面,企业会计账户所构成的账户体系,应该涵盖所有会计要素的内容,反映会计对象的全貌。

2.设置账户,要结合会计核算对象的特点,满足经济管理的要求

设置账户的目的是用来分类处理与传输有关的会计信息,因此账户的设置必须结合各单位会计核算对象的特点。例如,在选择以权责发生制为会计基础的企业,就应相应地设置"应收账款"、"预收账款"、"应付账款"、"预付账款"等账户。账户的设置,还应充分考虑到会计核算信息的输出,满足宏观经济的管理、企业投资者和债权人等外部信息使用者以及企业内部经济管理的需要。

3.设置账户,要结合记账方法的特点,满足会计工作内部分工的要求

不同的记账方法对账户设置的要求不完全相同,因此,账户的设置必须考虑所运用的记账方法。同时,账户的设置还要充分考虑企业内部的岗位责任制的实施,满足会计核算工作内部分工的需求。

二、账户的基本结构

账户是在会计要素的具体分类的基础上登记经济业务事项的工具和载体,这就决定了它必须具有合理的结构,这也是账户不同于会计科目的根本性区别之所在。如前所述,任何一项经济业务事项发生所引起的数量变动,不外乎有两种情况:增加或是减少。因此,账户也需要相应地分为左右两方,一方用于登记增加额,另一方用于登记减少额。这就构成了账户的基本结构。此外,还需要设置若干辅助栏目,用以登记反映经济业务事项和账簿记录详细情况的其他内容。所以,作为账户的基本结构,一般应包括以下内容。

(1)账户的名称(会计科目)——规定账户所要记录的经济业务事项内容。

(2)日期——记录经济业务事项日期。

(3)凭证号——标明账户记录所依据的会计凭证。

(4)摘要——简要说明经济业务事项的内容。

(5)金额——增加金额、减少金额和余额。

账户的基本结构格式如表 2-15 所示。

表 2-15 账户名称(会计科目)

日期	凭证号数	摘要	借方	贷方	余额

上述格式是账户的基本格式,也是手工记账通常采用的格式。账户左右两方的金额栏,一方登记增加额,另一方登记减少额。增减相抵后的差额作为账户的余额。余额按其列示的时间分为期初余额和期末余额。所以,账户中所记录的金额包括期初余额、本期增加额、本期减少额和期末余额。

本期增加额,又称"本期增加发生额",是指一定时期内在账户中记录的增加金额。本期减少额,又称"本期减少发生额",是指一定时期内在账户中记录的减少金额。期初余额和本期增加发生额之和与本期减少发生额相抵后的差额就是期末余额。本期的期末余额结转至下期,就是下期的期初余额。

这种金额的数量关系用公式表示如下:

期初余额+本期增加发生额-本期减少发生额=期末余额

为了方便起见,账户的基本结构可以简化为"T"字形格式,即只保留账户的金额栏,其余栏目予以删去。如图 2-1 所示。

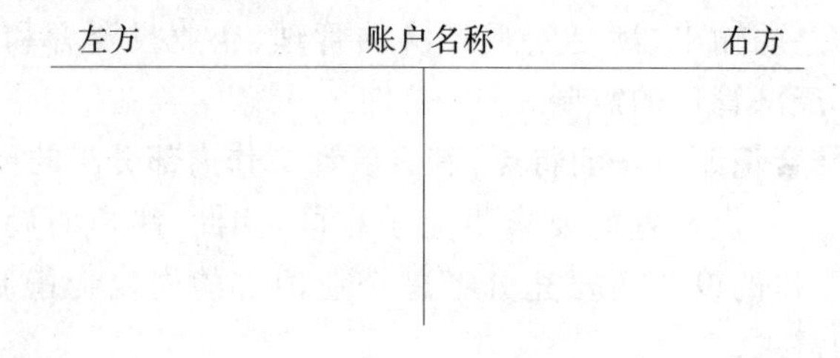

图 2-1 "T"字形格式

账户左右两方,哪一方登记增加额,哪一方登记减少额,其余额在哪一方,均取决于记账方法和账户本身的性质。

三、会计科目与账户的联系与区别

账户与会计科目既有联系,又有所区别。账户是对会计事项进行分类核算的工具,每个账户都应反映一定的经济内容,账户与会计科目所反映的经济内容是相同的,账户的名称就是会计科目。然而从理论上分析,账户与科目也有一定的区别。会计科目只表明某项经济内容，而账户不仅表明相同的经济内容，且必须具备一定的结构格式，用以反映经济业务事项所引起的数量增减变化及其结果的情况。

本章小结

会计要素是指对会计对象具体内容按其经济特征所做的基本分类，它是会计对象的具体化。我国《企业会计准则》将企业会计要素划分为资产、负债、所有者权益、收入、费用和利润六类。

这六类会计要素之间即相互区别，又有着内在联系，这种联系表现为数量依存关系，就是会计恒等式。资产、负债、所有者权益之间的恒等关系是：资产＝负债＋所有者权益；收入、费用、利润之间的恒等关系是：收入－费用＝利润。企业发生的任何一项经济业务事项，会引起会计要素数量的变动，但不会影响会计要素之间的内在经济联系和数量上的平衡关系。

由于会计要素涉及的内容较为复杂，为了能提供更为详细的分类信息，有必要把会计要素进一步划分为会计科目。会计科目是对会计对象的具体内容进行分类核算的项目。账户是根据会计科目开设的、连续记录会计要素增减变动情况及其结果的载体。

思考与练习

一、单项选择题

1. 会计要素是对(　　)的基本分类。

A. 会计核算　　B. 会计对象　　C. 会计主体　　D. 会计科目

2. 下列各项中，反映企业财务状况的会计要素是(　　)。

A. 收入、费用、利润　　B. 资产、负债、所有者权益

C. 收入、资产、负债　　D. 资产、负债、利润

3. 下列会计科目中，不属于负债的是(　　)。

A. 短期借款　　B. 长期借款　　C. 长期待摊费用　　D. 预收账款

4. 下列会计科目中，不属于所有者权益的是(　　)。

A. 实收资本　　B. 长期借款　　C. 股本　　D. 资本公积

5. 下列会计科目中，不属于费用的是(　　)。

A. 管理费用　　B. 财务费用　　C. 销售费用　　D. 长期待摊费用

6. 会计科目按(　　)不同，可以分为总分类科目和明细分类科目。

A. 会计要素　　B. 用途和结构

C. 核算的经济内容　　D. 提供信息的详细程度

7. 下列属于总分类科目的是(　　)。

A. 辅助材料　　B. 差旅费　　C. 累计折旧　　D. 股票投资

8. 下列各项属于流动资产的有(　　)。

A. 库存现金　B. 运输设备　C. 专利权　D. 长期应收款

9. 投资者为开展经营活动而投入的资金称为(　　)。

A. 投资　B. 基金　C. 资本　D. 股本

10. 下列项目中,不属于收入范围的是(　　)。

A. 商品销售收入　B. 劳务收入

C. 租金收入　D. 为第三方代收的款项

11. 下列不属于总账科目的是(　　)。

A. 固定资产　B. 应交税费　C. 应交增值税　D. 预付账款

12. 下列科目属于损益类科目的是(　　)。

A. 盈余公积　B. 固定资产　C. 制造费用　D. 财务费用

二、多选题

1. 会计科目按其所归属的会计要素不同,可分为(　　)等。

A. 所有者权益类　B. 负债类　C. 损益类　D. 成本类

2. 下列会计科目属于成本类的有(　　)。

A. 制造费用　B. 劳务成本　C. 生产成本　D. 坏账准备

3. 下列会计科目中,属于损益类的有(　　)。

A. 营业税金及附加　B. 固定资产清理　C. 主营业务收入　D. 主营业务成本

4. 期间费用包括(　　)。

A. 管理费用　B. 销售费用　C. 制造费用　D. 财务费用

5. 下列反应资金运动静态的会计要素是(　　)。

A. 资产　B. 负债　C. 所有者权益　D. 费用

6. 下列各项中,属于会计要素的是(　　)。

A. 资产　B. 固定资产　C. 负债　D. 费用

7. 下列项目中,属于流动负债的是(　　)。

A. 其他应付款　B. 应交税费

C. 一年内到期的非流动负债　D. 预付款项

8. 下列各项中,属于所有者权益直接来源的是(　　)。

A. 所有者投入的资本　B. 不应计入当期损益的利得或者损失

C. 留存收益　D. 收入

9. 以下有关明细分类科目的表述中,正确的有(　　)。

A. 明细分类科目也称一级科目

B. 明细分类科目是对总分类科目做进一步分类的科目

C. 明细分类科目是对会计要素具体内容进行总括分类的科目

D. 明细分类科目是能提供更加详细、更加具体会计信息的科目

10. 下列各项中,属于费用要素特点的是(　　)。

A. 企业在日常生活中发生的经济利益的总流入　B. 会导致所有者权益减少

C. 与向所有者分配利润无关　D. 会导致所有者权益增加

三、判断题

1. 负债是指企业过去的交易或事项形成的,预期会导致企业经济利益流出企业的未

来义务。（　　）

2.留存收益是企业历年实现的净利润留存于企业的部分，主要包括盈余公积和未分配利润等项目。（　　）

3.会计科目是对会计对象的具体内容进行分类的，它既有分类的名称，又有一定的格式。（　　）

4.会计科目设置应当符合单位自身的特点，满足单位实际需要。（　　）

5.会计要素是对会计对象进行的分类，为会计核算提供了类别指标。（　　）

6.企业在任何情况下，均不可自行增设、减少或合并某些会计科目。（　　）

7.明细分类科目可以根据企业内部管理的需要自行设定。（　　）

8.只要企业拥有某项财产物资的所有权就能将其确认为资产。（　　）

9.“预付账款”属于资产类科目，而“制造费用”属于成本类科目。（　　）

10.对于明细科目较多的总账科目，可在总分类科目与明细分类科目之间设置二级或多级科目。（　　）

11.账户是根据会计科目开设的，账户的名称就是会计科目。（　　）

12.会计科目不能记录经济业务的增减变化及结果。（　　）

四、简答题

1.试说明资产与权益的关系。

2.为什么说经济业务的发生不会影响会计等式的平衡关系？

3.什么是会计等式？试述会计等式的基本原理。

4.为什么要设置会计科目？设置会计科目的原则是什么？

5.什么是账户？为什么要设置账户？账户的基本结构是怎样的？

五、实务题

1.阅读下表内容并回答问题。

资产、负债、所有者权益分类练习表

序号	项目	资产	负债	所有者权益
1	企业机器设备			
2	存在银行的存款			
3	国家投入的资本金			
4	库存材料			
5	向银行借入的款项			
6	企业应收客户的欠款			
7	企业应付的购料款			
8	职工出差预支的差旅费			
9	企业本月实现的利润			
10	企业应交的税金			
11	企业已生成完工的产品			
12	企业尚未加工完毕的产品			

要求：根据上述资料，确定表中业务是属于资产、负债还是所有者权益。

2.聚合公司2012年6月发生下列经济业务：

(1)2日，以银行存款购入修配用零件一批，价值12000元。

(2)5日，收到南方公司投入一笔款项30000元，存入银行。

(3)7日，向银行借款50000元，偿付前欠大众公司的货款。

(4)9日，为百货公司提供修理服务应得2000元，尚未收到。

(5)12日，用银行存款支付本月水电费1200元，房屋租金5000元。

(6)15日，用银行存款支付投资者应得股利1000元。

(7)20日，将无法偿付的应付账款8000元转作公司利润。

(8)25日，公司因违约被罚款500元，但尚未支付。

(9)28日，用公司资本公积10000元转增公司的资本金。

(10)30日，向东方厂购材料一批，价值2000元，货款未付。

资产、负债和所有者权益 单位：元

资产	金额	负债和所有者权益	金额
银行存款	150000	短期借款	100000
原材料	151000	应付账款	150000
固定资产	600000	应付利润	1000
		实收资本	500000
		资本公积	100000
		未分配利润	50000
合计	901000	合计	901000

要求：

(1)分析上述经济业务，说明其分别属于九种类型中的哪一种。

(2)按照会计等式，列示资产、负债、所有者权益具体项目，并分别加计资产、负债、所有者权益的总额，检验会计等式是否平衡。

第三章　复式记账

教学目的

□掌握借贷记账法的特点
□掌握借贷记账法的记账规则
□掌握会计分录的编制
□掌握试算平衡
□掌握总分类账户与明细分类账户的平行登记
□能够根据企业经济管理的需要，正确认识并使用借贷记账法

教学重点

□运用借贷记账法编制会计分录，并进行试算平衡

教学难点

□根据经济业务编制会计分录，并进行试算平衡

建议课时

6课时

第一节　复式记账法概述

一、记账方法

企业发生的经济业务事项必然会引起会计要素发生增减变动，账户能够全面、系统地反映各要素有关项目的增减变动及结果，但如何将发生的经济业务记录到有关账户中，就需要采用一定的记账方法。所谓“记账方法”，就是在账簿中登记经济业务的方法，即根据一定的记账原理、记账符号、记账规则，采用一定的计量单位，利用文字和数字把

经济业务记到账簿中去的一种专门方法。按其记录经济业务的方式不同,记账方法可以分为单式记账法和复式记账法。

二、单式记账法

单式记账法是记账方法的早期形式,是将有关经济业务引起的一个方面的变动在一个会计科目中进行单方面的登记,而与此相关的另一方面不予反映的一种记账方法。使用单式记账法时,不是所有的经济业务都能反映出来,通常只将现金、银行存款的收付款业务和应收、应付债权债务等往来结算业务在账户中进行登记,而对实物的收付业务一般不作登记。比如,以银行存款100万购买厂房,账簿记录中一般只反映银行存款的减少,而不反映固定资产厂房的增加。因此,单式记账法不可避免地存在着单方面记录的弊病,难以从会计记录中考察经济业务事项的全貌,无法形成连续、系统且又严密的会计信息记录,也无法进行账户记录的综合试算。所以单式记账法已经被淘汰,复式记账法成为普遍应用的记账方法。

三、复式记账法

复式记账法由单式记账法发展而来。由于任何会计事项都会引起有关会计要素及其项目的增减变动,因此,复式记账法是指以资产和权益的平衡关系为记账基础,对每一笔经济业务都要用相等的金额,在两个或两个以上相互联系的账户中进行登记,系统地反映资金运动变化结果的一种记账方法。如用银行存款100万购买厂房,复式记账法不仅记录了银行存款减少100万,同时也指明了银行存款的用途,即由此所带来的固定资产厂房增加100万,因而能够清晰地反映出整个经济业务事项的来龙去脉,并能运用账户体系的平衡关系来检查全部会计记录的正确性。所以,复式记账法作为科学的记账方法一直被广泛地运用。目前,我国的企业和行政、事业单位所采用的记账方法,都属于复式记账法。

复式记账法有以下四方面特点。

(一)账户设置完整,具有完整的账户体系

复式记账法不仅对每笔应进行会计核算的经济业务进行反映,而且对每笔应进行会计核算的业务所涉及的所有方面在相应的账户中进行登记,所以就必须设置一套完整的账户。例如,企业既要设置反映资金处于静止状态的资产、负债和所有者权益账户,又要设置反映资金运动状态的收入和费用等账户。

(二)对每笔应进行会计核算的经济业务都要反映和记录

复式记账法为每笔应进行会计核算的经济业务都进行反映和记录提供了必要性和可能性。其必要性表现在复式记账法要求全面反映企业的经济业务,其可能性表现在复式记账法设置了完整的账户,具有完整的账户体系。

(三)对每笔应进行会计核算的经济业务都要反映其涉及的所有方面

因为复式记账法要求对经济业务进行全面反映,所以对每笔应进行会计核算的经济业务都要反映其涉及的所有方面,只有这样,才能通过复式记账法反映每笔经济业务的来龙去脉。

(四)对一定时期内的账户记录能进行综合试算平衡

因为复式记账法对每笔业务都是以相等的金额在有联系的账户中进行登记,这样使账户之间产生了一种相互核对、相互平衡的关系,所以利用这种平衡关系对账户记录结果进行试算平衡,可以检查账户记录的正确性。

可见,复式记账法是一种科学的记账方法,目前在世界各国普遍采用。1992 年会计改革以前,我国所采用的复式记账法有增减记账法、收付记账法和借贷记账法。无论是在我国还是在国外,由于增减记账法和收付记账法都有其不足之处,而最科学的记账方法就是借贷记账法。无论是在我国还是在国外,借贷记账法都是应用最广泛的一种记账方法。我国颁布的《企业会计准则——基本准则》和《事业单位会计准则》都规定应采用借贷记账法记账。

第二节　借贷记账法

借贷记账法是以"借"和"贷"作为记账符号,反映会计事项的发生引起会计要素增减变动情况的一种复式记账法。借贷记账法建立在"资产＝负债＋所有者权益"会计恒等式的基础上。借贷记账法中"借"、"贷"两字的含义,最初是从借贷资本家的角度解释的。借贷资本家把从债权人那里收进的银钱,记在贷主的名下,表示自身的债务;借贷资本家把从债权人那里得到并向债务人放出去的银钱,记在借主的名下,表示自身的债权。此时,"借"、"贷"两字表示债权债务的变化,且"借主"＝"贷主"。随着经济的发展,经济活动日益复杂以及产业资本家和商业资本家对借贷记账法的利用,"借"和"贷"两字不再局限于说明借贷业务的增减变动情况,而逐渐扩展到说明财产物资和经营损益等经济业务的增减变动情况。此时,"借"、"贷"两字就渐渐失去原来的含义,而转化为纯粹的记账符号,变成会计上的专业术语。

一、借贷记账法的记账符号

记账符号,是指会计上用来表示经济业务的发生所涉及的金额应该记入有关账户的左方金额栏还是右方金额栏的符号。借贷记账法以"借"、"贷"为记账符号,分别作为账户的左方和右方。至于"借"表示增加还是"贷"表示增加,则完全取决于账户的性质和结构。

二、借贷记账法的账户结构

账户结构是反映账户内容的组成要素,账户的结构是由账户的性质,即由账户所反映的经济内容决定的。在借贷记账法中,任何账户都可以分为借方和贷方两个基本部分,在"T"字形账户中,通常左方为借方,右方为贷方,其中一方记录增加的金额,一方记录减少的金额。但哪一方登记增加,哪一方登记减少,完全取决于账户的性质(即反映的经济内容)和结构。为便于理解,下面用"T"字形账户格式对各类账户进行说明。

(一)资产类账户的结构

资产类账户的结构主要体现在:资产的增加金额记入账户的借方,减少金额记入账户的贷方；账户若有余额，一般为借方余额，表示期末资产的结存金额。其计算公式是：

资产类账户期末借方余额＝期初借方余额＋本期借方发生额－本期贷方发生额

其账户结构如图 3-1 所示。

借方		贷方	
期初余额：	×××		
本期增加发生额：	×××	本期减少发生额：	×××
	：		：
	：		：
本期发生额合计：	×××	本期发生额合计：	×××
期末余额：	×××		

图 3-1　资产类会计科目

期初余额、本期借方发生额、本期贷方发生额和期末余额之间的关系可用公式表示为：

期末余额＝期初余额＋本期借方发生额－本期贷方发生额

(二)负债和所有者权益类账户结构

负债及所有者权益类账户同属于权益类账户，由于资产与权益是同一事物的两个方面，因而作为权益类账户的结构，与资产类账户结构正好相反，即增加金额记入账户的贷方，减少金额记入账户的借方；账户若有余额，一般为贷方余额，表示期末负债及所有者权益的结存金额。其计算公式是：

负债和所有者权益类账户期末贷方余额＝期初贷方余额＋本期贷方发生额
－本期借方发生额

其账户结构如图 3-2 所示。

借方		贷方	
		期初余额：	×××
本期减少发生额：	×××	本期增加发生额：	×××
	：		：
	：		：
本期发生额合计：	×××	本期发生额合计：	×××
		期末余额：	×××

图 3-2　负债或所有者权益类会计科目

期初余额、本期借方发生额、本期贷方发生额和期末余额之间的关系可用公式表示为：

期末余额＝期初余额＋本期贷方发生额－本期借方发生额

在所有者权益类账户中，包括利润计算账户。企业收入与费用配比的结果是利润，利润属于所有者权益，因此利润计算账户归属于所有者权益类账户。从账户结构分析，利润计算账户的贷方发生额为本期收入的总额，借方的发生额为本期费用的总额，贷方发生额与借方发生额的差额即本期实现的利润(或亏损)。期末的贷方余额表示截止至本期末企业实现的累计利润；期末的借方余额则表示截止至本期末发生的累计亏损。该账户年末因结转而无余额，其账户结构如图 3-3 所示。

借方		贷方	
		期初余额：	×××
本期费用：	×××	本期收入：	×××
	：	：	
		期末余额：	×××
		（年末结转无余额）	

图 3-3 利润计算类账户会计科目

(三)损益类账户结构

损益类账户包括损益收入类和损益费用类账户。

1.收入类账户结构

收入的取得使企业资产增加或负债减少，从而引起所有者权益的增加。因此，损益收入类账户的结构与所有者权益类账户的结构相似，即增加金额记入账户的贷方，减少金额记入账户的借方，平时余额记载会计科目的贷方。但与所有者权益账户不同的是，收入是企业在一定期间取得的经营成果，不应留存到下一会计期间，应当在当期予以结转，以便下一会计期间的收入账户金额能反映下一会计期间的实际收入状况，期末要将全部余额转入“本年利润”账户的贷方，以便计算本期利润。因此损益收入类账户期末一般无余额。其账户结构如图 3-4 所示。

借方		贷方	
本期减少或转销发生额：	×××	本期增加发生额：	×××
	：		：
本期发生额合计：	×××	本期发生额合计：	×××
		（期末通常无余额）	

图 3-4 损益收入类会计科目

2.费用类账户结构

由于费用是以当期的收入进行抵补的资产的耗费，在没有以收入抵补之前，实际上是企业的一种资金运用，所以费用的发生使企业资产减少或负债增加，从而导致所有者权益减少。因此，损益费用类账户的结构与所有者权益类账户的结构正好相反，与资产类账户的结构基本相同。即借方登记增加额，贷方登记减少额或转出额。按收入与费用配比原则，费用类账户在期末全额结转到利润计算账户，以便与收入相抵，所以，费用类账户在期末结转后一般无余额。其账户结构如图 3-5 所示。

借方		贷方	
本期增加发生额：	×××	本期减少或转销额：	×××
	：		：
本期借方发生额合计：	×××	本期贷方发生额合计：	×××
（期末通常无余额）			

图 3-5 损益费用类会计科目

(四)成本类账户结构

企业在生产经营过程中发生的耗费而形成的费用,分为计入产品成本形成企业资产的费用和直接计入当期损益的费用。计入产品成本形成企业资产的费用习惯上称为"成本费用"。而反映这一成本费用的账户称为"成本类账户"。由于成本费用是企业生产经营中资产耗费的转化形态,在没有最终形成产成品这一最终资产之前,是处在产品形态,所以成本类账户结构与资产类账户结构基本相同,同时兼有损益费用类账户的特征。发生额的记录与损益费用类账户结构相同,其余额的反映与资产类账户相同,即借方登记成本的增加额,贷方登记成本的减少或转销额,期末转销后一般无余额。在期末如有尚未完工的产品,一定有期末借方余额,表示在产品成本。成本类账户结构如图 3-6 所示。

借方		贷方	
期初余额:	×××		
本期增加发生额:	×××	本期减少或结转额:	×××
	⋮		⋮
本期发生额合计:	×××	本期发生额合计:	×××
期末余额:	××× (或平)		

图 3-6　成本类账户会计科目

根据上述对资产、负债、所有者权益、成本、损益五类账户结构的描述,可以概括为以下几点。

第一,借贷记账法以"借"和"贷"作为记账符号,在不同性质的账户中所表示的含义有所不同。各类账户的基本结构可归纳为如表 3-1 所示。

表 3-1　借贷记账法下各类账户的基本结构

会计科目类别	借方	贷方	余额方向
资产类	增加	减少	借方
负债类	减少	增加	贷方
所有者权益类	减少	增加	贷方
损益收入类	减少(或转销)	增加	一般无余额
损益费用类	增加	减少(或转销)	一般无余额
成本类	增加	减少(或转销)	借方

第二,因为成本类账户的结构、费用类账户的结构和资产类账户的结构基本相同,收入类账户的结构和权益类账户的结构基本相同,所以,在借贷记账法下,为便于初学者理解和学习,可将账户的基本结构大体分为两大类,即资产(资金运用)类账户和权益(资金来源)类账户。

第三,"借"、"贷"作为记账符号,指示着账户记录的方向是左方还是右方。一般来说,各类账户的期末余额与记录增加额的一方都在同一方向,即资产类账户期末余额在借方,权益类账户期末余额在贷方。因此,根据账户余额所在方向来判定账户性质,成为借贷记账法的一个重要特点。

三、借贷记账法的记账规则

记账规则是指运用记账方法正确记录具体经济业务时应遵循的规律。不同的记账方法具有不同的记账规则。借贷记账法的记账规则是:“有借必有贷,借贷必相等。”这一记账规则要求对每项经济业务都要以相等的金额,以相反的方向,在两个或两个以上有联系的账户中进行登记。即一方记入借方,另一方必须以相等的金额计入贷方,且记入借方金额的合计数等于记入贷方金额的合计数。

对于借贷记账法的记账规则,我们可以从经济业务的类型中推导出来。从企业发生的全部经济业务对资产、权益引起的变化来看,不外乎有四种类型,而这四种类型的经济业务都不会破坏“资产＝负债＋所有者权益”的平衡关系。如果我们掌握四种类型的经济业务的记账规律,其他经济业务可根据四种类型推导出来。

这四种类型的主要业务是:

(1)经济业务的发生,使等式两边资产和权益同时增加。

(2)经济业务的发生,使等式两边资产和权益同时减少。

(3)经济业务的发生,使等式左边资产内部一增一减,增减金额相等。

(4)经济业务的发生,使等式右边权益内部一增一减,增减金额相等。

因此,在借贷记账法下,这四种类型的经济业务的账户结构如图 3-7 至图 3-10 所示。

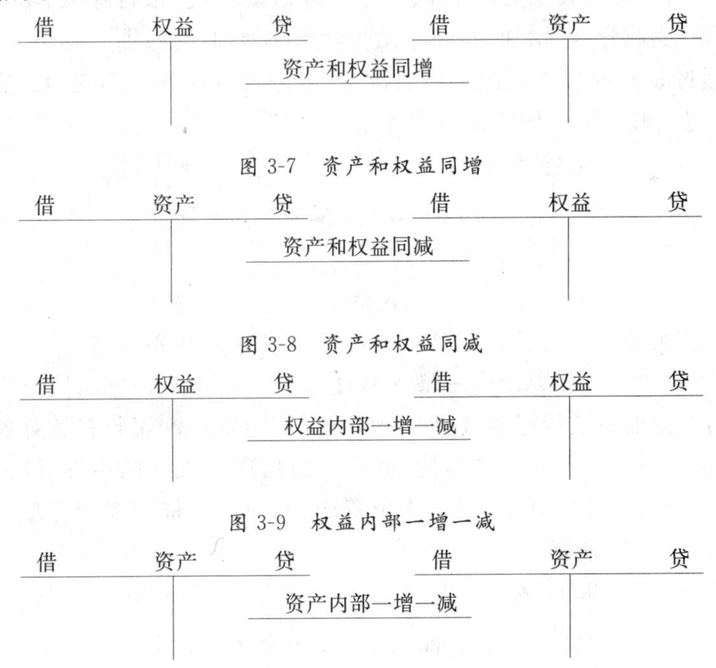

图 3-7　资产和权益同增

图 3-8　资产和权益同减

图 3-9　权益内部一增一减

图 3-10　资产内部一增一减

现以正大公司 2013 年 1 月份发生的具有代表性的经济业务为例,说明借贷记账法下记账规则的运用。

例:正大公司 2012 年 12 月 31 日资产、负债及所有者权益各账户的期末余额如表 3-2 所示。

表 3-2

单位:元

资产类账户	金额	负债及所有者权益类账户	金额
库存现金	2000	短期借款	200000
银行存款	50000	应付账款	100000
应收账款	180000	应付职工薪酬	35000
原材料	220000	应付利润	50000
固定资产	700000	实收资本	700000
		资本公积	67000
总计	1152000	总计	1152000

从表 3-2 我们可以看到,资产(1152000)=负债(385000)+所有者权益(767000)。

正大公司 2013 年 1 月份发生以下业务。

【例 3-1】 正大公司 2013 年 1 月收到投资者投入资金 200000 元,手续已办妥,款项已存入银行。

该项业务属于资产和所有者权益同时增加的类型。"银行存款"属于资产类账户,"实收资本"属于所有者权益类账户。该业务一方面使公司"银行存款"增加 200000 元,另一方面使公司"实收资本"增加 200000 元。资产的增加,通过账户的借方反映,所有者权益的增加,通过账户的贷方反映。最后确定,借记银行存款 200000 元,贷记实收资本 200000 元。登记入账的结果如图 3-11 所示。

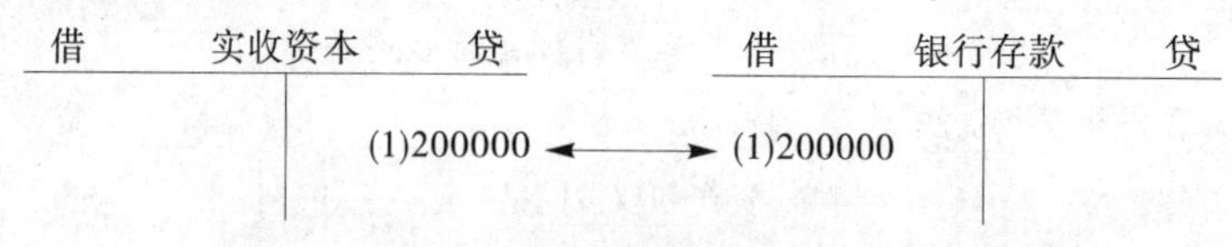

图 3-11

【例 3-2】 正大公司开出转账支票 60000 元,购买 1 台机器设备。

该业务属于等式左边的资产内一增一减业务。该项业务一方面使公司固定资产增加 60000 元,另一方面使银行存款减少 60000 元。固定资产和银行存款都属于公司的资产账户。根据借贷记账法下的账户结构,资产的增加通过账户的借方反映,资产的减少通过账户的贷方反映。最后确定,借记固定资产 60000 元,贷记银行存款 60000 元。登记入账的结果如图 3-12 所示。

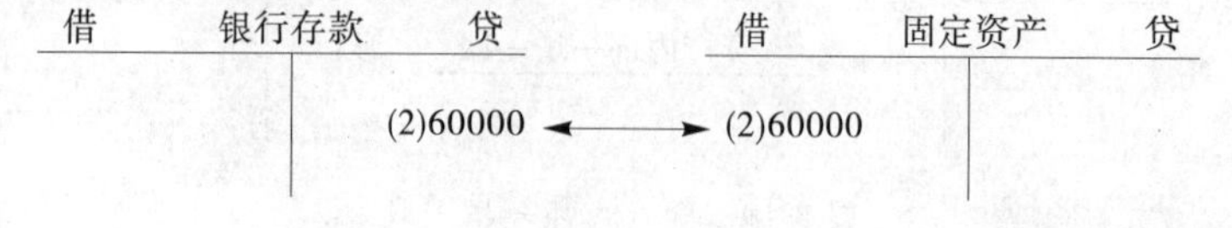

图 3-12

【例 3-3】 正大公司向东方公司购买所需原材料,但由于资金周转紧张,购料款 170000 元尚未支付。

该业务属于等式两边资产与负债等额增加业务。由于购料款未付,一方面使公司"原材料"增加,另一方面使公司欠款"应付账款"增加。经分析,"原材料"属于资产类账户,“应付账款”属于负债类账户。根据借贷记账法下的账户结构,资产的增加记借方,负债的增加记贷方。最后确定,借记原材料 170000 元,贷记应付账款 170000 元。登记入账的结果如图 3-13 所示。

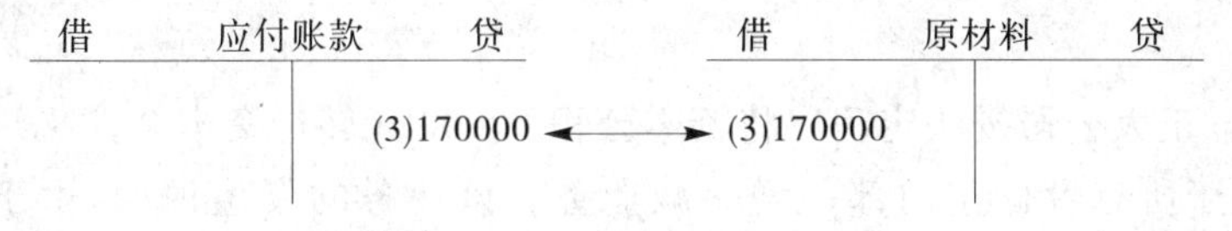

图 3-13

【例 3-4】 正大公司通过银行转账支付给银行于本月到期的银行借款 80000 元。

该业务属于等式两边的资产与负债同时减少业务。该项业务说明,由于归还以前的银行贷款,一方面使公司属于资产项目的银行存款减少 80000 元,另一方面使属于负债项目的短期借款减少 80000 元。银行存款属于资产类账户,短期借款属于负债类账户。根据借贷记账法下的账户结构,资产的减少通过账户的贷方反映,负债的减少通过账户的借方反映。最后确定,借记短期借款 80000 元,贷记银行存款 80000 元。登记入账的结果如图 3-14 所示。

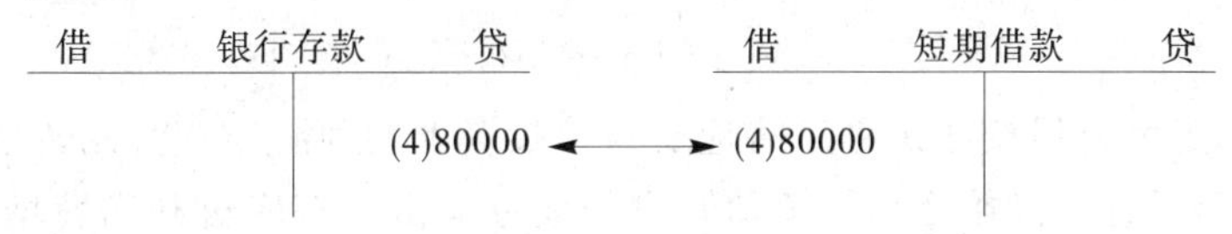

图 3-14

【例 3-5】 上级主管部门按法定程序将一台价值 200000 元的设备调出,以抽回国家对正大公司的投资。

该项业务属于资产与所有者权益同时等额减少的类型。由于国家调出设备,抽回投资,一方面使公司属于固定资产的账户减少 200000 元,另一方面使属于所有者权益项目的实收资本减少 200000 元。固定资产属于公司的资产账户,实收资本属于所有者权益账户。根据借贷记账法下的账户结构,资产的减少通过账户的贷方反映,所有者权益的减少通过账户的借方反映。最后确定,借记实收资本 200000 元,贷记固定资产 200000 元。登记入账的结果如图 3-15 所示。

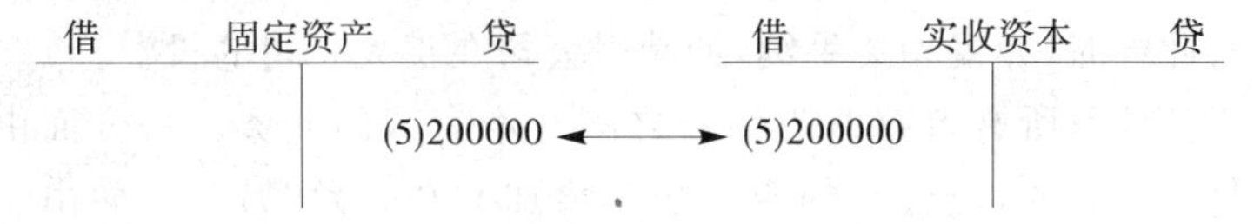

图 3-15

【例 3-6】 正大公司开出一张面值为 170000 元的商业汇票,以抵偿原欠东方公司的购料款。

该业务属于负债内一增一减业务。该项经济业务说明,由于商业汇票抵偿原欠料款,一方面使公司的应付票据增加了 170000 元,另一方面使企业的债务应付账款减少 170000 元。应付票据和应付账款都属于负债类账户。根据借贷记账法下的账户结构,负债的增加通过账户的贷方反映,负债的减少通过账户的借方反映。最后确定,借记应付账款 170000 元,贷记应付票据 170000 元。登记入账的结果如图 3-16 所示。

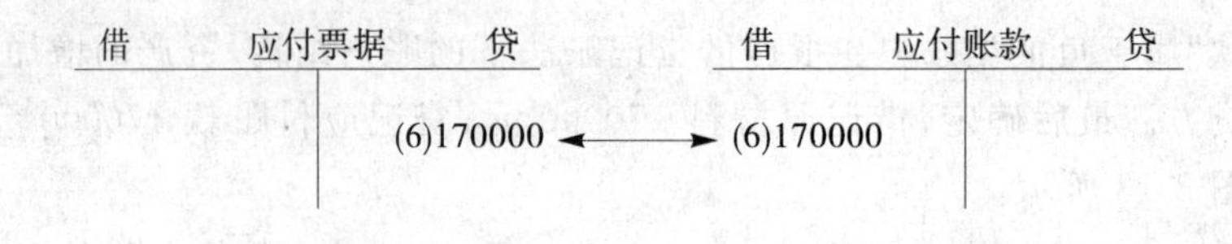

图 3-16

【例 3-7】 正大公司按法定程序将资本公积 60000 元转增资本金。

该业务属于所有者权益内部一增一减业务。该业务的发生说明，由于将资本公积 60000 元转增资本金，一方面使公司的实收资本增加 60000 元，另一方面使资本公积减少 60000 元。资本公积和实收资本都属于所有者权益类账户。根据借贷记账法下的账户结构，所有者权益的增加通过账户的贷方反映，所有者权益的减少通过账户的借方反映。最后确定，借记资本公积 60000 元，贷记实收资本 60000 元。登记入账的结果如图 3-17 所示。

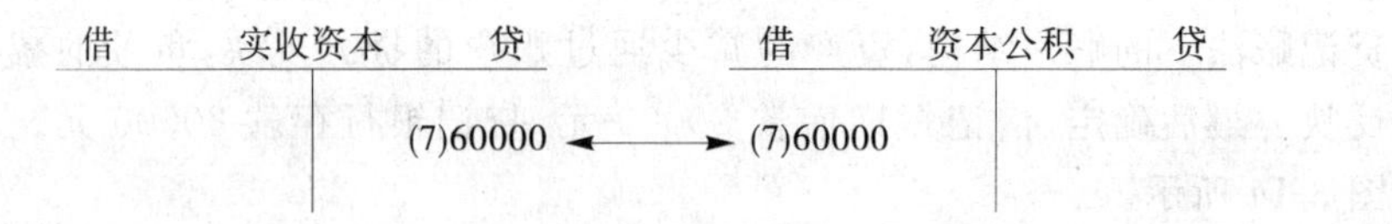

图 3-17

【例 3-8】 正大公司按法定程序将应支付给投资者的利润 50000 元转增资本金。

该业务属于所有者权益增加与负债减少的业务。由于将应付利润转增资本金，一方面使公司实收资本增加 50000 元，另一方面使应付利润减少 50000 元。实收资本属于所有者权益类账户，应付利润属于负债类账户。根据借贷记账法下的账户结构，所有者权益的增加通过账户的贷方反映，负债的减少通过账户的借方反映。最后确定，借记应付利润 50000 元，贷记实收资本 50000 元。登记入账的结果如图 3-18 所示。

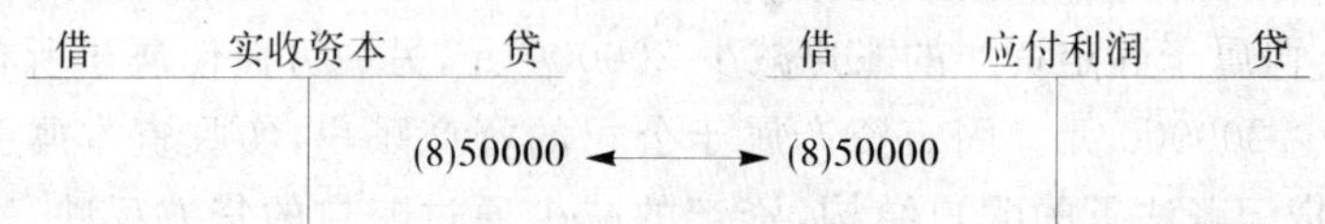

图 3-18

【例 3-9】 正大公司已承诺代甲公司偿还甲公司前欠丁公司的货款 90000 元，但款项尚未支付。与此同时，办妥相关手续，冲减甲公司在正大公司的投资。

该业务属于负债及所有者权益类项目之间有增有减的业务。一方面由于正大公司已承诺但未支付一笔欠款，使公司的应付账款增加 90000 元，另一方面由于代甲公司支付此项欠款的同时减少甲公司在本公司的投资，使本公司的实收资本减少 90000 元。实收资本属于所有者权益类账户，应付账款属于负债类账户。根据借贷记账法下的账户结构，负债的增加通过账户的贷方反映，所有者权益的减少通过账户的借方反映。最后确定，借记实收资本 90000 元，贷记应付账款 90000 元。登记入账的结果如图 3-19 所示。

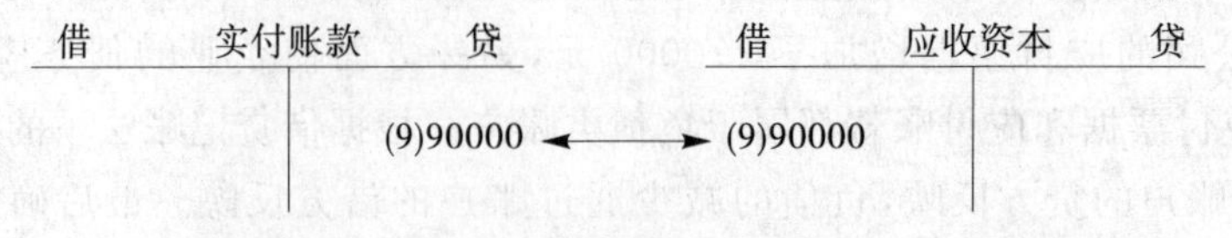

图 3-19

以上举例，已经概括了企业的所有业务类型，而无论哪种类型的经济业务，都是以相等的金额同时记入有关账户的借方和另一相关账户的贷方。这样就可以归纳出借贷记账法的记账规则为："有借必有贷，借贷必相等"。

通过以上举例可以得出，我们在实际运用借贷记账法的记账规则登记经济业务时，一般要按三个步骤进行：

(1)分析每一笔业务所涉及的账户名称，并判断账户的性质。

(2)判断经济业务所引起的资金数量是增加还是减少。

(3)根据账户结构确定计入账户的方向，即应记录的方向是借方还是贷方以及各账户应记金额。凡涉及资产及费用成本的增加、负债及所有者权益的减少、收入的减少或转出，都应记入各账户的借方；凡是涉及资产及费用成本的减少、负债及所有者权益的增加、收入的增加，都应记入各账户的贷方。

四、借贷记账法下的会计分录

(一)账户的对应关系和对应账户

从以上举例可以看出，在运用借贷记账法进行核算时，在有关账户之间存在着应借、应贷的相互关系，账户之间的这种相互关系称为"账户的对应关系"。存在对应关系的账户称为"对应账户"。例如，用银行存款 50000 元购买原材料，就要在"原材料"账户的借方和"银行存款"账户的贷方进行记录。这样"原材料"与"银行存款"账户就发生了对应关系，两个账户也就成了对应账户。不同的经济业务具有不同的账户对应关系，不同的账户之间可以有对应关系，也可以没有对应关系，如收入类账户和费用类账户一般就不会有对应关系。掌握账户的对应关系很重要，通过账户的对应关系一方面可以了解经济业务的内容，另一方面还可以检查经济业务的处理是否符合有关的会计法规。

(二)会计分录

1.会计分录的概念及编制步骤

为了保证账户记录的正确性并减少登记账簿的工作量，会计事项发生后应先编制会计分录，然后再根据会计分录记入有关账户。所谓"会计分录"，是指标明某项经济业务应借、应贷方向，科目名称和金额的记录。在实际工作中，会计分录通过编制记账凭证体现出来。会计分录的要素包括记账方向、科目名称和应记金额。

会计分录的编制步骤为：

(1)分析经济业务事项涉及的是资产类账户(成本、费用)还是权益类账户(收入)。

(2)根据经济业务引起的会计要素的增减变化，确定涉及哪些会计科目，是增加还是减少。

(3)根据会计科目的性质和结构，确定记入哪个(或哪些)会计科目的借方、哪个(或哪些)会计科目的贷方。

(4)根据借贷记账法的记账规则，确定应借应贷的会计科目是否正确，借贷方金额是否相等。

根据会计分录的编制步骤，前述九笔经济业务应编制的会计分录如下：

(1)借：银行存款　　200000

贷:实收资本 200000

(2)借:固定资产 60000

贷:银行存款 60000

(3)借:原材料 170000

贷:应付账款 170000

(4)借:短期借款 80000

贷:银行存款 80000

(5)借:实收资本 200000

贷:固定资产 200000

(6)借:应付账款 170000

贷:应付票据 170000

(7)借:资本公积 60000

贷:实收资本 60000

(8)借:应付利润 50000

贷:实收资本 50000

(9)借:实收资本 90000

贷:应付账款 90000

2.会计分录的分类

会计分录有两种。只涉及两个账户的会计分录是简单会计分录。以上列举的九笔会计分录都是简单会计分录。凡涉及两个以上账户的会计分录是复合分录,如一借多贷、一贷多借和多借多贷的会计分录。在实际工作中,为了使账户的对应关系清楚,不宜把不同类型的经济业务合并编制为多借多贷会计分录,但若是同类经济业务,则可编制复合会计分录。对复合分录的举例如下。

【例3-10】 正大公司购买一批原材料,价值100000元,其中用银行存款支付50000元,其余款项尚未支付,材料已验收入库。

该项业务涉及资产类账户的“原材料”账户、“银行存款”账户和负债类账户的“应付账款”账户,编制复合会计分录如下:

借:原材料 100000

贷:银行存款 50000

应付账款 50000

五、借贷记账法下的试算平衡

企业对日常发生的经济业务都要记入有关账户,记账稍有疏忽,便有可能发生差错。因此,对全部账户的记录必须定期进行试算,借以验证账户记录是否正确。所谓“试算平衡”,是指根据会计恒等式“资产=负债+所有者权益”以及借贷记账法的记账规则,通过汇总、检查和验算确定所有账户记录是否正确、完整的一种验证方法。它包括发生额试算平衡和余额试算平衡。

(一)发生额试算平衡

发生额试算平衡是根据本期所有账户借方发生额合计与贷方发生额合计恒等关系,

来检验本期发生额记录是否正确的方法。发生额试算平衡包括两方面的内容：一是每笔会计分录的发生额平衡，即每笔会计分录的借方发生额必须等于贷方发生额，这是由借贷记账法的记账规则决定的；二是本期发生额的平衡，即本期所有账户的借方发生额合计必须等于所有账户的贷方发生额合计。因为本期所有账户的借方发生额合计，相当于把复式记账的借方发生额相加；所有账户的贷方发生额合计，相当于把复式记账的贷方发生额相加，二者必然相等。这种平衡关系用公式表示为：

全部账户本期借方发生额合计＝全部账户本期贷方发生额合计

（二）余额试算平衡

余额试算平衡是根据本期所有账户的借方余额合计与所有账户的贷方余额合计的恒等关系，检查本期账户记录是否正确的方法。这是由“资产＝负债＋所有者权益”的恒等关系决定的。在某一时点上，有借方余额的账户应是资产类账户，有贷方余额的账户应是权益类账户，分别合计其余额，就是企业的资产总额和权益总额。根据余额的时间不同，可分为期初余额试算平衡和期末余额试算平衡。本期的期末余额平衡，结转到下一期，就成为下一期的期初余额平衡。这种关系可用下列公式表示：

本期全部账户借方期初余额合计＝本期全部账户贷方期初余额合计

本期全部账户借方期末余额合计＝本期全部账户贷方期末余额合计

下面以上述正大公司 2013 年 1 月初各账户期初余额和 2013 年 1 月发生的九笔业务所编制的会计分录来说明借贷记账法试算平衡的编制方法。其具体方法为：

(1)开设“T”字形账户并登记期初余额。

(2)根据会计分录在“T”字形账户中登记本期发生额。

(3)进行结账。在“T”字形账户登记的最后一笔金额下划线，并结出各账户的本期借方、贷方发生额和期末余额。然后根据各账户的记录编制“总分类账本期发生额试算平衡表”和“总分类账户期末余额试算平衡表”，或者汇总编制“总分类账本期发生额和余额试算平衡表”，如表 3-3、表 3-4 和表 3-5 所示。

表 3-3 正大公司 2013 年 1 月份发生额试算平衡表

2013 年 1 月 31 日 单位:元

会计科目	本期发生额	
	借方	贷方
银行存款	200000	140000
原材料	170000	
固定资产	60000	200000
短期借款	80000	
应付票据		170000
应付账款	170000	260000
应付利润	50000	
实收资本	290000	310000
资本公积	60000	
合计	1080000	1080000

表 3-4 正大公司 2013 年 1 月份余额试算平衡表

2013 年 1 月 31 日　　单位:元

会计科目	期末余额	
	借方	贷方
库存现金	2000	
银行存款	110000	
应收账款	180000	
原材料	390000	
固定资产	560000	
短期借款		120000
应付票据		170000
应付账款		190000
应付职工薪酬		35000
实收资本		720000
资本公积		7000
合计	1242000	1242000

表 3-5 正大公司 2013 年 1 月份发生额及余额试算平衡表

2013 年 1 月 31 日　　单位:元

会计科目	期初余额		本期发生额		期末余额	
	借方	贷方	借方	贷方	借方	贷方
库存现金	2000				2000	
银行存款	50000		200000	140000	110000	
应收账款	180000				180000	
原材料	220000		170000		390000	
固定资产	700000		60000	200000	560000	
短期借款		200000	80000			120000
应付票据				170000		170000
应付账款		100000	170000	260000		190000
应付职工薪酬		35000				35000
应付利润		50000	50000			
实收资本		700000	290000	310000		720000
资本公积		67000	60000			7000
合计	1152000	1152000	1080000	1080000	1242000	1242000

在编制试算平衡表时应注意以下几点：

(1)必须保证所有账户的发生额和余额均已记入试算平衡表。因为会计等式是对会计要素整体而言的，缺少任何一个账户的发生额和余额，都会造成借方发生额合计和贷方发生额合计不等，期初和期末借方余额合计和贷方余额合计不等。

(2)如果试算平衡表发生额栏或余额栏借贷不平衡，说明账户记录有错误，应认真查找，直到实现平衡为止。

(3)如果借贷平衡，也不能说明账户记录完全正确，因为有些错误并不影响试算平衡表有关三栏的平衡关系。例如：

①漏记某项经济业务，将使本期借贷双方的发生额同时减少，借贷仍然平衡。

②重记某项经济业务，将使本期借贷双方的发生额同时等额虚增，借贷仍然平衡。

③某项经济业务记错有关账户，借贷仍然平衡。

④某项经济业务颠倒了记账方向，借贷仍然平衡。

⑤借方或贷方发生额中，偶然发生多记少记并相互抵消，借贷仍然平衡。

因此，在编制试算平衡表之前，应认真核对有关会计账户记录，以消除上述错误。

第三节　总分类账与明细分类账的平行登记

在会计核算工作中，根据经济管理工作的需要，一切经济业务都要经过有关账户进行核算，既要提供总括的核算指标，又要提供明细核算指标，也就需要同时设置总分类账户和明细分类账户。

总分类账户(也叫“总账账户”、“一级账户”)是用来总括反映每一资产、负债、所有者权益增减变化情况的账户，是根据总分类科目设置的。为了保持会计信息的可比性，目前总分类账户一般根据国家统一会计制度的有关规定设置。

明细分类账户(又称“明细账户”)是在总分类账户的基础上，根据管理的需要设置的用以提供详细核算资料的账户，是根据明细分类科目设置的。

一、总分类账户和明细分类账户的关系

(一)总分类账户对其所属的明细分类账户具有统驭控制作用

总分类账户提供的总括资料是对明细分类账户的综合；明细分类账户提供的明细资料是对其总分类资料的具体化。所以，总分类账户对其所属的明细分类账户具有统驭控制作用。

(二)明细分类账户对总分类账户起着补充说明的作用

总分类账户是对会计要素各项目增减变化的总括反映，提供总括资料；而明细分类账户是对会计要素各项目增减变化的详细反映，提供某一具体方面的详细资料。因此，明细分类账户对总分类账户具有补充说明的作用。

(三)总分类账户与其所属的明细分类账户在总金额上应相等

因为总分类账户与其所属的明细分类账户是根据相同的依据进行平行登记的，所反映的经济内容是相同的，其总金额必然相等。如“原材料”总分类账户与其所属的明细分类账户“燃料”、“辅助材料”都反映了材料收发和结存情况，登记的依据相同，内容相同，

因此，“原材料”总分类账户的金额与其所属的明细分类账户“燃料”、“辅助材料”的金额合计数应相等。

二、总分类账户和明细分类账户的平行登记

虽然总分类账户与明细分类账户存在统驭和被统驭的关系，但在账务处理上是平行关系，应当进行平行登记，以便进行会计账户核对，并确保核算资料的正确、完整。所谓“平行登记”，是指对所发生的每项经济业务都要以相关的会计凭证为依据，既要登记有关总分类账户，又要登记总分类账户所属的明细分类账户的方法。通过总分类账户与其所属的明细分类账户的平行登记，便于会计账户的核对和检查，纠正错误和遗漏等。

总分类账户和明细分类账户平行登记要做到以下几点。

(一)所依据的会计凭证相同

对发生的经济业务，以相同的会计凭证为依据，既要登记总分类账户，又要以相等金额登记所属的一个或几个明细分类账户。

(二)所属的会计期间相同

对发生的经济业务，在记入有关总分类账户和明细分类账户的过程中，可以有先后，但必须在同一会计期间(一般为1个月)全部登记入账。

(三)借贷方向相同

对发生的经济业务，在记入有关总分类账户和明细分类账户时，记账方向必须相同。即总分类账户记入借方，明细分类账户也必须记入借方；总分类账户记入贷方，明细分类账户也必须记入贷方。

(四)记入总分类账户的金额与记入所属明细分类账户的金额合计数相等

总分类账户本期发生额与其所属的明细分类账户本期发生额之和相等；总分类账户期末余额与其所属明细分类账户期末余额之和相等。

下面以“原材料”账户为例，说明总分类账户与明细分类账户的平行登记。

【例3-11】 正大公司“原材料”账户2013年3月的期初余额为50000元，材料由甲、乙、丙三种组成，具体资料如表3-6所示。

表3-6

材料名称	数量(千克)	单价(元)	金额
甲材料	100	100	10000
乙材料	200	50	10000
丙材料	300	100	30000
合计	600		50000

该公司3月份原材料的购进和发出情况如下：

(1)3月8日购进材料一批，其中原材料甲2000千克，单价100元，金额200000元；原材料乙2000千克，单价50元，金额100000元；两者合计300000元。增值税51000元，货款暂欠，材料已验收入库。

对于该经济业务，编制如下会计分录：

借：原材料—甲　200000

　原材料—乙　100000

　应交税费—应交增值税（进项税）　51000

　　贷：应付账款　351000

（2）3月10日，向东方公司购入丙材料一批，共计400千克，单价100元，金额40000元，增值税6800元，开出商业承兑汇票抵付，材料已经验收入库。

借：原材料—丙　40000

　应交税费—应交增值税（进项税）　6800

　　贷：应付票据　46800

（3）3月15日，生产产品领用材料情况如下：

原材料甲2000千克，单价100元，金额200000元；原材料乙1000千克，单价50元，金额50000元；原材料丙300千克，单价100元，金额30000元；三者合计280000元。

该笔经济业务的会计分录如下：

借：生产成本　280000

　　贷：原材料—甲　200000

　　　原材料—乙　50000

　　　原材料—丙　30000

根据上述会计分录，登记总分类账户及所属明细分类账户如表3-7至表3-10所示。

表3-7　原材料总分类账户

会计科目：原材料

2013年		凭证号数	摘要	对方科目	借方	贷方	借或贷	余额
月	日							
3	1		月初余额				借	50000
	8	（1）	购入	应付账款	300000		借	350000
	10	（2）	购入	应付票据	40000		借	390000
	15	（3）	生产领用	生产成本		280000	借	110000
3	31		本月合计		340000	280000		110000

表3-8　原材料明细分类账户

明细科目：甲材料　　数量单位：千克

2013年		凭证号数	摘要	收入			发出			结存		
月	日			数量	单价	金额	数量	单价	金额	数量	单价	金额
3	1		月初余额							100	100	10000
	8	（1）	购入	2000	100	200000				2100	100	210000
	15	（3）	生产领用				2000	100	200000	100	100	10000
3	31		本月合计	2000		200000	2000		200000	100	100	10000

表 3-9 原材料明细分类账户

明细科目:乙材料 数量单位:千克

2013 年		凭证号数	摘要	收入			发出			结存		
月	日			数量	单价	金额	数量	单价	金额	数量	单价	金额
3	1		月初余额							200	50	10000
	8	(1)	购入	2000	50	100000				2200	50	110000
	15	(3)	生产领用				1000	50	50000	1200	50	60000
3	31		本月合计	2000		100000	1000		50000	1200	50	60000

表 3-10 原材料明细分类账户

明细科目:丙材料 数量单位:千克

2013 年		凭证号数	摘要	收入			发出			结存		
月	日			数量	单价	金额	数量	单价	金额	数量	单价	金额
3	1		月初余额							300	100	30000
		(1)	购入	400	100	40000				700	100	70000
		(3)	生产领用				300	100	30000	400	100	40000
3	31		本月合计	400		40000	300		30000	400	100	40000

从上述总分类账户与所属明细分类账户采用平行登记可以看出:

(1)“原材料”总分类账户的期初余额(50000)=明细分类账户甲的期初余额(10000)+明细分类账户乙的期初余额(10000)+明细分类账户丙的期初余额(30000)

(2)“原材料”总分类账户的本期借方发生额(340000)=明细分类账户甲的本期借方发生额(200000)+明细分类账户乙的本期借方发生额(100000)+明细分类账户丙的本期借方发生额(40000)

(3)“原材料”总分类账户的本期贷方发生额(280000)=明细分类账户甲的本期贷方发生额(200000)+明细分类账户乙的本期贷方发生额(50000)+明细分类账户丙的本期贷方发生额(30000)

(4)“原材料”总分类账户的期末余额(110000)=明细分类账户甲的期末余额(10000)+明细分类账户乙的期末余额(60000)+明细分类账户丙的期末余额(40000)

这样,总分类账户对明细分类账户具有统驭作用,明细分类账户对总分类账户具有补充说明作用。

因总分类账户与其所属的明细分类账户的本期发生额及余额的必然相等关系,在期末可以对总分类账户和其所属的明细分类账户进行核对和检查,如果双方数字相等,就可能正确,如果不等,就说明有错误。核对通常是通过编制“总分类账户与明细分类账户本期发生额及余额对照表”进行的,其格式和内容如表 3-11 所示。

表 3-11

会计科目	期初余额		本期发生额		期末余额	
	借方	贷方	借方	贷方	借方	贷方
甲材料明细账	10000		200000	200000	10000	
乙材料明细账	10000		100000	50000	60000	
丙材料明细账	30000		40000	30000	40000	
原材料总分类账	50000		340000	280000	110000	

本章小结

复式记账法是建立在“资产＝负债＋所有者权益”这一会计恒等式基础上的。复式记账法能全面、系统地反映出经济业务的来龙去脉，因此被广泛采用。

借贷记账法是按照复式记账的原理，以资产等于权益的平衡关系为基础，以借和贷为记账符号，以“有借必有贷，借贷必相等”为记账规则的一种复式记账法，是国际上通用的记账方法。借贷记账法的基本内容包括记账符号、记账规则、账户结构、账户对应关系、试算平衡五项内容。

借贷记账法的试算平衡，是根据“资产＝权益”的平衡关系和“有借必有贷，借贷必相等”的记账规则，验证账户记录的余额和发生额是否平衡，来检查账户记录是否正确的一种方法。

总分类账户和明细分类账户的平行登记。因为总分类账户对明细分类账户具有统驭作用，明细分类账户对总分类账户具有补充说明作用，总分类账户金额与其所属明细分类账户金额合计数应相等，所以通过总分类账户与明细分类账户的关系，对总分类账户和明细分类账户进行平行登记，登记时依据相同、借贷方向相同、会计期间相同、金额相等。总分类账户和明细分类账户的核对通常是通过“总分类账户和明细分类账户本期发生额与余额对照表”来进行。注意，总分类账户与明细分类账户经核对如果双方数字相等，就可能正确，如果不相等，就应该对会计科目进行核对和检查，纠正错误和遗漏。

思考与练习

一、单选题

1. 下列(　　)期末有余额。

A. 应收账款　　B. 主营业务收入

C. 管理费用　　D. 其他业务成本

2. 下列经济业务中，会引起资产与负债同时增加的业务是(　　)。

A. 从银行提取现金　　B. 从银行取得短期借款

C. 用银行存款偿还应付货款　　　　D. 接受投资人的投资

3. 某企业向银行借款100万元用于偿还前欠外单位货款，这项经济业务将引起该企业(　　)。

A. 资产增加100万元　　　　B. 负债增加100万元

C. 资产与负债同时增加100万元　　　　D. 负债总额不变

4. 下列经济业务中，引起资产总额发生增减变化的是(　　)。

A. 企业所有者投入资金存入银行　　　　B. 以银行借款偿还应付账款

C. 以银行存款购进材料　　　　D. 预提银行借款利息

5. 应收账款账户的期初余额为借方3000元，本期借方发生额9000元，本期贷方发生额8000元，该账户的期末余额为(　　)。

A. 借方4000元　　　　B. 贷方8000元

C. 贷方5000元　　　　D. 借方5000元

6. 在借贷记账法下，下列说法中不正确的是(　　)。

A. 以“借”和“贷”作为记账符号

B. 借表示增加，贷表示减少

C. 资产类账户的期末余额一般在借方

D. 负债类账户的期末余额一般在贷方

7. 所有者权益在数量上等于(　　)。

A. 全部资产减去全部负债后的余额

B. 全部资产减去流动负债后的余额

C. 全部资产减去非流动负债后的余额

D. 流动资产减去流动负债后的余额

8. 关于试算平衡，下列说法中不正确的是(　　)。

A. 包括发生额试算平衡法和余额试算平衡法

B. 试算不平衡，表明账户记录肯定有错误

C. 试算平衡了，说明账户记录一定正确

D. 理论依据是“有借必有贷，借贷必相等”

9. 简单会计分录是指(　　)的会计分录。

A. 一借多贷　　　　B. 一借一贷

C. 一贷多借　　　　D. 多借多贷

10. 复式记账法的理论依据是(　　)的平衡原理。

A. 资产＝负债＋所有者权益

B. 收入－费用＝利润

C. 期初余额＋本期增加数－本期减少数＝期末余额

D. 借方发生额＝贷方发生额

二、多选题

1. 复合分录包括(　　)情形。

A. 一借一贷　　　　B. 一借多贷

C. 多借一贷　　　　D. 多借多贷

2. 试算平衡包括(　　)方法。

A. 发生额平衡法　　B. 借方平衡法

C. 贷方平衡法　　D. 余额平衡法

3. 试算平衡无法检查的错误有(　　)。

A. 漏记　　B. 重记

C. 借贷方向相反　　D. 错误金额正好抵消

4. 借贷记账法下账户的贷方用以反映(　　)。

A. 资产增加,负债增加　　B. 负债增加,所有者权益增加

C. 收入增加,所有者权益增加　　D. 收入增加,资产增加

5. 复式记账方法包括(　　)。

A. 借贷记账法　　B. 增减记账法

C. 收付记账法　　D. 平行记账法

6. 下列账户在期末结转利润后无余额的是(　　)。

A. 所得税费用　　B. 主营业务税金及附加

C. 主营业务成本　　D. 应交税费

7. 下列借方表示减少的账户有(　　)。

A. 坏账准备　　B. 累计折旧

C. 预付账款　　D. 预收账款

8. 借贷记账法下账户的借方用以反映(　　)。

A. 资产增加　　B. 负债增加

C. 所有者权益减少　　D. 收入增加

9. 复式记账法的优点包括(　　)。

A. 进行试算平衡　　B. 了解经济业务的来龙去脉

C. 简化账簿登记工作　　D. 具有较完整的账户体系

10. 每一笔会计分录都包括(　　)。

A. 记账方向　　B. 会计科目

C. 金额　　D. 对应关系

三、判断题

1. “资产＝负债＋所有者权益”和“收入－费用＝利润”是复式记账法的理论基础,也是编制资产负债表的依据。(　　)

2. 通过试算平衡检查账簿记录后,如果左右平衡就可以肯定记账没有错误。(　　)

3. 企业用资本公积转增实收资本后,使所有者权益总额增加。(　　)

4. 费用(成本)类账户期末一般无余额,如果有余额,则期末余额在贷方。(　　)

5. 在资产类账户中借方(左方)均登记增加额,贷方(右方)均登记减少额。(　　)

6. 复式记账法是以资产与权益平衡关系作为记账基础,对于每一笔经济业务,都要在两个或两个以上相互联系的账户中进行登记,系统地反映资金运动变化结果的一种记账方法。(　　)

7. 一般来说,各账户的期末余额与记录增额的一方在同一方向。(　　)

8. “营业外支出”账户期末一般无余额。(　　)

9.发生额试算平衡的理论基础是会计恒等式。 （ ）

10.会计分录的要素包括借贷方向、会计科目和金额。 （ ）

四、简答题

1.什么是复式记账？复式记账有何特点？

2.什么是借贷记账法？如何理解借贷记账法下“借”、“贷”两字的含义？

3.简述借贷记账法下的账户结构、记账规则的特点。

4.什么是账户的对应关系？什么是对应账户？明确账户的对应关系有何意义。

5.什么是试算平衡？试算平衡有何意义？

6.在借贷记账法下怎样做会计分录？

7.总分类账户和明细分类账户平行登记有何特点？

五、实训题

（一）根据账户的结构，填写表格中的空格。

账户名称	期初余额	本期借方发生额	本期贷方发生额	期末余额
库存现金	580	450		550
长期借款	50000	10000		60000
应付账款	20000		15000	25000
实收资本	5000000		2000000	7000000
原材料	6000	1600		4600
银行存款		53700	37450	46000
预付账款	1600		1500	1400
固定资产	200000	110500	50500	

（二）某企业2013年8月有关账户的期初余额如下：

账户名称	期初余额		账户名称	期初余额	
	借方	贷方		借方	贷方
库存现金	20000		短期借款		30000
银行存款	490000		预收账款		80000
应收账款	20000		应付账款		100000
原材料	50000		应付职工薪酬		80000
固定资产	200000		实收资本		600000
预付账款	60000		生产成本	50000	

某企业2013年8月发生的有关经济业务事项如下：

1.企业收到投资者投入资本500000元，已存入银行。

2.企业收到甲企业投入的新机器一台，价值200000元。

3.企业于2013年8月1日向银行借入期限为3个月的借款50000元，已存入银行。

4.企业购入需要安装的机器一台，价款58500元，款项以银行存款支付。

5.企业从东方公司购入材料，价款100000元，款项未付，材料已验收入库。

6. 以银行存款预付购买材料款 30000 元。
7. 以银行存款 117000 元支付前欠东方公司货款。
8. 企业本月应付生产工人工资总额为 90000 元。
9. 提现发放上月工资 80000 元。
10. 新华公司向本企业订购乙产品 50 件，收到其预付款项 10000 元，存入银行。
11. 计提应由本月负担的短期借款利息 5000 元。

根据上述业务，编制会计分录，并进行发生额与余额的试算平衡。

第四章　制造业企业主要经济业务的核算

教学目的

□进一步掌握会计账户与复式记账方法的运用

□掌握制造业企业主要生产经营过程的资金筹集业务、生产准备、产品生产、产品销售和财务成果形成的核算方法和成本计算内容等基础知识和操作技能

教学重点

□掌握各种经济业务事项核算需要运用的主要账户及复式记账具体的会计处理

教学难点

□各种经济业务事项核算需要运用的主要账户及复式记账具体的会计处理

建议课时

6 课时

第一节　资金筹集业务的核算

企业为了正常进行生产经营活动，必须有一定数量的资金作为生产经营活动的物质基础。目前，我国企业资金的来源渠道主要有投资者投入的资金和向银行或非银行金融机构借入的资金。前者形成企业的所有者权益资金，后者形成企业的负债资金。所以所有者权益资金的核算和负债资金的核算就构成了资金筹集业务核算的主要内容。

一、所有者权益筹资业务的核算

企业的所有者权益包括实收资本、资本公积、盈余公积和未分配利润四部分，其中实收资本、资本公积是投资者直接投入企业的资本和资本溢价，一般称之为“投入资本”。盈余公积和未分配利润则是企业在生产经营过程中实现的留存于企业的部分，称为“留

存收益”。

(一)实收资本的核算

“实收资本”是指企业的投资者按照协议或章程的约定，实际投入企业的资本金，即企业在工商行政管理部门登记注册的资本金。投资者将资金投入企业，并成为企业的股东(或称为“投资者”)，进而可以参与企业的经营决策，并获得企业盈利分配。企业吸收投资者的投资后，企业的资金增加了，同时投资者在企业中所享有的权益也增加了。

投资者投入资金的形式，按不同的物质形态可分为货币资金、实物投入、有价证券投入、无形资产投入。

为了核算企业接受的投资者投资额的变化，企业应设置“实收资本”科目，“实收资本”属所有者权益类科目，用来核算企业接受投资者投入企业的资本额(股份有限公司为股本)。其贷方核算企业实收资本的增加，借方核算企业实收资本的减少，期末贷方余额表示企业接受投资者投入资本(或股本)的余额。本科目应按不同的投资者设置明细科目进行明细核算。

1.投资者以现金投入的资本，应以实际收到的金额记入

【例 4-1】　正大公司收到甲公司投入的股款 200 万元，款项已通过银行转入。

分析：正大公司接受投资者投入资金，获得一笔银行存款，故“银行存款”增加，记借方；同时，正大公司接受投资者投入的资本增加，即“实收资本”增加，记贷方。正大公司会计人员应根据业务内容编制会计分录如下：

借：银行存款　　　　2000000

　　贷：实收资本—甲公司　2000000

【例 4-2】　假设正大公司按法定程序报经批准，减少注册资本 60 万元(其中甲公司拥有 40%的股份，乙公司拥有 60%的股份)，款项已通过银行存款支付。

分析：正大公司减少注册资本的方式是向企业投资者支付一定金额的银行存款，所以正大公司“银行存款”减少，记贷方；同时，企业接受投资者投资的金额相应减少，投资人在正大公司的权益相应减少，故应记“实收资本”的借方。正大公司会计人员应根据上述业务内容编制会计分录如下：

借：实收资本—甲公司　　240000

　　　　　　—乙公司　　360000

　　贷：银行存款　　　　　600000

2.投资者以非现金资产投入的资本，应以投资各方确认的价值记入

【例 4-3】　正大公司接受丙公司的专利作为投资，经投资各方确认其价值为 600000 元。

分析：该笔业务的发生，一方面说明其他单位以无形资产投入，实收资本增加，应计入“实收资本”账户的贷方，另一方面无形资产增加，应计入“无形资产”账户的借方。

借：无形资产—专利　　　600000

　　贷：实收资本—丙公司　　　600000

(二)资本公积的核算

“资本公积”账户用来核算企业收到投资者出资超出其在注册资本(或股本)中所占的份额以及直接计入所有者权益的利得和损失等。该账户属于所有者权益类账户，其贷

方核算资本公积的增加，借方核算资本公积的减少或转销，期末贷方余额反映企业资本公积的余额。该账户应分别设置“资本溢价”或“股本溢价”、“其他资本公积”明细账户进行明细核算。

【例 4-4】 正大公司因发展需要，决定增加注册资本 50 万元(其中甲公司认缴 40%的资本，乙公司认缴 60%的资本)，分别收到甲公司和乙公司的缴款 240000 元和 360000 元，款项通过开户银行转入正大公司账户。

分析：正大公司因接受甲公司和乙公司的投资而“实收资本”增加，故应贷记“实收资本”；但由于甲公司和乙公司实际支付的投资款超过注册资本(即产生资本溢价)，故超过部分应作为“资本公积”处理。正大公司会计人员应根据上述业务内容编制会计分录如下：

借：银行存款　　　　　　600000
　　贷：实收资本—甲公司　　　200000
　　　　　　　　—乙公司　　　300000
　　　　资本公积—资本溢价　　100000

二、负债筹资业务的核算

企业自有资金不足以满足企业经营运转需要时，可以通过从银行或其他金融机构以借款的方式筹集资金，并按借款协议约定到期偿还本金和利息。因此，企业借入资金时，一方面银行存款增加，另一方面负债也相应增加。为核算企业因借款而形成的负债，企业应设置“短期借款”和“长期借款”两个科目。

(一)短期借款业务的核算

“短期借款”核算企业向银行或其他金融机构等借入的期限在 1 年以下(含 1 年)的各种借款是负债类科目；短期借款增加时，应记本科目贷方，企业归还借款时，记本科目借方；本科目期末贷方余额反映企业尚未偿还的短期借款的本金；企业应当按照借款种类、贷款人和币种进行明细核算。

【例 4-5】 2013 年 1 月 1 日，正大公司从 A 银行借入一年期借款 20 万元，年利率 10%，每半年付息一次，到期一次还本。

分析：正大公司从银行借入资金后，银行存款增加，故借记“银行存款”；同时，正大公司增加了一项负债，即“短期借款”增加，故应贷记“短期借款”。正大公司会计人员应根据上述业务内容编制会计分录如下：

借：银行存款　　　　　　200000
　　贷：短期借款—A 银行　　200000

企业借入上述短期借款后，必须承担支付利息的义务。在 2013 年 6 月 30 日，正大公司应确认当年 1～6 月的利息费用。对于企业发生的利息费用，应通过“财务费用”科目进行核算。

“财务费用”核算企业为筹集生产经营所需资金等而发生的筹资费用，包括利息、汇兑损益以及相关的手续费等，属于损益类(费用)科目；企业确认发生筹资费用时，记本科目的借方，发生利息收入时记本科目的贷方；期末，企业应将本科目余额转入“本年利润”

科目，结转后本科目应无余额。

【例 4-6】 2013 年 6 月 30 日，正大公司以银行存款支付上半年短期借款利息（200000 元×10%×6/12=10000 元）。

分析：企业在期末确认发生的利息费用时，费用增加，应记“财务费用”的借方；同时，以银行存款支付利息，故银行存款减少，应贷记“银行存款”。正大公司会计人员应根据上述业务内容编制会计分录如下：

借：财务费用　　　　10000

　贷：银行存款　　　　10000

【例 4-7】 2013 年 12 月 31 日，正大公司以银行存款归还 A 银行短期借款本金 200000 元及下半年利息 10000 元。

分析：企业归还借款，则企业负债减少，故应借记“短期借款”；同时，企业还应确认并支付下半年的借款利息，所以还应借记“财务费用”、贷记“银行存款”等科目。正大公司会计人员应根据上述业务内容编制会计分录如下：

借：财务费用　　　　10000

　短期借款—A 银行　　200000

　贷：银行存款　　　　210000

（二）长期借款业务的核算

“长期借款”核算企业向银行或其他金融机构借入的期限在 1 年以上（不含 1 年）的各项借款（含本金及计提的借款利息）是负债类科目；企业借入长期借款及计提借款利息时，贷记本科目，归还长期借款本金及利息时，借记本科目；本科目期末贷方余额反映企业尚未偿还的长期借款本金及利息的余额；企业应当按照贷款单位和贷款种类设明细账，进行明细核算。

【例 4-8】 2013 年 1 月 1 日，正大公司从 A 银行借入两年期借款 200000 元，年利率 10%，到期一次还本付息。

分析：企业借入资金，则银行存款增加，应借记“银行存款”；同时，企业也增加了一笔负债，故应贷记“长期借款”。正大公司会计人员应根据上述业务内容编制会计分录如下：

借：银行存款　　　　200000

　贷：长期借款—A 银行　　200000

【例 4-9】 2013 年 12 月 31 日，正大公司确认本年长期借款的应计利息 20000 元。

分析：企业借入款项后，必须承担支付利息的义务。虽然借款约定到期一次付息，但借款的受益期是整个借款期。因此，如果借款受益期跨了两个或两个以上的会计期间，应于每个会计期末确认应归属当期的利息费用及当期应承担、但未支付的利息债务。会计人员应根据上述业务内容编制会计分录如下：

借：财务费用等账户　　　　20000

　贷：长期借款—应计利息　　　　20000

第二节　生产准备过程业务的核算

企业筹集到资金后，要进行正常的产品生产，就必须购入设备、厂房等固定资产，购买和储备一定品种与数量的材料等存货。因此，固定资产购建和材料采购业务的核算，就构成了生产准备过程(供应过程)业务核算的主要内容。

一、固定资产购置业务核算

固定资产是企业的劳动手段，也是企业赖以生产经营的主要资产。固定资产是指企业使用期限超过 1 年的房屋、建筑物、机器、机械、运输工具以及其他与生产、经营有关的设备、器具、工具等。

(一)固定资产入账价值的确认

固定资产按期取得的成本作为入账价值。取得时的成本包括企业为购建某项固定资产达到预定可使用状态前所发生的一切合理的、必要的支出，如支付的固定资产的买价、保险费、运费、包装费和安装成本、增值税、进口关税等。

注意，增值税一般纳税人在 2009 年 1 月 1 日以后购进与生产经营有关的固定资产(动产)时发生的增值税，可凭增值税专用发票、海关进口增值税专用缴款书等有关凭据进行增值税进项税的抵扣处理，增值税不计入固定资产的成本，应计入应交税费—应交增值税(进项税额)的借方。

固定资产的取得方式有购买、自行建造、盘盈、接受捐赠、投资人投入、融资租入等。本部分只介绍购买固定资产的核算。

(二)固定资产购置的核算

"固定资产"账户属于资产类账户，核算企业持有固定资产的原价。当企业固定资产增加时，借记本账户；当企业固定资产减少时，贷记本账户；本账户期末余额在借方，反映企业固定资产的账面原价。企业应当按照固定资产类别或项目设置明细账户进行明细核算。

【例 4-10】 正大公司购入生产用机器设备，价款 1000000 元，增值税 170000，运费 3000 元，开出承兑的商业汇票。

分析：企业购入设备，则企业"固定资产"增加；同时，款项未付，但开出承兑的商业汇票，则企业负债增加，记入"应付票据"科目。故应编制分录如下：

借：固定资产	1002790	
应交税费—应交增值税(进项税额)	170210	
贷：应付票据		1173000

若购入的设备需要安装后才能使用，则购入的固定资产应先通过"在建工程"科目核算，在安装完毕投入使用后，设备及安装费用再转入"固定资产"科目核算。

【例 4-11】 假设上例中购入的设备需要安装，安装费用为 60000 元，以银行存款支付。

分析：购入的设备因需要安装，先记入“在建工程”科目；发生安装费用时，“在建工程”成本增加，同时，银行存款减少；待安装完工时，则将“在建工程”借方发生额合计转入“固定资产”科目。故应编制分录如下：

购入设备的会计分录：

借：在建工程　　1002790

　　应交税费—应交增值税（固定资产进项税额）　　170210

　　贷：应付票据　　1173000

发生安装费用的会计分录：

借：在建工程　　60000

　　贷：银行存款　　60000

安装完工时：

借：固定资产　　1062790

　　贷：在建工程　　1062790

二、材料采购业务的核算

产品制造企业向供货单位采购材料时，应遵守经济合同和约定的结算办法，根据供货单位开列的发票，支付货款、税款或承担付款的责任；在采购过程中，还会发生运输费、装卸费、包装费、仓储费等采购费用。材料的买价加上采购费用等构成外购材料的实际成本，但市内运输费用和采购人员的差旅费不包括在内。

对于原材料成本的确定，因取得方式不同，其成本确定方法和成本构成内容也不同。一般情况下，采购材料的实际成本包括：

(1)买价，即购买材料发票上注明的货款金额。

(2)采购过程中发生的运输费、装卸费、包装费和保险费等。

(3)材料运输过程中发生的合理损耗、入库前发生的挑选整理费。

(4)进口材料的关税。

按《企业会计制度》的规定，材料的日常核算方法有实际成本和计划成本两种。材料品种较多的企业一般采用计划成本核算。对于材料品种不多，且占产品成本比重不大的企业，一般采用实际成本法核算。以下如无特殊说明，采用实际成本法核算。

为了核算企业供应过程材料采购相关业务，会计上通常设置“在途物资”、“原材料”、“应付账款”、“应付票据”、“预付账款”、“应交税费”等账户。

(一)“在途物资”账户

该账户属于资产类账户，用来核算实际成本法下企业在途材料的采购成本；在途材料是指企业购入尚在途中或虽已运达但尚未验收入库的材料。其借方登记新增的在途材料成本，贷方登记因验收入库而转入“原材料”账户的在途材料成本，其贷方余额表示尚未到达或尚未验收入库的在途材料的实际采购成本。该账户一般按照供应单位设置明细账进行明细核算。

【例 4-12】　正大公司(一般纳税人)从甲公司购入 A 材料，价款 20000 元，以银行存款支付，材料尚未验收入库(不考虑税金)。

分析：企业购入材料，但未验收入库，故在途材料这一资产增加；同时，以银行存款支付，故银行存款这一资产减少。故应编制分录如下：

借：在途物资—A材料　　20000

　贷：银行存款　　　　　20000

(二)“原材料”账户

该账户属于资产类账户，核算企业库存的各种材料包括原料及主要材料、辅助材料、外购半成品(外购件)、修理用备件(备品备件)、包装材料、燃料等的计划成本或实际成本。收到来料加工装配业务的原料、零件等，应设备查簿进行登记。材料验收入库而增加时，借记本账户；材料因领用等原因而减少时，贷记本账户；本账户的期末借方余额，反映企业库存材料的计划成本或实际成本。企业应当按照材料的类别、品种、规格和材料的保管地点(仓库)等进行明细核算。

【例4-13】 假设上例正大公司(一般纳税人)所购入的材料验收入库。

分析：材料验收入库，则在途材料(资产)减少，而库存材料(资产)增加。故应编制分录如下：

借：原材料—A材料　　20000

　贷：在途物资—A材料　　20000

注意：购入的材料全部验收入库并结转后，“在途物资”科目余额应为零。

(三)“材料采购”账户

该账户属于资产类账户，用来核算企业采用计划成本法进行材料日常核算而购入的材料采购成本。该账户借方登记采购材料的实际成本和实际成本小于计划成本的节约差，贷方登记入库材料的计划成本和实际成本大于计划成本的超支差，月末借方余额表示尚未验收入库的在途材料的实际成本。该账户应按供应单位和材料品种设置明细账，进行明细核算。

【例4-14】 正大公司(一般纳税人)从甲公司购入A材料，价款20000元，以银行存款支付，材料尚未验收入库(采用计划成本法核算，不考虑税金)。

分析：企业购入材料，但未验收入库，故在途材料这一资产增加；同时，以银行存款支付，故银行存款这一资产减少。故应编制分录如下：

借：材料采购—A材料　　20000

　贷：银行存款　　　　　20000

(四)“材料成本差异”账户

该账户属于资产类账户，用来核算企业采用计划成本法进行日常核算的材料计划成本和实际成本的差异。借方登记验收入库材料的实际成本大于计划成本的超支差以及发出材料应承担的节约差；贷方登记验收入库材料的实际成本小于计划成本的节约差以及发出材料的应承担的超支差，期末若有借方余额，表示库存材料实际成本大于计划成本的超支差，若为贷方余额，表示库存材料的实际成本小于计划成本的节约差。

【例4-15】 以【例4-14】为例，若所购材料验收入库，计划成本为25000元，所做会计分录为：

借：原材料　　　　　　25000

　　贷:材料采购　　　　20000
　　　材料成本差异　　5000

(五)"应付账款"账户

该账户属于负债类账户,用来核算企业因购买材料、商品和接受劳务供应等经营活动而支付的款项。因购货而增加负债时,贷记本账户;因偿还货款而减少负债时,借记本账户;期末余额表示尚未归还的货款。该账户一般按照不同的债权人设明细账进行明细核算。

【例 4-16】 假设上述购入材料的货款暂欠,则正大公司因购入材料而增加了一笔负债,即"应付账款"增加。故该业务应编制会计分录如下:

借:在途物资—A 材料　　20000
　　贷:应付账款—甲公司　　20000

以后企业偿还上述货款时,再做还款分录如下:

借:应付账款—甲公司　　20000
　　贷:银行存款　　20000

另外,付款企业还可以通过开出承兑的商业汇票作为承诺支付货款的形式,即在汇票上注明应支付的金额、支付时间等交易信息,待票据到期时,再通过银行转账支付。

(六)"应付票据"账户

该账户属于负债类账户,用来核算企业购买材料、商品和接受劳务供应等而开出、承兑的商业汇票,包括银行承兑汇票和商业承兑汇票。开出、承兑商业汇票时,贷记本账户;以银行存款支付汇票款时,借记本账户;本账户期末贷方余额,反映企业尚未到期的商业汇票的票面金额。支付银行承兑汇票的手续费记入"财务费用"科目。

【例 4-17】 假设正大公司开出承兑的商业汇票偿付上述购入材料所欠的货款,则正大公司因购入材料而使"应付票据"增加,"应付账款"减少。故该业务应编制会计分录如下:

借:应付账款—甲公司　　20000
　　贷:应付票据—甲公司　　20000

待票据到期,根据银行的付款通知再做还款分录如下:

借:应付票据—甲公司　　20000
　　贷:银行存款　　20000

另外,企业应当设置"应付票据备查簿",详细登记每一商业汇票的种类、号数和出票日期、到期日期、票面余额、交易合同号和收款人姓名或单位名称以及付款日期和金额等资料。应付票据到期结清时,应当在备查簿内逐笔注销。

(七)"应交税费"账户

该账户属于负债类账户,用来核算企业按照税法规定计算应交纳的各种税费,包括增值税、消费税、营业税、所得税、资源税、土地增值税、城市维护建设税、房产税、土地使用税、车船使用税、教育费附加、个人所得税等。新增应交而未交的税费时,负债增加,记本科目的贷方;实际支付税费时,负债减少,记本科目借方;本科目期末贷方余额,反映企业应交但尚未交纳的税费;期末如为借方余额,反映企业多交或尚未抵扣的税金。

本账户应当按照应交税费的税种进行明细核算。应交增值税按月还应分别设置"进项税额"、"销项税额"、"进项税额转出"、"已交税金"、"转出未交增值税"、"转出多交增值税"、"出口退税"等专栏进行明细核算。月末,可将本月应交增值税明细账的余额转入"应交增值税—未交增值税"明细账。

【例 4-18】 正大公司(一般纳税人)从甲公司购入 A 材料,价款 100000 元,增值税率 17%,款项未付,材料尚未验收入库(实际成本法核算)。

分析:一般纳税人企业购入材料时,不仅要向卖方支付货款,还要支付购进材料而应承担的增值税(进项税额)。企业支付了增值税(进项税额),表明企业应交的税金(负债)减少或可抵扣的税金(资产)增加。故本业务应编制会计分录如下:

借:在途物资—A 材料　　100000
　　应交税费—应交增值税(进项税额)　　17000
　　贷:应付账款—甲公司　　117000

(八)"预付账款"账户

该账户属于资产类账户。该账户核算企业按照购货合同规定预付给供应单位的款项。该账户借方登记按合同规定预付给供应单位的货款和补付的款项;贷方登记收到购货单位的货款和退回多付的款项。期末借方余额表示企业预付的款项;贷方余额表示企业尚未补付的款项。该账户一般按债务人设明细账进行明细核算。

【例 4-19】 正大公司(一般纳税人)按购货合同预先支付给甲公司购入 A 材料的价款 100000 元。

借:预付账款—甲公司　　100000
　　贷:银行存款　　100000

【例 4-20】 2013 年 1 月 8 日,正大公司从东方公司购买 A 材料一批,取得增值税专用发票上注明 A 材料 10000 件,单价 40 元,价款 400000 元,增值税率为 17%,增值税额 68000 元;垫付运费 4000 元和杂费 1000 元,当即将一张已承兑的商业汇票交付给东方公司,金额为 473000 元,材料已验收入库。(实际成本法核算)

A 材料可以抵扣的进项税额＝68000＋4000×7%＝68280(元)

A 材料的采购成本＝400000＋4000×(1—7%)＋1000＝404720(元)

借:原材料—A 材料　　404720
　　应交税费—应交增值税(进项税额)　　68280
　　贷:应付票据—东方公司　　473000

注意:一般纳税人外购货物所支付的运输费用,以及一般纳税人销售货物所支付的运输费用,根据运费结算单据(普通发票)所列运费金额依 7%的扣除率计算抵扣进项税额准予扣除,但随同运费支付的装卸费、保险费等其他杂费不得计算扣除进项税额。

【例 4-21】 假设正大公司为小规模纳税人,增值税不能抵扣,应计入采购成本,上例的账务处理为:

借:原材料—A 材料　　473000
　　贷:应付票据—东方公司　　473000

第三节　生产过程业务的核算

制造企业生产产品是主要业务活动。在生产过程中，发生的各种材料的消耗、固定资产的折旧、人工费用以及其他费用等形成生产费用。生产费用具有不同的经济内容和用途，但最终要归集和分配到产品成本中去。

制造企业产品生产过程的核算，主要包括两部分内容：一是归集、分配一定期间内企业生产过程发生的各项费用，如材料费、职工薪酬，固定资产的折旧费和修理费等各项费用；二是按照一定的方法汇总各项费用，最终计算出各种产品的制造成本。其具体的核算程序图如图4-1所示。

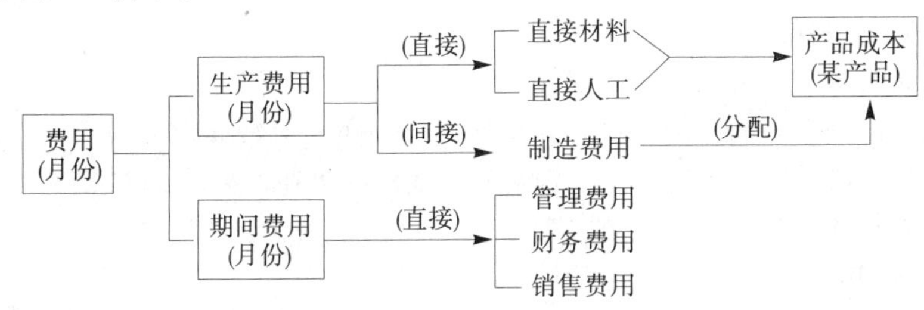

图4-1　生产过程核算程序图

为正确计算产品生产成本，应做好生产过程业务的核算，其主要内容包括材料费用的核算、职工薪酬的核算、制造费用的核算和产品成本的核算。

一、材料费用的核算

(一)确认材料发出成本的计算方法

生产企业不论是自制材料还是外购材料，材料验收入库后，就形成了储备物资，生产产品领用材料，就形成了材料费用。从会计计量的观点看，如何将材料成本在生产成本和库存材料成本进行分配，对确定销货成本和计量存货价值都至关重要。由于不同批次购进的同种材料的单位成本不尽相同，为此，在材料发出时，需要采用一定的方法确定其成本。其具体方法有月末一次加权平均法、先进先出法、移动平均法、个别计价法。

1.月末一次加权平均法

月末一次加权平均法是以材料的数量为权数，计算出材料的加权平均单价，从而确定材料的发出成本的方法。其计算公式如下：

$$加权平均单价=\frac{期初结存材料成本+本期收入材料成本}{期初结存材料数量+本期收入材料数量}$$

$$发出材料成本=发出材料数量\times加权平均单价$$

某企业有关A材料的资料如表4-1所示。

表 4-1 A材料资料表

日期	摘要	数量(千克)	单位成本	总成本
1月1日	期初余额	100	4	400
1月8日	购入	200	5	1000
1月15日	发出	100		
1月25日	购入	500	6	3000
1月30日	发出	200		

根据上述资料,计算如下:

$$\text{加权平均单价}=\frac{400+(1000+3000)}{100+(200+500)}=5.5(\text{元/千克})$$

$$\text{发出材料成本}=(100+200)\times 5.5=1650(\text{元})$$

加权平均法的优点是计算简便,但平时无法从账上反映发出材料及结存材料的单价及金额,不利于材料的日常管理。

2.先进先出法

先进先出法是以先购入的材料先发出这样一种实物流转假设为前提,对发出材料进行计价的一种方法。在这一方法下,先购入的材料成本在后购入的材料成本之前转出,以确定发出材料和期末材料的成本。

续用上例,其计算如表 4-2 所示。

表 4-2 原材料明细分类账

单位:吨,元

2013年		凭证号数	摘要	收入			发出			结存		
月	日			数量	单价	金额	数量	单价	金额	数量	单价	金额
1	1	(略)	期初余额							100	4	400
1	8		购入	200	5	1000				100	4	400
										200	5	1000
1	15		发出				100	4	400	200	5	1000
1	25		购入	500	6	3000				200	5	1000
										500	6	3000
1	30		发出				200	5	1000	500	6	3000
1	31		本月发生额及月末余额	700		4000	300		1400	500	6	3000

先进先出法的优点是,期末材料成本是按最近购料单价确定的,期末材料成本(库存材料成本)与现行市价较为接近。但先进先出法的计算方法比较繁琐,尤其是材料进出频繁的企业更为如此。此外,当物价上涨或下跌的幅度较大时,使用该法进行计价会对企业的当期利润产生较大的影响。比如当物价上涨时,由于发料成本是按先购入的材料单价计算的,因此会高估当期利润,反之则会低估当期利润。

3.移动平均法

移动平均法亦称"移动加权平均法",是以某批材料收入数量和该批材料收入前的结存数量为权数,计算出平均单价,从而确定发出材料成本的方法。其计算公式如下:

$$\text{材料的平均单价}=\frac{\text{本批材料收入前结存金额}+\text{本批收入材料成本}}{\text{本批材料收入前结存数量}+\text{本批收入材料数量}}$$

续用上例，其计算结果如表 4-3 所示。

表 4-3　材料明细分类账

原材料名称：A 材料　　　　　　　　　　　　单位：吨，元

2013 年		凭证号数	摘要	收入			发出			结存		
月	日			数量	单价	金额	数量	单价	金额	数量	单价	金额
1	1	（略）	期初余额							100	4	400
1	8		购入	200	5	1000				300	4.6667	1400
1	15		发出				100	4.6667	466.67	200	4.6667	933.33
1	25		购入	500	6	3000				700	5.619	3933.33
1	30		发出				200	5.619	1123.8	500	5.619	2809.53
1	31		本月发生额及月末余额	700		4000	300		1590.47	500	5.619	2809.53

移动平均法的优点是，在平时可及时了解发出材料和结存材料的情况。但由于每入库一批材料，就要计算一次加权平均单价，因而计算工作量较大。该方法主要适用于材料收发次数较少的企业。

4.个别计价法

个别计价法亦称“分批实际法”，它是以每批材料的实际购进成本为依据，计算该批材料的发出成本的方法，即发出材料属于哪一批购进的，成本就以这一批的购进实际成本计算确定。

续用上例，假定经过具体辨认，15 日发出的 100 千克材料中，有 80 千克是期初结存的材料，20 千克是 8 日购入的；30 日发出的 200 千克材料中，有 20 千克是期初结存的，有 80 千克是 8 日购入的，100 千克是 25 日购入的。则根据个别计价法，具体计算如表 4-4 所示。

表 4-4　原材料明细分类账

单位：吨，元

2013 年		凭证号数	摘要	收入			发出			结存		
月	日			数量	单价	金额	数量	单价	金额	数量	单价	金额
1	1	（略）	期初余额							100	4	400
1	8		购入	200	5	1000				100	4	400
										200	5	1000
1	15		发出				80	4	320	20	4	80
							20	5	100	180	5	900
1	25		购入	500	6	3000				20	4	80
										180	5	900
										500	6	3000
1	30		发出				20	4	80			
							80	5	400	100	5	500
							100	6	600	400	6	2400
1	31		发生额及期末余额	700		4000	300		1500	100	5	500
										400	6	2400

个别计价法的优点是:材料按批进行收发保管,监督严密;材料的实物流动与其成本流转一致,计算比较准确。其缺点是:使用该法需要对发出和结存材料的批次进行具体认定,以辨别其收入批次,因此工作较为繁琐。

(二)材料成本的核算

材料被领用时,应填制领料凭证(领料单或限额领料单)办理领料手续,仓库保管人员将领料凭证传递给财务部门,财务部门在确定材料费用时,应根据领料凭证区分车间、部门和用途后,将发出材料的成本分别计入"生产成本"、"制造费用"和"管理费用"等账户。

1."生产成本"账户

该账户属于成本类账户,用来归集和分配产品生产过程中发生的各项生产费用,包括生产各种产品(如产成品、自制半成品等)、自制材料、自制工具、自制设备等。当企业发生各项直接的生产费用时,即生产成本增加,应借记本账户;因产品完工入库,在产品成本减少时,应贷记本账户;本账户期末借方余额,反映企业尚未加工完成的在产品的成本。企业应当按照基本生产成本和辅助生产成本进行明细核算。基本生产成本可按照产品的品种或类别设置明细账,进行明细核算,如"生产成本—基本生产成本(甲产品)"。

【例 4-22】 车间生产甲产品,领用 A 材料一批,材料成本 10000 元。

分析:材料从仓库领出,则库存的"原材料"减少;同时,投入车间的在产品生产成本增加。故企业应编制分录如下:

借:生产成本—基本生产成本(甲产品)　　10000

　　贷:原材料—A 材料　　10000

2."制造费用"账户

该账户属于成本类账户,用来核算企业生产车间为生产产品和提供劳务而发生的各项间接费用,如固定资产折旧、职工薪酬、物料消耗、劳动保护、水电支出、季节性停工损失、水电费等。本账户借记登记本期内发生的各种制造费用;贷方登记期末经分配转入"生产成本"账户的制造费用。除季节性的生产性企业外,本账户期末一般无余额。本账户可按不同的生产车间、部门和费用项目等设明细账进行明细核算。

【例 4-23】 正大公司 2013 年 1 月有关领料单的资料如表 4-5 所示。

表 4-5

领料单单号	材料名称	用途	数量/千克	单位成本/元	总成本/元
1#	A 材料	生产甲产品用	5000	10	50000
2#	B 材料	生产乙产品用	3000	12	36000
3#	A 材料	车间一般耗用	1000	10	10000
4#	A 材料	行政管理部门用	500	10	5000

财务部门根据领料单编制发料凭证汇总表,如表 4-6 所示。

表 4-6

用途	A材料		B材料		合计
	数量/千克	总成本/元	数量/千克	总成本/元	总成本/元
生产产品用： 生产甲产品用 生产乙产品用	 5000 	 50000 	 3000	 36000	 50000 36000
小计	5000	50000	3000	36000	86000
车间一般耗用	1000	10000			10000
行政管理部门用	500	5000			5000
合计	6500	65000	3000	36000	101000

该笔经济业务，财务部门根据领料单按材料的用途编制发料凭证汇总表。一方面原材料A和B减少，应贷记“原材料”账户；另一方面，根据经济业务的来龙去脉，原材料一部分直接用于产品生产，使生产成本增加，应借记“生产成本”，一部分用于车间一般性消耗，属于间接费用增加，应借记“制造费用”，另一部分行政管理部门领用，管理费用增加，应借记“管理费用”账户。编制会计分录如下：

借：生产成本—基本生产成本（甲产品）　50000
　　生产成本—基本生产成本（乙产品）　36000
　　制造费用　10000
　　管理费用　5000
　　贷：原材料—A材料　65000
　　　　原材料—B材料　36000

二、职工薪酬的核算

（一）“应付职工薪酬”账户设置

职工薪酬是企业为获取职工提供的服务而给予的各种形式的报酬以及其他相关支出，包括企业为职工在职期间和离职后提供的全部货币性薪酬和非货币性福利。提供给职工配偶、子女或其他赡养人的福利等，也属于职工薪酬。

“应付职工薪酬”账户属于负债类账户，核算企业根据有关规定应付给职工的各种薪酬。企业（外商）按规定从净利润中提取的职工奖励及福利基金，也在本账户核算。其贷方登记企业计算确认应付的职工薪酬；借记登记企业实际支付职工薪酬。期末贷方余额反映企业应付未付的职工薪酬。本账户可按“工资”、“职工福利”、“社会保险费”、“住房公积金”、“工会经费”、“职工教育经费”、“非货币性福利”、“辞退福利”、“股份支付”等设置明细账进行明细核算。

（二）职工薪酬的账务处理

发生的职工薪酬按受益对象计入有关成本费用账户。具体而言，就是生产工人的职工薪酬计入产品的生产成本；车间管理人员的薪酬作为间接费用，先计入“制造费用”账户，然后再分配计入产品生产成本；行政管理人员薪酬计入管理费用；销售人员薪酬计入销售费用。

【例 4-24】 正大公司2013年1月发生应付工资90000元，根据1月份“工资费用分配表”

汇总资料为:直接生产甲产品生产人员工资 40000 元,直接生产乙产品生产人员工资 20000 元,车间间接生产人员工资 10000 元,行政管理人员工资 15000 元,销售部门人员工资 5000 元。同时按工资总额的 14%计提职工福利费。“工资及福利费用分配表”如表 4-7 所示。

表 4-7　工资及福利费用分配表

单位:元

项目	甲产品工人工资	乙产品工人工资	车间管理人员工资	行政管理人员工资	销售部门人员工资	工资合计	福利费合计
生产成本—基本生产成本	40000	20000				60000	8400
制造费用			10000			10000	1400
管理费用				15000		15000	2100
销售费用					5000	5000	700
合计	40000	20000	10000	15000	5000	90000	12600

分析:企业计算确认应付职工薪酬时,一方面表明企业产品生产费用增加,另一方面表明企业应付给职工的薪酬增加。故应计提职工工资会计分录如下:

借:生产成本—基本生产成本(甲产品)　　40000
　　生产成本—基本生产成本(乙产品)　　20000
　　制造费用　　10000
　　管理费用　　15000
　　销售费用　　5000
　　贷:应付职工薪酬—工资　　90000

正大公司按工资总额的 14%计提职工福利费,其会计分录如下:

借:生产成本—基本生产成本(甲产品)　　5600
　　生产成本—基本生产成本(乙产品)　　2800
　　制造费用　　1400
　　管理费用　　2100
　　销售费用　　700
　　贷:应付职工薪酬—职工福利　　12600

【例 4-25】 2013 年 2 月 1 日,正大公司根据工资单,通过银行转账发放上月工资。工资单如表 4-8 所示。

表 4-8　工资单

单位:元

姓名	计时工资	计件工资	奖金	津贴补贴		缺勤扣款		应付工资	代垫代扣款项		实发工资
				岗位津贴	生活补贴	事假	病假		个人自交医保	个人自交住房公积金	
张三	2500		400	200	300	80		3320	30	302	2988
汪峰		2000	300		300			2600	25	260	2315
李娜		2300	280		200			2780	28	278	2474
……	……	……	……	……	……	…	…	……	……	……	……
合计	30000	50000	5000	3300	2000	300		90000	3000	9000	78000

根据工资单做分录如下：

借：应付职工薪酬—工资　　90000

　　贷：银行存款　　78000

　　　　其他应付款—医药保险费　　3000

　　　　其他应付款—住房公积金　　9000

三、制造费用的核算

制造费用核算企业生产车间、部门为生产产品和提供劳务而发生的各项间接费用，如生产车间除生产工人以外的其他管理人员的工资和福利费、固定资产折旧、车间发生的办公支出、物料消耗、水电支出、劳保费、季节性和修理期间的停工损失等。如企业只生产一种产品，可先把发生的费用归集在“制造费用”账户借方，期末由贷方转入“生产成本”账户借方。如果企业生产两种或两种以上的产品，月末还需采用一定的方法分配制造费用。制造费用常见的分配标准有产品数量、生产工人工资、生产工时、产品体积、产品质量等。

月末，企业应将本月累计发生的“制造费用”在不同的产品间进行分配，并将其转入相应的产品“生产成本”账户中去。制造费用分配计算公式为：

费用分配率＝应分配的费用总额÷分配标准总额

某产品应分配的制造费用＝费用分配率×该产品分配的标准量

为完整核算企业的生产费用，企业除设置“制造费用”账户外，固定资产的折旧还需设置“累计折旧”账户。“累计折旧”属于资产类账户，用来核算企业固定资产因价值损耗而减少的价值。该账户贷方登记企业按月计提固定资产折旧；借方登记因出售、报废和毁损固定资产而转销的折旧额；本科目期末贷方余额反映企业固定资产的累计折旧额。企业应按固定资产的类别或项目设置明细账进行明细核算。

【例 4-26】　正大公司当月计提车间固定资产的折旧，共计 20000 元。

分析：固定资产折旧是在固定资产用于产品生产过程中发生的价值损耗，企业对固定资产计提折旧，一方面表明企业所有在产品应承担的间接生产费用增加，另一方面表明固定资产的账面价值在减少。故应编制会计分录如下：

借：制造费用　　20000

　　贷：累计折旧　　20000

【例 4-27】　正大公司当月累计发生的制造费用（由甲产品和乙产品共同承担）共计 41400 元，按生产甲、乙两种产品的生产工人的工资比例分配制造费用。其中，甲产品生产工人的工资为 40000 元，乙产品生产工人的工资为 20000 元。

制造费用分配率＝制造费用总额÷生产工人工资总额

制造费用分配率＝41400÷60000＝0.69

甲产品负担的制造费用＝40000×0.69＝27600

乙产品负担的制造费用＝20000×0.69＝13800

分析：将间接生产费用分配转入产品的生产成本，则“制造费用”因分配结转而减少，“生产成本”因转入分配的“制造费用”而增加。故应编制会计分录如下：

借：生产成本—基本生产成本（甲产品）　　27600

生产成本—基本生产成本(乙产品)　　13800

贷:制造费用　　41400

四、产品成本的核算

产品的生产成本包括直接材料、直接人工和制造费用。会计期末做好各项要素费用的归集分配后,计算出完工产品的总成本和单位成本。另外,完工产品要及时办理入库手续,通过“库存商品”账户,做好库存商品的核算工作。

1.确定成本计算对象

进行成本计算,首先必须确定成本计算对象,才能按照确定的成本计算对象归集各种费用,计算各种产品成本。成本计算对象,即归集生产费用的对象,也是成本的承担者。

成本计算对象的确定要适应企业生产的特点与成本管理的要求。如可以按照产品的品种、批别、生产步骤确定成本计算对象。

2.按产品成本项目归集和分配生产费用

制造企业在生产过程中所发生的各项生产费用,按照费用的经济用途分类形成的项目,称为“产品成本项目”。产品成本项目主要包括直接材料、直接工资和制造费用等。

(1)直接材料是指直接用于产品生产、构成产品实体的原料及主要材料,燃料及动力、外购半成品以及有助于产品形成的辅助材料等。

(2)直接工资是指直接从事产品生产的工人工资,以及按生产工人工资总额和规定的比例计算提取的职工福利费。

在进行成本核算时,直接材料和直接工资如果能分清成本受益对象,可直接记入“生产成本—基本生产成本”账户。如不能分清成本受益对象,则按适当的分配标准进行分配,再记入成本明细账。

(3)制造费用是指企业为生产产品和提供劳务而发生的各项间接费用。如工资和职工福利费、折旧费、修理费、办公费、水电费等。如果企业或生产车间只生产一种产品,制造费用不需要分配,可按成本项目直接计入产品成本。如果企业或生产车间生产多种产品,即存在若干个成本计算对象,则应采用适当的方法,在各有关成本计算对象之间分配后记入产品成本。

3.计算产品生产成本

企业的生产费用经过归集和分配后,各项生产费用均全部归集到“生产成本”账户及其所属各种产品成本明细账的借方,这样,就可以算出各种产品的总成本和单位成本。

如果某种产品已全部完工,则该生产成本明细账上归集的费用,即为完工产品的成本;如果某种产品只是部分完工,部分尚未完工,则要将生产费用在完工产品与月末在产品之间进行分配。

续用前例,假定甲产品、乙产品月初均无在产品,甲产品本月全部完工,乙产品只是部分完工,月末尚有在产品,在产品成本为19600元(其中直接材料6000元,直接人工6800元,制造费用6800元)。

根据前述有关会计分录,分别登记到甲、乙两种产品的生产成本明细账,如表4-9、表4-10和表4-11所示。

表 4-9　生产成本明细账

产品名称:甲产品　　　　　　　　　　　　　　　　　　　　　　　单位:元

2013 年		凭证号数	摘要	借方(成本项目)			
1月	31日			直接材料	直接工资	制造费用	合计
		(略)	领用材料	50000			60000
			生产工人工资		40000		40000
			生产工人福利费		5600		5600
			分配制造费用			27600	27600
			合计	50000	45600	27600	123200
			结转完工产品成本	50000	45600	27600	123200

表 4-10　生产成本明细账

产品名称:乙产品　　　　　　　　　　　　　　　　　　　　　　　单位:元

2013 年		凭证号数	摘要	借方(成本项目)			
1月	31日			直接材料	直接工资	制造费用	合计
		(略)	领用材料	36000			36000
			生产工人工资		20000		20000
			生产工人福利费		2800		2800
			分配制造费用			13800	13800
			合计	36000	22800	13800	72600
			结转完工产品成本	30000	16000	7000	53000
			月末在产品成本	6000	6800	6800	19600

根据甲、乙产品生产成本明细账,计算编制完工产品成本汇总表,计算完工产品总成本和单位成本,如表 4-11 所示。

表 4-11　完工产品生产成本汇总表

单位:元

成本项目	甲产品(600 件)		乙产品(300 件)	
	总成本	单位成本	总成本	单位成本
直接材料	50000	83.33	30000	100
直接工资	45600	76	16000	53.33
制造费用	27600	46	7000	23.33
产品生产成本	123200	205.33	53000	176.66

产成品是指已经完成全部生产过程并验收入库,可以作为商品对外销售的产品。为核算完工产品成本结转和库存商品成本情况,需设置“库存商品”账户。“库存商品”账户属于资产类账户,用来核算企业库存的各种商品的实际成本(或进价)或计划成本(或售价),包括库存产成品、外购商品、存放在门市部准备出售的商品、发出展览的商品以及寄存在外的商品等。接受来料加工制造的代制品和为外单位加工修理的代修品,在制造和修理完成验收入库后,视同企业的产成品,也通过本账户核算。该账户借方登记企业完工入库产品的成本;贷方登记因出售等原因而减少的库存商品成本;本账户期末借方余

额反映企业库存商品的实际成本(或进价)或计划成本(或售价)。本账户可按库存商品的种类、品种和规格等设明细账进行明细核算。

【例 4-28】 月末,企业已完工的甲、乙两产品验收入库,根据甲、乙两产品的产品成本入库单做相应的账务处理。

分析:产品完工入库,一方面表明库存商品增加,另一方面表明车间的在产品因完工而减少。故应编制分录如下:

借:库存商品—甲产品 123200

—乙产品 53000

贷:生产成本—基本生产成本(甲产品) 123200

—基本生产成本(乙产品) 53000

第四节 产品销售过程业务的核算

企业生产出的产品,主要用途是用于销售。销售过程是工业企业生产经营过程的最后阶段,是产品价值的实现过程,其主要任务是将生产的产品销售出去,同时取得销售收入,使企业的生产耗费得到补偿。为了顺利地实现产品的销售,还会发生包装、广告、运输等销售费用,还要按国家的规定计算缴纳销售税金。

销售业务分为产品销售业务与其他销售业务两类,产品销售业务是企业在销售过程的主要经济活动。企业售出产品按照销售价格与购货单位办理结算,收取产品的价款,确认产品销售收入。产品销售收入减去产品销售成本、产品销售税金即为产品销售利润(或亏损)。因此,在销售过程中,企业要确认销售收入的实现,结转销售成本;计算应缴纳的销售税金;最终确定销售成果。

一、销售收入的核算

(一)销售收入的确认和计量

按照《企业会计准则》的规定,销售收入的核算主要需要解决销售收入的确认和计量问题。收入的确认实际上就是解决收入在何时入账和能否入账的问题,而收入的计量就是收入以多少金额入账的问题。企业销售商品时,能否确认收入,关键要看该销售是否能同时符合或满足以下 5 个条件,对于能同时符合以下 5 个条件的商品销售,应按会计准则的有关规定确认销售收入,反之则不能予以确认。在具体分析时,应遵循实质重于形式的原则,注重会计人员的职业判断。确认收入同时满足的条件为:

(1)企业已将商品所有权上的主要风险和报酬转移给购货方。

(2)企业既没有保留通常与所有权相联系的继续管理权,也没有对已售出的商品实施有效控制。

(3)收入的金额能够可靠地计量。

(4)相关的经济利益很可能流入企业。

(5)相关的已发生或将发生的成本能够可靠地计量。

商品销售收入按上述原则和条件予以确认后，就要对其金额进行计量。《企业会计准则》规定，商品销售收入的计量，应根据双方签订的协议或合同的金额计量，无合同或协议的，购销双方按协商价格确定。

（二）设置的主要账户

为正确反映销售收入核算内容，企业应设置“主营业务收入”、“其他业务收入”、“应收账款”、“预收账款”、“应收票据”等账户。

1.“主营业务收入”账户

该账户属于损益类（收入）账户，用来核算企业销售商品、提供劳务等主营业务取得的收入。该账户贷方登记企业确认的主营业务收入；借方登记发生的销售退回和销售折让应冲减本期的主营业务收入和转入“本年利润”账户的数额，结转后本账户月末应无余额。本账户可按已销产品的类别设明细账进行明细核算。

2.“其他业务收入”账户

该账户属于损益类（收入）账户，用来核算企业确认的除主营业务活动以外的其他日常活动取得的收入，包括出租固定资产、出租无形资产、出租包装物和商品、销售材料、用材料进行非货币性交换（非货币性资产交换具有商业实质且公允价值能够可靠计量）或债务重组等实现的收入。该账户贷方登记企业确认实现的其他业务收入；借方登记期末结转到“本年利润”账户的数额，结转后本账户应无余额。本账户可按其他业务收入种类设明细账进行明细核算。

3.“应收账款”账户

该账户属于资产类账户，用来核算企业因销售商品、提供劳务等应向购货单位或接受劳务单位收取的款项（包括收取的价款、税款和代垫款项）。该账户借方登记由于销售商品等而发生的应收账款；贷方登记应收账款的收回，期末余额一般为借方余额，表示尚未收回的应收账款。如为贷方余额，则表示预收的账款。该账户按各购货单位设置明细账，进行明细分类核算。另外，不单独设置“预收账款”账户的企业，预收账款也在本账户核算。

4.“预收账款”账户

该账户属于负债类账户，用以核算企业按合同的规定预收购买单位货款的增减变动及结余情况的账户。该账户贷方登记预收账款的增加，借方登记销售实现时冲减的预收账款，期末余额如在贷方，表示企业预收账款的结余额，如在借方，表示购货单位应补付给本企业的款项。

5.“应收票据”账户

该账户属于资产类账户，用以核算企业因销售产品等而收到的商业汇票。该账户借方登记收到的商业票据；贷方登记票据到期收回的票面金额，月末余额在借方，表示尚未到期的应收票据的金额。

（三）业务举例

【例 4-29】　2013 年 12 月 1 日，正大公司（小规模纳税企业，适用增值税率 3%）将一批产品售出，售价（价税合计）1030000 元，收到款项。

分析：企业将产品售出，款项也已收到，表明企业营业收入增加、存款增加；另外，作为小规模纳税企业，应按收入的一定比率计算应缴纳的增值税额，即在企业营业收入增加的同时，还应同时确认一笔负债(应交税费)。故正大公司应计算该笔业务应缴纳的增值税并编制分录如下：

应缴纳的增值税＝1030000÷(1＋3％)×3％＝30000元，

主营业务收入＝1030000－30000＝1000000元。

借：银行存款　　1030000

　贷：主营业务收入　　1000000

　　应交税费—应交增值税　　30000

【例4-30】 2013年12月2日，正大公司(一般纳税企业，适用增值税率17％)将一批产品售出，售价(不含税)100000元，收到购货方开出的承兑商业汇票。

分析：一般纳税企业在销售商品时，不仅要向客户收取货款，还应按适用的税率计算并代收增值税。所以，企业在确认收入的同时，还应确认一笔负债(应交税费)。故正大公司应计算该笔业务应缴纳的增值税并编制分录如下：

应缴纳的增值税＝100000×17％＝17000元，

应收票据＝100000＋17000＝117000元。

借：应收票据　　117000

　贷：主营业务收入　　100000

　　应交税费—应交增值税　　17000

【例4-31】 2013年12月5日，正大公司(一般纳税企业，适用增值税率17％)将一批原材料售出，售价(不含税)2000元，货款未收到。

分析：企业通过材料销售业务，实现一笔其他业务收入，款未收，应收账款增加，同时还产生一笔应纳税负债(应交税费)。故正大公司计算该笔业务应缴纳的增值税并编制会计分录如下：

应缴纳的增值税＝2000×17％＝340元，

应收账款＝2000＋340＝2340。

借：应收账款　　2340

　贷：其他业务收入　　2000

　　应交税费—应交增值税　　340

【例4-32】 2013年12月10日，正大公司接受F公司的一批订货合同，按合同规定，货款金额总计为400000元(不包括增值税)，预计6个月完成。订货方F公司预付货款50％，另50％待产品完工发出后再支付。增值税税率为17％。根据上述经济业务，应做如下账务处理：

1.收到预付的50％货款200000元。

借：银行存款　　200000

　贷：预收账款—F公司　　200000

2.6个月后，产品完工并按合同发给了F公司。

借：预收账款—F公司　　468000

　贷：主营业务收入　　400000

　　应交税金—应交增值税(销项税额)68000

3. 收到 F 公司补付的货税款 268000 元，已存入开户银行。

借：银行存款　　　　　　　　　268000

　　贷：预收账款—F 公司　　　　　　268000

二、销售成本和销售税费的核算

(一)设置的主要账户

1.“主营业务成本”账户

该账户属于损益类(费用)账户，用来核算企业销售商品、提供劳务等日常活动所发生的成本。借方登记已销产品、提供劳务的实际成本，贷方登记转入“本年利润”账户的数额，结转后本账户应无余额。本账户可按主营业务的种类设明细账进行明细核算。

2.“其他业务成本”账户

该账户属于损益类(费用)账户，用来核算企业确认的除主营业务活动以外的其他日常经营活动所发生的支出，包括销售材料的成本、出租固定资产的折旧额、出租无形资产的摊销额、出租包装物的成本或摊销额等。该账户借方登记其他业务发生的各项支出；贷方登记期末转入“本年利润”账户的金额，结转后本账户无余额。本账户可按其他业务成本的种类进行明细核算。

3.“销售费用”账户

该账户属于损益类(费用)账户，用来核算企业销售商品时发生的费用，包括保险费、包装费、展览费和广告费、商品维修费、预计产品质量保证损失、运输费、装卸费以及为销售本企业商品而专设的销售机构(含销售网点、售后服务网点等)的职工薪酬、业务费、折旧费等经营费用。该账户借方登记企业在销售商品过程中发生各种费用；贷方登记期末转入“本年利润”账户的金额，结转后本账户无余额。本账户可按费用项目进行明细核算。

4.“营业税金及附加”账户

该账户属于损益类(费用)账户，用来核算企业日常活动应负担的营业税、消费税、城市维护建设税、资源税和教育费附加等相关税费。房产税、车船使用税、土地使用税、印花税在“管理费用”账户核算，但与投资性房地产相关的房产税、土地使用税在本科目核算。该账户借方登记按规定应由企业负担的税金及附加；贷方登记期末转入“本年利润”账户的金额，结转后本账户应无余额。

(二)业务举例

【例 4-33】 2013 年 12 月 11 日，正大公司(小规模纳税企业，适用增值税率 3%)将一批产品售出，售价(价税合计)103000 元，收到款项。所售出库存商品的生产成本为 50000 元。

分析：企业为获得收入，将库存商品的所有权出让，并交付了商品，表明企业库存商品减少、主营业务成本增加。故正大公司应编制会计分录如下：

借：主营业务成本　　　　　　　　50000

　　贷：库存商品　　　　　　　　　　50000

【例 4-34】 2013 年 12 月 15 日，正大公司(一般纳税企业，适用增值税率 17%)将一批原材料售出，售价(不含税)2000元，所售出材料的账面成本为1000元。

分析：企业为获得收入，将库存材料的所有权出让，并交付了材料，表明企业库存材料减少、其他业务成本增加。故正大公司应编制会计分录如下：

借：其他业务成本　　　1000

　贷：原材料　　　1000

【例4-35】 期末，经计算，正大公司当期销售商品应缴纳的消费税为4000元、城市维护建设税为1000元。

分析：正大公司因销售商品必须承担相应的纳税义务，由此而产生的费用增加记入本科目的借方，同时确认相应的负债(应交税费)增加。故正大公司应编制分录如下：

借：营业税金及附加　　　5000

　贷：应交税费—应交消费税　　　4000

　　应交税费—应交城市维护建设税　　　1000

【例4-36】 假设次月初，企业以存款支付了当期销售商品应缴纳的增值税50000元、营业税10000元、消费税40000元、城市维护建设税7000元和教育费附加3000元。

分析：企业以存款支付税费，一方面存款减少，同时相应的负债减少。故企业应编制分录如下：

借：应交税费—应交增值税(已交税金)　　50000

　　　　—应交消费税　　40000

　　　　—应交营业税　　10000

　　　　—应交城市维护建设税　　7000

　　　　—应交教育费附加　　3000

　贷：银行存款　　　110000

【例4-37】 2013年12月18日，正大公司为销售商品(或原材料)，以现金支付产品运费200元。

分析：企业以现金支付销售运费，一方面现金减少，同时销售费用增加。故企业应编制分录如下：

借：销售费用　　　200

　贷：现金　　　200

【例4-38】 2013年12月31日，正大公司计提销售部门当期固定资产折旧2000元。

分析：企业计提固定资产折旧，一方面表明累计折旧增加；同时，因计提销售部门固定资产折旧所引起的固定资产价值减少作为一项销售费用增加处理。故正大公司应编制分录如下：

借：销售费用　　　2000

　贷：累计折旧　　　2000

第五节　财务成果形成与分配业务的核算

财务成果是企业在一定期间内通过从事生产经营活动而在财务上所取得的成果，具体表现为盈利或亏损。一般包括利润的计算、所得税的计算和缴纳、利润分配和亏损弥补等。

一、利润

利润是企业在一定期间内取得的经营成果，包括企业的收入与费用相抵后的差额和直接计入当期损益的利得和损失等。

（一）利润的构成

利润的计算主要表现为计算营业利润、利润总额和计算净利润。

利润的计算公式如下：

（1）营业利润＝营业收入－营业成本－营业税金及附加－销售费用－管理费用－财务费用－资产减值损失＋公允价值变动收益（－公允价值变动损失）＋投资收益（－投资损失）

营业收入＝主营业务收入＋其他业务收入

营业成本＝主营业务成本＋其他业务成本

（2）利润总额＝营业利润＋营业外收入－营业外支出

（3）净利润＝利润总额－所得税费用

（二）利润形成的会计核算

1.利润核算需设置的主要账户

（1）“管理费用”账户。该账户属于损益类（费用）账户，用以核算企业行政管理部门为组织和管理企业生产经营活动所发生的费用，包括企业在筹建期间内发生的开办费、董事会和行政管理部门在企业的经营管理中发生的或者应由企业统一负担的公司经费（包括行政管理部门职工工资及福利费、物料消耗、低值易耗品摊销、办公费和差旅费等）、工会经费、董事会费（包括董事会成员津贴、会议费和差旅费等）、聘请中介机构费、咨询费（含顾问费）、诉讼费、业务招待费、房产税、车船使用税、土地使用税、印花税、技术转让费、矿产资源补偿费、研究费用、排污费、企业生产车间（部门）和行政管理部门发生的固定资产修理费用等后续支出等。本账户借方登记确认发生的管理费用，贷方登记期末转入“本年利润”账户的管理费用，结转后应无余额。本账户应按费用项目设明细账进行明细核算。

（2）“财务费用”账户。该账户属于损益类（费用）账户，是用以核算财务费用的发生和结转情况的账户。其借方登记本期实际发生的财务费用，贷方登记期末转入“本年利润”账户的财务费用，期末结转后该账户无余额。该账户应按费用项目设置明细账，进行明细分类核算。

（3）“营业外收入”账户。该账户属于损益类（收入）账户，用来核算企业发生的各项营业外收入，主要包括非流动资产处置利得、非货币性资产交换利得、债务重组利得、政府补助、盘盈利得、捐赠利得等，贷方登记企业确认实现的营业外收入，借方登记期末转入“本年利润”账户的金额，结转后本账户应无余额。本账户可按营业外收入项目进行明细核算。

（4）“营业外支出”账户。该账户为损益类（费用）账户，是用以核算营业外支出的发生及结转情况的账户。该账户借方登记发生的营业外支出，贷方登记期末转入"本年利润"账户的营业外支出数，期末结转后无余额。该账户应按营业外支出项目设置明细账，进行明细分类核算。

(5)"投资收益"账户。该账户属于损益类账户，是用来核算企业以各种方式对外投资取得的收入扣除投资损失后的金额。该账户贷方登记取得的投资收益或期末投资净损失的转出数，借方登记投资损失或期末投资收益的转出数，期末结转后本账户无余额。该账户可按投资项目设明细账进行明细核算。

(6)"本年利润"账户。该账户为所有者权益类账户，是用以核算企业本期实现的净利润(或亏损)的账户。其贷方登记期末各损益收入类账户转入的数额，借方登记期末各损益支出类账户转入的数额，结转后，"本年利润"账户如为贷方余额，即为本期净利润，如为借方余额则为本期亏损。

年度终了，应将"本年利润"账户本年收入和支出相抵后结出的本年实现的净利润，转入"利润分配"账户，借记"本年利润"科目，贷记"利润分配—未分配利润"科目，如为净亏损作相反的会计分录。结转后"本年利润"账户应无余额。

2.核算举例

【例 4-39】 2013 年 12 月 31 日，正大公司计算确认本月应付行政部门人员工资 40000 元。

分析：企业确认当月应付职工薪酬时，一方面企业应付职工薪酬(负债)增加，同时表明行政管理活动产生的管理费用增加。故企业应编制分录如下：

借：管理费用　　40000

　　贷：应付职工薪酬—工资　　40000

【例 4-40】 2013 年 12 月 30 日，经批准政府补助企业 3000 元，确认营业外收入。

分析：该项经济业务的发生，一方面使企业银行存款增加 3000 元，另一方面使营业外收入增加 3000 元。

编制会计分录如下：

借：银行存款　　3000

　　贷：营业外收入　　3000

【例 4-41】 2013 年 12 月 28 日，以银行存款 2500 元支付公益性捐赠支出。

分析：该项经济业务的发生，一方面使企业的银行存款减少了 2500 元，另一方面使营业外支出增加了 2500 元。故编制会计分录如下：

借：营业外支出　　2500

　　贷：银行存款　　2500

【例 4-42】 本月发生广告费 6000 元，以银行存款支付。

分析：该项经济业务的发生，一方面使企业的银行存款减少了 6000 元，另一方面使销售费用增加了 6000 元。故编制会计分录如下：

借：销售费用　　6000

　　贷：银行存款　　6000

【例 4-43】 2013 年 12 月 31 日，计提本月短期借款利息 600 元。

分析：该项业务的发生，一方面使企业的财务费用增加了 600 元，另一方面使企业的应付利息增加了600元。故编制会计分录如下：

借:财务费用 600

　　贷:应付利息 600

【例4-44】 2013年12月29日，正大公司收到上期股票投资的红利20000元。

分析:该项经济业务的发生，一方面使企业的投资收益增加了20000元，另一方面使银行存款增加了20000元。故编制会计分录如下：

借:银行存款 20000

　　贷:投资收益 20000

【例4-45】 2013年12月31日，假设正大公司12月份各项收入、利得类账户结转前余额如下：

账户名称	贷方余额
主营业务收入	1000000
其他业务收入	20000
投资收益	20000
营业外收入	3000
公允价值变动损益	40000

收入在发生时记入收入类账户的贷方，在期末则应全额从借方转出，记入“本年利润”账户的贷方，故正大公司期末收入类账户结转分录为：

借:主营业务收入 1000000

　　其他业务收入 20000

　　营业外收入 3000

　　投资收益 20000

　　公允价值变动损益 40000

　　贷:本年利润 1083000

【例4-46】 2013年12月31日，假设正大公司12月份除“所得税费用”账户外各项费用、损失类账户结转前余额如下：

账户名称	贷方余额
主营业务成本	700000
营业税金及附加	20000
其他业务成本	10000
管理费用	60000
财务费用	30000
销售费用	20000
营业外支出	3000

分析:费用在发生时记入费用类账户的借方，在期末则应全额从贷方转出，记入“本年利润”账户的借方。故正大公司期末支出类账户结转分录为：

借:本年利润　　843000
　贷:主营业务成本　　700000
　　其他业务成本　　10000
　　营业税金及附加　　20000
　　销售费用　　20000
　　管理费用　　60000
　　财务费用　　30000
　　营业外支出　　3000

二、所得税

所得税费用是根据企业一定期间的应纳税所得额和所得税税率计算确定的。这里所说的应纳税所得额是根据税法规定计算确定的利润数,与根据会计准则计算的利润总额可能不同。在实际工作中,企业计算出的税前会计利润(利润总额)与应纳税所得额之间产生差异时,应在缴纳所得税时,对税前会计利润按照税法规定加以调整。

有关计算公式如下:

应纳税所得额=税前会计利润+纳税调整增加额—纳税调整减少额

当期应交所得税=应纳税所得额×所得税税率

企业应设置"所得税费用"账户,核算企业按规定从本期利润总额中扣除的所得税费用。该账户为损益类(费用)账户,借方登记企业计入本期损益的所得税费用,贷方登记期末转入"本年利润"账户的所得税税额,期末结转后该账户应无余额。

【例 4-47】 经计算,正大公司本期实现的会计利润(利润总额)为 240000(1083000—843000)元。假定税前会计利润与应纳税所得额一致(即无调整项目),按 25%的所得税税率计算当期应缴纳的所得税为 60000 元。

分析:该项经济业务的发生,一方面使企业的应缴税金增加了 60000 元,另一方面使所得税费用增加了 60000 元。故编制会计分录如下:

借:所得税费用　　60000
　贷:应交税费—应交所得税　　60000
借:本年利润　　60000
　贷:所得税费用　　60000

实际支付所得税时,应编制分录如下:

借:应交税费—应交所得税　　60000
　贷:银行存款　　60000

根据【例 4-46】和【例 4-47】可知,结转损益后,"本年利润"账户有贷方余额(240000—60000=180000),表示正大公司本年实现的净利润为 180000 元。

三、利润分配业务的核算

(一)利润分配的内容

企业当年实现的净利润加上年初未分配的利润(或减去年初未弥补的亏损)和其他

转入后的余额，为可供分配的利润。企业的利润总额扣除所得税费用后为净利润，企业实现的净利润，应根据国家有关规定和企业章程、投资者协议进行分配。具体分配顺序如下。

1.弥补五年以上年度亏损

2.提取法定盈余公积

法定盈余公积按照本年实现净利润的一定比例提取，公司制企业(包括国有独资公司、有限责任公司和股份有限公司，下同)按《公司法》规定按净利润的10%提取；其他企业可以根据需要确定提取比例，但至少应按10%提取。企业提取的法定盈余公积累计额超过其注册资本的50%以上的，可以不再提取。

3.应付优先股股利

应付优先股股利是指企业按照利润分配方案分配给优先股股东的现金股利。

4.提取任意盈余公积

经股东会或者股东大会决议，从税后利润中提取任意公积金。

5.向普通股投资者分配利润

企业以前年度未分配的利润并入本年度利润，在充分考虑现金流量状况后，向投资者分配。

6.保留一定量的未分配利润

(二)利润分配的账户设置

为了核算企业利润分配的具体业务，需要设置"利润分配"、"盈余公积"、"应付股利"等账户。

1."利润分配"账户

该账户为所有者权益类账户，用以核算企业利润的分配(或亏损的弥补)和历年利润分配(或弥补亏损)后的余额。该账户借方登记按规定实际分配的利润数或年终时从"本年利润"账户贷方转来的全年亏损总额；贷方登记年末从"本年利润"账户借方转来的全年实现的净利润总额。年末借方余额表示历年积存的未弥补亏损；年末贷方余额表示历年积存的未分配利润。本账户应设置"提取法定盈余公积"、"提取任意盈余公积"、"应付现金股利或利润"和"未分配利润"等明细账户进行明细分类核算。

2."盈余公积"账户

该账户为所有者权益账户，用以核算从净利润中提取的盈余公积。该账户贷方登记提取的盈余公积数，借方登记盈余公积的使用数，期末贷方余额表示盈余公积的结余数额。企业应当分别设置"法定盈余公积"、"任意盈余公积"进行明细核算；外商投资企业还应分别设置"储备基金"、"企业发展基金"进行明细核算；中外合作经营企业在合作期间归还投资者的投资，应在本科目设置"利润归还投资"明细科目进行核算。

3."应付股利"账户

该账户为负债类账户，用以核算企业确定或宣告支付但尚未实际支付的利润或现金股利。其贷方登记应支付给投资者的利润或现金股利，借方登记实际支付的利润或现金股利，期末贷方余额表示企业应付未付的利润或现金股利，该账户应按投资者设置明细账进行明细核算。

(三)核算举例

【例 4-48】 2013 年 12 月 31 日,假定正大公司年终“本年利润”账户贷方余额为 180000 元,利润分配前“利润分配—未分配利润”账户余额为 280000 元,经股东大会商定利润分配方案为:本年按净利润的 10%提取法定盈余公积金,按 5%提取任意盈余公积金,向投资者分配现金股利 50000 元。

根据以上资料编制的会计分录如下:

1. 将“本年利润”账户余额转入“利润分配”账户。

借:本年利润　　180000

　　贷:利润分配—未分配利润　　180000

2. 提取法定盈余公积金。

法定盈余公积金的提取数:180000×10%=18000(元)

借:利润分配—提取法定盈余公积　　18000

　　贷:盈余公积—法定盈余公积　　18000

3. 提取任意盈余公积金。

任意盈余公积金的提取数:180000×5%=9000(元)

借:利润分配—提取任意盈余公积　　9000

　　贷:盈余公积—任意盈余公积　　9000

4. 向投资者分配现金股利 50000 元。

借:利润分配—应付现金股利　　50000

　　贷:应付股利　　50000

年度终了,企业应将“利润分配”账户所属其他明细账户的余额转入本账户“未分配利润”明细账户。结转后,本账户除“未分配利润”明细账户外,其他明细账户应无余额。“利润分配—未分配利润”账户如出现借方余额,则表示累计未弥补的亏损数。对于未弥补的亏损,可以用以后年度实现的税前会计利润进行弥补,但弥补期限不能超过五年,超过五年以后可用税后利润弥补,也可用盈余公积补亏。

本章小结

制造企业生产经营的会计核算主要包括资金筹集、生产准备、生产过程、销售过程和财务成果形成和利润分配的会计核算。其中资金筹集的核算包括所有者权益资金的筹集和负债资金筹集的核算;生产准备过程的核算包括固定资产购置的核算和材料采购的核算;按生产成本的构成,生产过程的核算主要包括材料费用、职工薪酬、制造费用的核算和产品成本的核算;销售过程的核算主要包括销售收入的核算和销售成本费用的核算;财务成果和利润分配的核算主要包括利润的形成和利润分配的核算。

思考与练习

一、单选题

1.“累计折旧”账户的贷方余额表示(　　)。

A. 折旧的减少数　　B. 折旧的增加数

C. 折旧的累计数　　D. 固定资产的增加累计数

2. 不应计入营业利润的是(　　)。

A. 管理费用　　B. 销售费用

C. 所得税费用　　D. 投资收益

3.“利润分配”账户在年终结转后出现贷方余额,表示(　　)。

A. 累计未弥补亏损　　B. 累计未分配利润

C. 已分配的利润　　D. 已实现的利润

4. 短期借款利息费用按月预提时,应借记“财务费用”账户,贷记(　　)账户。

A. 预提费用　　B. 其他应付款

C. 应付利息　　D. 本年利润

5.“材料采购”账户期末(　　)。

A. 一定有借方余额　　B. 可能有借方余额,也可能没有余额

C. 一定有贷方余额　　D. 可能有贷方余额,也可能没有余额

6. 企业出售固定资产应交的营业税,应借记的会计科目是(　　)。

A. 营业税金及附加　　B. 固定资产清理

C. 营业外支出　　D. 其他业务支出

7. 下列各项中,不影响营业利润的是(　　)。

A. 管理费用　　B. 所得税费用

C. 主营业务收入　　D. 其他业务支出

8. 投资人投入的资金和债权人投入的资金投入企业后,形成企业的(　　)。

A. 成本　　B. 费用

C. 资产　　D. 负债

9. 根据我国公司法的规定,有限责任公司和股份有限公司应按照净利润的(　　)提取法定盈余公积。

A. 10%　　B. 15%

C. 5%～10%　　D. 25%

10. 下列不通过制造费用核算的是(　　)。

A. 短期借款利息　　B. 车间的折旧

C. 车间的办公费　　D. 车间的机物料消耗

二、多选题

1.“应付职工薪酬”账户可按(　　)等进行明细核算。

A. 工资　　B. 职工福利

C. 社会保险费　　　　　　　　D. 住房公积金

2. 关于"实收资本"账户,说法正确的有(　　)。

A. 属于所有者权益账户

B. 期末贷方余额,表示所有者投资的实有数额

C. 借方登记所有者投资的减少额

D. 贷方登记所有者投资的增加额

3. 产品成本项目主要有(　　)。

A. 直接材料　　　　　　　　B. 直接工资

C. 管理费用　　　　　　　　D. 制造费用

4. 营业外收入主要包括(　　)。

A. 非流动资产处置利得　　　B. 捐赠利得

C. 政府补助利得　　　　　　D. 罚没利得

5. 根据《企业会计准则——存货》的规定,可采用(　　)等来确定发出材料的成本。

A. 个别计价法　　　　　　　B. 移动平均法

C. 先进先出法　　　　　　　D. 后进先出法

6. 下列各项中,不应计入产品生产成本的有(　　)。

A. 销售费用　　　　　　　　B. 管理费用

C. 财务费用　　　　　　　　D. 制造费用

7. 工业企业(一般纳税人)下列项目中构成采购成本的有(　　)。

A. 发票中贷款金额及支付给运输部门的运费(已扣除增值税)

B. 支付的增值税

C. 进口关税

D. 入库前的挑选整理费

8. 下列属于流动负债的是(　　)。

A. 预收账款

B. 预付账款

C. 在超过一年的一个营业周期内偿还的债务

D. 将于一年内到期的长期借款

9. 接受投资者的投入资本,应贷记(　　)账户。

A. 银行存款　　　　　　　　B. 长期股权投资

C. 应付账款　　　　　　　　D. 实收资本

10. 下列各项属于其他业务收入的有(　　)。

A. 固定资产出售净收益　　　B. 固定资产出租收入

C. 材料销售收入　　　　　　D. 包装物出租收入

三、判断题

1. 计提的法定盈余公积累计达到注册资本的50%时,不许再提取。(　　)

2. 年终,结转本年实现的净利润,应当借记"本年利润",贷记"利润分配"。(　　)

3. 工业企业出租固定资产取得的收入应确认为营业外收入。(　　)

4. 公司行政管理人员薪酬记入"生产成本"。(　　)

5.“本年利润”账户的余额是所得税后的利润。（　）

6.增值税应计入材料采购成本。（　）

7.不设“预收账款”账户的企业，发生的预收账款可在“应收账款”账户核算。（　）

8.劳保费应计入营业外支出。（　）

9.“本年利润”账户应无余额。（　）

10.管理费用应计入产品的生产成本。（　）

四、简答题

1.制造企业经营过程一般分为哪几个阶段？

2.材料采购成本由哪些内容组成？

3.产品成本由哪些内容组成？

4.材料的发出有几种计价方法？其各自的优缺点是什么？

5.为什么要计算财务成果？财务成果由哪些内容组成？

6.简述利润的构成。

7.如何对净利润进行分配？

8.制造企业经营过程的核算需要设置哪些主要账户？

五、实训题

（一）练习生产筹资业务的核算

[资料]某企业 2013 年 8 月发生的有关经济业务事项如下：

1.企业收到投资者投入资本 500000 元，已存入银行。

2.企业收到甲企业投入的新机器一台，价值 500000 元。

3.企业于 2013 年 8 月 1 日向银行借入期限为 3 个月，年利率为 4%的借款 100000 元，已存入银行。

4.企业于 2013 年 8 月 1 日向银行借入期限为 2 年，年利率为 6%的借款 100000 元，该借款到期一次还本付息。

要求：根据上述经济业务事项编制会计分录。

（二）练习生产准备业务的核算

[资料]某企业 2013 年 8 月发生的有关经济业务事项如下：

1.企业购入需要安装的机器一台，设备买价和税金共 58500 元，运输费 500 元，款项以银行存款支付。

2.企业从东方公司购入 A 材料。增值税专用发票上注明材料数量为 10 吨，单价 10000 元，金额 100000 元；增值税率 17%，增值税额 17000 元；价税合计 117000 元，款项未付，材料已验收入库。

3.企业从希望公司购入 B、C 两种材料，增值税专用发票上注明 B 材料数量 5 吨，单价 2000 元，金额 10000 元，增值税率 17%，增值税额 1700 元；C 材料 5 吨，单价 1000 元，金额 5000 元，增值税率 17%，增值税额 850 元。B、C 材料的价税款均以银行存款支付。B、C 材料均已验收入库。

4.用银行存款支付 A、B、C 三种材料的运输费 2400 元。其中：A 材料运输费 600 元，B、C 两种材料的运输费 1800 元（运输费按 B、C 材料重量比例分配）。

5.计算并结转 A、B、C 三种材料的实际采购成本。

6.以银行存款预付购买D材料款30000元。

7.以银行存款117000元支付前欠希望公司货款。

要求:根据上述经济业务事项编制会计分录。

(三)练习产品生产业务的核算

[资料]某企业2013年8月发生的有关经济业务事项如下:

1.企业本月份发出材料的情况如下:甲产品生产耗用A材料8吨,单位成本10000元,计80000元,乙产品生产耗用B材料6吨,单位成本1000元,计6000元,车间一般耗用C材料2吨,单位成本500元,计1000元。

2.企业本月应付工资总额为120000元,其中:甲产品生产工人工资60000元,乙产品生产工人工资20000元,车间管理人员工资8000元,企业行政管理部门人员工资32000元。

3.以现金支付本月工资120000元。

4.按上述工资总额的14%提取职工福利费16800元。

5.计提本月生产车间用固定资产折旧费20000元,企业行政管理部门用固定资产折旧费16000元。

6.以现金支付车间购买办公用品费580元。

7.月末,将本月发生的制造费用分配转入生产成本(按甲、乙产品的生产工人工资比例分配)。

8.月末,结转本月完工验收入库产品成本(假设甲产品月初在产品成本5000元,月末无在产品;乙产品月初无在产品,月末在产品成本8000元)。

要求:根据上述经济业务事项编制会计分录。

(四)练习产品销售业务的核算

[资料]某企业2013年8月发生的有关经济业务事项如下:

1.向东方公司销售甲产品600件,单位售价200元,增值税率17%,增值税额20400元,款项已收。

2.向新海公司销售甲产品200件,单位售价200元;乙产品100件,单位售价400元,增值税率17%,款项未收。

3.收到上例新海公司所欠账款存入银行。

4.新华公司向本企业订购乙产品60件,收到其预付款项8000元,存入银行。

5.向新华公司发出乙产品50件,单位售价300元,增值税率17%,增值税额1700元(已预收8000元)。

6.月末,结转已售产品的实际生产成本。其中:甲产品单位生产成本100元,乙产品单位生产成本150元。

7.月末,按税法规定计算出应缴纳的产品销售税金3000元。

要求:根据上述经济业务事项编制会计分录。

(五)练习财务成果的核算

[资料]某企业2013年12月发生的有关经济业务事项如下:

1.接受现金捐赠48000元,并存入银行。

2.以银行存款30000元支付公益性捐赠支出。

3.销售甲产品400件，单位售价1500元，增值税率17%，增值税额102000元，款未收。

4.销售乙产品6000件，单位售价800元，增值税率17%，增值税额816000元，款项已通过银行收讫。

5.用银行存款支付广告费30000元。

6.计提应由本月负担的短期借款利息50000元。

7.结转已售产品的实际生产成本。其中：甲产品单位生产成本500元，乙产品单位生产成本400元。

8.月末，按税法规定计算缴纳增值税40000元。

9.假定税前会计利润与应税利润一致，按25%的所得税税率计算当期应缴纳的所得税额（假设不考虑递延所得税）。

10.月末将各损益类账户的本期发生额转入“本年利润”账户。

11.按净利润的10%提取盈余公积金。

12.企业决定，分给投资者利润20000元。

13.年末，根据“本年利润”账户11月30日贷方余额600000元和12月份净利润额计算全年实现的净利润，并将其转入“利润分配”账户。

要求：根据上述经济业务事项编制会计分录。

第五章　会计凭证

教学目的

□了解会计凭证的作用和种类
□掌握会计凭证的基本内容、填制和审核方法
□了解会计凭证的传递和保管

教学重点

□会计凭证的种类与格式
□会计凭证的填制方法

教学难点

□会计凭证的填制与审核方法

建议课时

6 课时

第一节　会计凭证概述

一、会计凭证的概念

会计凭证是记录经济业务事项发生或完成情况的书面证明，也是登记账簿的依据，包括原始凭证和记账凭证。各单位在按照《会计法》和《会计基础工作规范》的有关规定进行会计核算时，必须以经过审核的会计凭证为依据。根据经过审核的原始凭证编制记账凭证，再根据经过审核的记账凭证等登记账簿。

各单位进行任何一项经济业务，都必须办理凭证手续。由经办经济业务的有关人员填制或取得会计凭证，在会计凭证上详细说明经济业务的内容，如数量、单价、金额及时

间等，并在会计凭证上签名或盖章(后面简称“签章”)，以明确经济责任。填制或取得会计凭证后，要由有关人员进行审核，经审核无误后，审核人员签章，才可作为记账的依据。

二、会计凭证的作用

填制和审核会计凭证是会计核算方法的重要构成部分，是会计信息系统运行的第一环节，也是会计账簿信息和会计报表信息产生的依据，是整个会计工作的起点，在会计工作中具有重要作用。

(一)记录经济业务，提供记账依据

对于发生的经济业务，都必须及时填制或取得会计凭证，并加以审核。通过会计凭证的填制和审核，按一定方法对经济业务进行整理、分类、汇总，为会计记账提供真实可靠的依据，并通过会计凭证的及时传递，对经济业务及时地进行记录。

(二)提供经济信息和会计信息

会计人员可以通过填制审核会计凭证，对日常大量、分散的各种经济业务进行分类汇总，并据以登账，编制报表，对内对外提供有关的会计信息。

(三)明确经济责任，强化内部控制

会计凭证上明确记载了经济业务的发生情况，并由相关人员在其上签章，对其真实性和合法性负责。所以，通过填制和审核会计凭证可以加强相关部门和人员的责任感，促使相关部门和人员严格执行财经法规制度；通过会计凭证的传递，还可以相互牵制和相互制约，强化内部控制。

(四)监督经济活动，控制经济运行

通过会计凭证的审核，可以检查经济业务的发生是否符合各项财经法规，是否符合企业的各项目标、计划或预算，以确保经济业务的真实性、合法性和合理性，保证经济活动的正常高效运行。

三、会计凭证的种类

会计凭证可以按照不同的标志进行分类，但主要是按照填制程序和用途不同来划分，可以分为原始凭证和记账凭证两类。

(一)原始凭证

原始凭证是记录证明经济业务发生或完成的原始单据，是会计核算的起点，按其来源不同，分为外来原始凭证和自制原始凭证两种；按其填制手续及内容不同，分为一次性凭证、累计凭证和汇总凭证。具体内容详见本章第二节。

(二)记账凭证

记账凭证是会计人员根据审核后的原始凭证编制的，是登记账簿的直接依据。按其反映经济业务的内容不同，分为收款凭证、付款凭证和转账凭证；按其填制方式不同，分为复式记账凭证和单式记账凭证。

会计凭证的种类如表 5-1 所示。

表 5-1 会计凭证的种类

<table>
<tr><td rowspan="10">会计凭证</td><td rowspan="5">原始凭证</td><td rowspan="2">按来源划分</td><td>外来原始凭证</td></tr>
<tr><td>自制原始凭证</td></tr>
<tr><td rowspan="3">按填制手续及内容划分</td><td>一次性凭证</td></tr>
<tr><td>累计凭证</td></tr>
<tr><td>汇总凭证</td></tr>
<tr><td rowspan="5">记账凭证</td><td rowspan="3">按反映经济业务内容划分</td><td>收款凭证</td></tr>
<tr><td>付款凭证</td></tr>
<tr><td>转账凭证</td></tr>
<tr><td rowspan="2">按填列方式划分</td><td>复式凭证</td></tr>
<tr><td>单式凭证</td></tr>
</table>

第二节 原始凭证

一、原始凭证及其种类

原始凭证又称“原始单据”，是在经济业务发生或完成时取得或填制的，用以记录证明经济业务发生或完成情况的、明确经济责任的、具有法律效力的原始证据。原始凭证是反映经济业务情况的原始资料，也是会计核算的原始依据和起点。通常包括供应商开具的发票、运费单据、领料单、发料单、银行进账单、支票存根等。值得注意的是，凡是不能证明经济业务发生情况的各种凭证不能作为原始凭证，如购货申请单、购销合同、各种计划和预算、银行对账单、往来款项对账单等。

原始凭证千差万别，依据其特点，可作以下几种分类。

(一)按其取得方式和形成来源不同分类

1.外来原始凭证

外来原始凭证是指在经济业务发生或完成时，从外部其他单位或个人处取得的原始凭证。如购货时从销货单位取得的增值税专用发票或普通发票；从运输企业取得的运费单据；从银行转来的银行进账单；职工出差取得的车票等。

外来原始凭证的一般格式见表 5-2、表 5-3。

表 5-2 中国工商银行进账单(收账通知) 3 No 00922222

年 月 日

<table>
<tr><td rowspan="3">出票人</td><td>全称</td><td colspan="3"></td><td rowspan="3">收款人</td><td>全称</td><td colspan="11"></td></tr>
<tr><td>账号</td><td colspan="3"></td><td>账号</td><td colspan="11"></td></tr>
<tr><td>开户银行</td><td colspan="3"></td><td>开户银行</td><td colspan="11"></td></tr>
<tr><td rowspan="2">金额</td><td colspan="5" rowspan="2">人民币
(大写)</td><td>亿</td><td>千</td><td>百</td><td>拾</td><td>万</td><td>千</td><td>百</td><td>十</td><td>元</td><td>角</td><td>分</td></tr>
<tr><td></td><td></td><td></td><td></td><td></td><td></td><td></td><td></td><td></td><td></td><td></td></tr>
<tr><td>票据种类</td><td></td><td>票据张数</td><td colspan="3"></td><td colspan="12" rowspan="3">收款人开户银行签章</td></tr>
<tr><td>票据号码</td><td colspan="5"></td></tr>
<tr><td colspan="6">主管会计 复核 记账</td></tr>
</table>

表 5-3　安徽省增值税专用发票　　No 0000555421545

发　票　联　　　开票日期：　年　月　日

<table>
<tr><td>购货单位</td><td colspan="3">名称：
纳税人识别号：
地址、电话：
开户行及账号：</td><td>密码区</td><td colspan="4"></td></tr>
<tr><td colspan="2">货物或应税劳务名称

合计</td><td>规格型号</td><td>单位</td><td>数量</td><td>单价</td><td>金额</td><td>税率</td><td>税额</td></tr>
<tr><td colspan="2">价税合计(大写)</td><td colspan="7">(小写)</td></tr>
<tr><td>销货单位</td><td colspan="4">名称：
纳税人识别号：
地址、电话：
开户行及账号：</td><td>备注</td><td colspan="3"></td></tr>
</table>

收款人：　　复核：　　开票人：　　销货单位:(盖章)

2.自制原始凭证

自制原始凭证是指由本单位内部经办经济业务的部门和人员，在经办业务时所填制的凭证。如外购材料物资在验收入库时，由仓库保管人员填制的收料单或入库单；领用材料物资时填制的发料单或领料单；职工填制的借款单、差旅费报销单；发放薪酬时填制的薪酬发放明细表；月末计提折旧时编制的固定资产折旧计算表；发料凭证汇总表，等等。

自制原始凭证的一般格式见表 5-4、表 5-5、表 5-6、表 5-7。

表 5-4　＊＊＊公司收料单

供货单位：　　　　凭证编号：

发票编号：　　年　月　日　　收料仓库：

<table>
<tr><td rowspan="2">材料类别</td><td rowspan="2">材料编号</td><td rowspan="2">材料名称及规格</td><td rowspan="2">单位</td><td colspan="2">数量</td><td colspan="4">金额</td></tr>
<tr><td>应收</td><td>实收</td><td>单价</td><td>买价</td><td>运杂费</td><td>合计</td></tr>
<tr><td></td><td></td><td></td><td></td><td></td><td></td><td></td><td></td><td></td><td></td></tr>
<tr><td colspan="6">合计</td><td></td><td></td><td></td><td></td></tr>
</table>

验收单位：　　复核：　　记账：　　制单：

表 5-5　＊＊单位差旅费报销单

出差人姓名：　　职别：　　事由：　　起止日期：

<table>
<tr><td rowspan="2">起止日期</td><td rowspan="2">起止地点</td><td colspan="2">车船费</td><td colspan="2">住宿费</td><td colspan="2">补助费</td><td colspan="2">其他</td></tr>
<tr><td>类别</td><td>金额</td><td>天数</td><td>金额</td><td>类别</td><td>金额</td><td>类别</td><td>金额</td></tr>
<tr><td></td><td></td><td></td><td></td><td></td><td></td><td></td><td></td><td></td><td></td></tr>
<tr><td></td><td></td><td></td><td></td><td></td><td></td><td></td><td></td><td></td><td></td></tr>
<tr><td></td><td></td><td></td><td></td><td></td><td></td><td></td><td></td><td></td><td></td></tr>
<tr><td colspan="3">合计</td><td></td><td></td><td></td><td></td><td></td><td></td><td></td></tr>
<tr><td>总计(大写)</td><td></td><td colspan="2">预借差旅费</td><td colspan="2"></td><td colspan="2">应交回(补付)</td><td colspan="2"></td></tr>
</table>

表 5-6 ＊＊单位限额领料单

年 月 日 编号：

领料单位： 用 途： 产 量：

材料编号： 名称规格： 计量单位：

单 价： 消耗定量： 领用限额：

20＊＊年		申领		实发				
月	日	数量	领料单位负责人	数量	累计	发料人	领料人	限额结余
累计实发金额(大写)：								

生产计划部门负责人： 仓库负责人：

表 5-7 发料凭证汇总表

年 月 计量单位：

材料 领用部门	甲材料 数量单价金额	乙材料 数量单价金额	丙材料 数量单价金额	金额 合计
合计				

(二)原始凭证按其填制方法和反映内容分类

1.一次性凭证

一次性凭证是指一次性填制完成，在一张凭证上记载一笔经济业务的原始凭证。大部分原始凭证都是一次性原始凭证，如外来的发票、单据，自制的发料单、领料单、报销单等。值得注意的是，一次性凭证一次有效，不能重复使用。

2.累计凭证

累计原始凭证是指在一定时期内，在一张凭证上连续、累计填列发生的同类经济业务的原始凭证。特点是：可以连续反映某一时期内不断重复发生而分次进行的特定业务；在一张凭证上连续登记，随时结出累计数及结余额；平时按照限额进行控制，期末按累计的实际发生额记账。如限额领料单，见表 5-6。

3.汇总原始凭证

实际工作中，为了集中反映一定时期内某类经济业务的总括情况，也为了简化核算工作量，往往将一定时期内记录同类经济业务的若干张原始凭证按照一定的标准汇总编制成一张原始凭证，即汇总原始凭证。如商品销货汇总表、发出材料汇总表等，见表 5-7。注意：编制汇总原始凭证的只能是同类经济业务；汇总原始凭证也属于原始凭证的范畴。

二、原始凭证的填制

(一)原始凭证的基本内容

在实际工作中,由于各种经济业务的内容和经济管理的要求各不相同,原始凭证的名称、格式和内容也就多种多样。但是原始凭证作为反映经济业务的发生或完成情况的原始凭据和信息载体,它必须能够体现以下两个方面内容:一是详细记载经济业务的发生及完成情况;二是明确相关部门及人员的经济责任。所以,原始凭证必须具备下列基本内容(原始凭证的七要素):

(1)原始凭证的名称。

(2)填制原始凭证的日期、凭证的编号。

(3)接受原始凭证的单位名称(抬头人)。

(4)填制单位的名称或者填制人的姓名。

(5)填制单位签章。

(6)经办人员签章。

(7)经济业务的内容(数量、单价、金额等)。

(二)原始凭证的填制要求

原始凭证的种类不同,其具体填制方法和填制要求也各不相同,但就其应反映经济业务、明确经济责任而言,原始凭证填制的一般要求是相同的。

1.记录真实

原始凭证必须依据实际发生的经济业务来填列有关内容和数据,以确保所反映的经济业务内容的真实性和可靠性。

2.内容完整

原始凭证上所要求填列的内容必须逐项填列齐全,不得遗漏和省略。日期要按照实际填制日期填写;编号要连续;名称要用全称,不得简化;业务内容要填写明确,不能含糊不清;填制单位必须签章;相关人员必须签章;金额大小写必须按规范填写,且必须相符;作废的原始凭证必须与存根一起保存,不得随意撕毁。内容不齐全的不能作为经济业务的合法证明,也不能作为原始凭证据以入账。

3.手续完备

原始凭证的填制,必须履行相关手续,符合内部牵制原则。经办业务的有关部门和人员要认真审核,并在相应位置处签章;对外开出的原始凭证必须加盖本单位的公章或财务专用章;外来的原始凭证,必须加盖填制单位的公章或财务专用章;从个人处取得的原始凭证,必须有填制人的签章。填制手续完备,可以明确经济责任,确保原始凭证的合法性、有效性。

4.书写格式规范

原始凭证要按规定填写,文字要简明,字迹要清楚,易于辨认,不得使用未经国务院公布的简化汉字。书写时要用蓝色或黑色水笔,填写票据时必须使用碳素笔,对于需要套写的凭证必须一次套写清楚。

(1)大写金额前要加写“人民币”三个字,其与金额首位数字之间不得留有空位,数字之间也不得留有空位。

(2)人民币以元为单位,“元”后无角和分的需要写“整”或“正”字;“角”后无分的可以写“整”或“正”字;有“分”的不写“整”或“正”字。

(3)大写金额用汉字,如壹、贰、叁、肆、伍、陆、柒、捌、玖、拾、佰、仟、万、亿、元、角、分、零、整或正。书写时一律用正楷或行书书写,不得用其他字代替,如“另”、“毛”等。

(4)表示位数的数字前必须有数字。如10.00元,应写作“人民币壹拾元整”。

(5)金额数字中间有连续几个“0”时,汉字大写可只写一个“零”字,如1004.56元,大写应为人民币壹仟零肆元伍角陆分;金额数字元位是零,但角位不是零时,大写可以只写一个“零”字,也可以不写“零”字,如1680.32,大写为人民币壹仟陆佰捌拾元叁角贰分,或人民币壹仟陆佰捌拾元零叁角贰分;金额数字万位是零,但千位不是零时,大写可以只写一个“零”字,也可以不写“零”字,如107000.53,大写为人民币壹拾万零柒仟元伍角三分,或人民币壹拾万柒仟元零伍角三分。

(6)合计的小写金额前应加注人民币符号¥。

(7)小写阿拉伯数字必须一个一个地写,不得连笔书写,数字之间也不得留有空位。

(8)小写数字后面不再写“元”字,一般应填写到角和分;无角和分的可以写“00”或符号“—”;有角无分的分位应写“0”,不得用符号代替。

(9)书写的数字应贴紧底线,但不可满格,上面应留有1/2至1/3的空位,为更正错误留有余地。

5.不得涂改、刮擦、挖补

原始凭证填制过程中发生错误时,不得采用涂改、刮擦、挖补或褪色药水褪色的方法更正。原始凭证有错误的,应由出具单位重开或更正,并在更正处加盖出具单位公章;原始凭证金额错误的,包括大小写不一致,应由出具单位重开,不得在原始凭证上更正。

6.编号连续

作废的原始凭证应加盖“作废”戳记,连同存根一起妥善保管,不得撕毁。

7.填制及时

如销售发票应在销售实现时及时填写,并按规定程序送交审核。

三、原始凭证的审核

为了如实反映经济业务的发生和完成情况,充分发挥会计的监督职能,保证会计信息的真实性、合法性,会计机构和会计人员必须对已取得的原始凭证进行严格的审核。只有经过审核无误的原始凭证才能作为编制记账凭证的依据。

原始凭证的审核主要包括以下几方面的内容。

(一)真实性的审核

原始凭证反映实际发生的经济业务,也是会计核算的起点,其真实性直接影响到会计信息的质量。真实性审核主要包括:日期是否是经济业务的发生或完成时;业务内容是否真实发生;金额是否准确;有关签章是否真实,等等。此外,对通用的原始凭证,还应对其本身的真实性进行审查,以防假冒。

(二)合法性的审核

对于原始凭证上记载的真实发生的经济业务,还应审核其内容是否符合国家有关财经法规制度的规定；是否符合本单位内部各项财务管理办法及计划预算的规定；是否履行了规定的凭证传递和审核程序。

（三）完整性的审核

主要审核原始凭证的要素是否齐全，日期是否完整，数字是否清晰，文字是否工整，签章是否齐全，联次是否正确，等等。

（四）及时性的审核

原始凭证的及时性是保证会计信息及时性的基础。审核时应注意审查凭证填制的日期，特别对于时效性较强的票据，必须认真验证其签发日期。

第三节　记账凭证

一、记账凭证及其种类

记账凭证又称"记账凭单"，是会计人员根据审核后的原始凭证，按照经济业务事项的内容进行归类、整理，并确定会计分录而编制的会计凭证。记账凭证是登记账簿的直接依据，是经济信息转化成会计信息的过程。

原始凭证反映实际发生的经济业务，其种类繁多，格式不一，且不能反映其所归类的会计科目和记账方向，不能凭其直接登记账簿。因此，会计人员根据审核后的原始凭证，确认应借应贷的会计科目及金额，并编制成记账凭证。记账凭证可以根据每一张原始凭证编制，也可以根据同类原始凭证汇总编制，还可以根据汇总原始凭证编制。

记账凭证和原始凭证同属于会计凭证，但二者之间存在以下区别：

(1)填制人员不同。原始凭证由经办人员填制，记账凭证由会计人员填制。

(2)填制依据不同。原始凭证根据实际发生的经济业务填制，记账凭证根据审核后的原始凭证填制。

(3)填制形式不同。原始凭证多种多样，是反映实际发生的经济业务、具法律效力的各种单据，而记账凭证则以会计分录反映应借应贷的会计科目和金额。

(4)用途不同。原始凭证是编制记账凭证的依据，记账凭证是登记账簿的依据。

记账凭证的种类如下。

（一）按照记账凭证所反映的经济业务的内容不同分类

1.收款凭证

收款凭证是用于记录现金和银行存款收款业务的记账凭证。它是根据库存现金收款业务和银行存款收款业务的原始凭证编制的，是登记日记账和有关明细账、总账的依据，也是出纳员收款的证明。收款凭证可进一步分为现金收款凭证和银行存款收款凭证。

收款凭证的格式见表 5-8。

表 5-8 收款凭证

借方科目： 年 月 日 字第 号

摘要	贷方科目		金额										记账
	总账科目	明细科目	千	百	十	万	千	百	十	元	角	分	
合计													

会计主管： 记账： 审核： 制单： 出纳：

2.付款凭证

付款凭证是用于记录现金和银行存款付款业务的记账凭证。它是根据库存现金付款业务和银行存款付款业务的原始凭证编制的，是登记日记账和有关明细账、总账的依据，也是出纳付款的依据。实际工作中，出纳应根据经过审核的付款凭证，记录库存现金或银行存款的减少，并付出库存现金或银行存款，同时在凭证上加盖“付讫”的戳记，以免重付。付款凭证进一步可分为现金付款凭证和银行存款付款凭证。

付款凭证的格式见表 5-9。

表 5-9 付款凭证

贷方科目： 年 月 日 字第 号

摘要	借方科目		金额										记账
	总账科目	明细科目	千	百	十	万	千	百	十	元	角	分	
合计													

会计主管： 记账： 审核： 制单： 出纳：

3.转账凭证

转账凭证是用于记录不涉及现金和银行存款收付的业务的记账凭证。它是根据有关转账业务（即在经济业务发生时，既不涉及现金收付的业务，也不涉及银行存款收付的业务，如领用材料、计提折旧等）的原始凭证填制的，是登记总分类账和明细分类账的依据。

转账凭证格式见表 5-10。

表 5-10 转账凭证

年 月 日 转字第 号

摘要	总账科目	明细科目	借方金额						贷方金额					
			千	百	十	元	角	分	千	百	十	元	角	分

会计主管： 记账： 审核： 制单：

注意：某些经济业务既属于货币资金的收入业务，也属于货币资金的支出业务，如现金缴存银行业务以及从银行提取现金的业务。为避免重复，对于这类业务一般只编制付款凭证，不编制收款凭证。即从银行提取现金时，编制银行存款付款凭证；将现金存入银行时，编制现金付款凭证。

(二)按照记账凭证的适用范围不同分类

1.通用记账凭证

通用记账凭证是指对所有经济业务不作区分，使用统一格式的凭证记录，统一编号。通用记账凭证主要适用于经济业务较简单、规模较小、业务量较少的单位。

通用记账凭证的格式与转账凭证基本相同，其格式见表 5-11。

表 5-11 记账凭证

年 月 日 第 号

摘要	总账科目	明细科目	借方金额						贷方金额					
			千	百	十	元	角	分	千	百	十	元	角	分

会计主管： 记账： 审核： 制单： 出纳：

2.专用记账凭证

专用记账凭证是指只适用于某种经济业务的记账凭证，如前所述的收款凭证、付款凭证和转账凭证。专用记账凭证适用于业务较复杂、规模较大、业务量较多的单位。

(三)按照记账凭证填列的方式不同分类

1.复式记账凭证

复式记账凭证是指将一笔经济业务所涉及的所有会计科目及其发生额都集中在同一张记账凭证上反映，可以通过一张记账凭证完整地反映某一笔经济业务的全貌及会计科目之间的对应关系的记账凭证。复式记账凭证在实际工作中运用较为广泛，为大多数单位所采用。前面所述收款凭证、付款凭证、转账凭证及通用记账凭证均属于复式记账凭证。

复式记账凭证的优点是能够在一张凭证上集中反映一笔经济业务的全貌及所有账户的对应关系，便于检查分析，还可以减少记账凭证的张数。但复式记账凭证没有单式记账凭证灵活，不便于同时汇总每一会计科目的发生额，也不利于会计人员分工记账。

2. 单式记账凭证

单式记账凭证是指按照一笔经济业务所涉及的每个会计科目分别编制记账凭证，在每张记账凭证上只登记所涉及的一个会计科目及其发生额。采用这种记账凭证时，某笔经济业务涉及几个会计科目就需要编制几张单式记账凭证，也就是说，一笔经济业务发生了，需编制至少两张单式记账凭证。单式记账凭证分为两种，填列借方科目的是借项凭证，填列贷方科目的是贷项凭证。

单式记账凭证所反映的内容单一，便于分类汇总、传递及会计人员分工记账，可以提高工作效率。但是由于一张凭证上只记录了一个会计科目及其发生额，所以不能反映经济业务的全貌，不便于检查分析，此外凭证张数较多，也不便保管。单式记账凭证一般适用于业务量较大、会计部门内部分工较细的单位，或经济业务单一、特殊需要使用的单位，如银行等。

单式记账凭证的格式见表 5-12、表 5-13。

表 5-12 借项记账凭证

年 月 日 凭证编号：

摘要	总账科目	明细科目	账页	金额
对应总账科目：	合计			

会计主管： 记账： 审核： 出纳： 制单：

表 5-13 贷项记账凭证

年 月 日 凭证编号：

摘要	总账科目	明细科目	账页	金额
对应总账科目：	合计			

会计主管： 记账： 审核： 出纳： 制单：

在会计实际工作中，为了简化登记总账的工作，可以根据记账凭证编制汇总记账凭证或科目汇总表，再据以登记总账。汇总记账凭证和科目汇总表也属于记账凭证的范畴，其格式及编制方法将在会计核算组织程序中介绍。

二、记账凭证的基本内容

记账凭证的格式有多种，但都是运用复式记账法记录经济业务，确认会计科目及发生额，据以登账。因此，记账凭证必须具备以下基本内容，即基本要素。

(1)记账凭证的名称。

(2)填制记账凭证的日期。

(3)记账凭证的编号。

(4)经济业务内容的摘要。

(5)会计科目及记账方向。

(6)记账金额。

(7)记账符号。

(8)所附原始凭证的张数。

(9)会计主管、审核、记账、制单及出纳等相关人员签章。

三、记账凭证的填制

(一)记账凭证的填制要求

记账凭证是登记账簿的直接依据,它的填制是否正确直接影响到账簿登记的质量。因此,记账凭证的登记必须按照有关规定进行。基本要求如下:

(1)内容要齐全;书写规范,有关要求同原始凭证。

(2)日期为填制日期。

(3)记账凭证应连续编号。

采用专用记账凭证时,以“现收字”、“现付字”、“银收字”、“银付字”、“转字”按月分别连续编号;采用通用记账凭证时,按月将全部经济业务连续编号即可。

若一笔经济业务需要编制两张或两张以上的记账凭证时,应采用分数编号法:例如,某笔经济业务需要编制两张转账凭证,该转账凭证的顺序号为8,则该笔业务可编为“转字第 $8\frac{1}{2}$ 号”和“转字第 $8\frac{2}{2}$ 号”两张转账凭证。

(4)摘要要以简明扼要的文字概括经济业务内容的要点。

(5)会计科目名称要规范,符合会计制度的统一规定。

会计科目不得简化或随意改动,也不能只填写会计科目的代码,明细科目必须填写齐全,借贷方向要明确,借方和贷方合计数应相等。

(6)经济业务有关会计科目及金额填写完后,如有空行,应当自金额栏最后一笔金额数字下的空行处至合计数上的空行处画斜线注销。

(7)会计主管、审核、记账、制单及出纳等相关人员必须签名或盖章。

(8)所附原始凭证要完整。

除结账和更正错误的记账凭证可以不附原始凭证外,其他记账凭证必须附有原始凭证。如果一张原始凭证需编制两张或两张以上记账凭证的,可以把原始凭证附在一张主要的记账凭证后面,并在未附原始凭证的记账凭证上注明:“原始凭证 * 张,附于第 * 号记账凭证之后。”以备查阅。如果一张原始凭证所列支出需要由几个单位共同负担的,应当由保存该原始凭证的单位开具原始凭证分割单给其他单位。

所附原始凭证张数的计算,一般以原始凭证的自然张数为准。如果记账凭证后附有原始凭证汇总表,则应该将所附原始凭证和原始凭证汇总表的张数一起计入附件张数之内。如果属于报销差旅费等零散票券的,可以粘贴在一张纸上(如差旅费报销单),作为一张原始凭证。如果原始凭证张数太多或篇幅太大,不宜直接粘贴在记账凭证的后面,则可以单独装订保管,但必须在记账凭证上注明所附原始凭证的张数及另行装订的编号。附件张数用汉字大写表示。

(9)填制记账凭证时若发生错误,需按规定方法更正。

若记账之前发现记账凭证错误,应当重新编制,并将错误凭证作废或撕毁;若已经登记入账,且在当年内发现:会计科目或方向错误,则应用红字编制一张与原内容相同的记账凭证,在摘要栏注明"注销某月某日某号凭证",同时再用蓝字编制一张正确的记账凭证,注明"更正某月某日某号凭证";只是金额错误,可以将差额部分另编一张调整的记账凭证,调增金额用蓝字,调减金额则用红字,在摘要栏注明"更正某月某日某号凭证";若已经登记入账,且在以后年度发现的,则运用规定方法更正。

(二)记账凭证的填制方法

1.收款凭证的填制

收款凭证的左上角"借方科目"按照收款的性质填写"库存现金"或"银行存款"科目;日期填写的是编制本凭证的日期;右上角填写本月编制收款凭证的顺序号,注意应按月连续编号,如"现收字第 * 号"和"银收字第 * 号";摘要栏填写所记录经济业务的简要说明;贷方科目栏填写与收入的库存现金或银行存款相对应的会计科目;记账栏填写符号"√",表示该项变动已经记入相关账簿,以防止经济业务的重记或漏记;金额栏填写该科目的发生额;凭证右边以汉字填写附件的张数;凭证的下方分别由相关人员签章,以明确经济责任。

【例 5-1】 某企业 20 * 4 年 1 月 20 日收到凯悦公司前欠货款 3000 元,已存入银行。编制的收款凭证见表 5-14。

表 5-14 收款凭证

借方科目:银行存款　　20 * 4 年 1 月 20 日　　银收字第10号

摘要	贷方科目		金额										记账	附件张
	总账科目	明细科目	千	百	十	万	千	百	十	元	角	分		
收凯悦公司款	应收账款	凯悦公司					3	0	0	0	0	0		
合计						¥	3	0	0	0	0	0		

会计主管:赵某　　记账:钱某　　审核:孙某　　制单:李某　　出纳:周某

2.付款凭证的填制

付款凭证的左上角"贷方科目"按照付款的性质填写"库存现金"或"银行存款"科目;右上角填写本月编制收款凭证的顺序号,注意应按月连续编号,如"现付字第 * 号"和"银付字第 * 号";摘要栏填写所记录经济业务的简要说明;借方科目栏填写与付出的库存现金或银行存款相对应的会计科目;记账栏填写符号"√",表示该项变动已经记入相关账簿,以防止经济业务的重记或漏记;金额栏填写该科目的发生额;凭证右边以汉字填写附件的张数;凭证的下方分别由相关人员签章,以明确经济责任。

【例 5-2】 某企业 20 * 4 年 1 月 21 日购入一批材料 5000 元,款已转账支付。编制的付款凭证见表 5-15。

表 5-15　付款凭证

贷方科目:银行存款　　20 * 4 年 1 月 21 日　　银付字第10号

摘要	借方科目		金额										记账
	总账科目	明细科目	千	百	十	万	千	百	十	元	角	分	
购入材料一批	原材料	甲材料					5	0	0	0	0	0	
合计						¥	5	0	0	0	0	0	

附件　张

会计主管:赵某　　记账:钱某　　审核:孙某　　制单:李某　　出纳:周某

应当注意:由于收款凭证和付款凭证是出纳收付款项的依据,因此出纳在根据收款凭证和付款凭证办理收款或付款业务时,要在凭证上加盖"收讫"或"付讫"的戳记,以免重收或重付。对于现金和银行存款之间相互划转的业务,如从银行提取现金、把现金缴存银行的业务,统一只编制付款凭证,不编制收款凭证,以免重复记账。

3. 转账凭证的编制

转账凭证将经济业务事项中所涉及的全部会计科目,按照先借后贷的顺序填入会计科目栏,并填写对应金额,注意借贷方的金额合计数应相等;其他项目的填写方法同收、付款凭证。

【例 5-3】 某企业 20 * 4 年 1 月 22 日,吴某出差回来报销其预借差旅费 1000 元。编制的转账凭证见表 5-16。

表 5-16　转账凭证

20 * 4 年 1 月 22 日　　转字第10号

摘要	总账科目	明细科目	借方金额						贷方金额					
			千	百	十	元	角	分	千	百	十	元	角	分
报销	管理费用	差旅费		1	0	0	0	0	0					
差旅费	其他应收款	吴某							1	0	0	0	0	0
合计			1	0	0	0	0	0	1	0	0	0	0	0

附件　张

会计主管:张某　　记账:王某　　审核:李某　　制单:周某

4. 通用记账凭证的填制

通用记账凭证的填制方法基本与转账凭证相同,只是在编号时,按月将全部经济业务按照发生顺序连续编号,如"记字第 * 号"。

四、记账凭证的审核

记账凭证是登记账簿的直接依据。为了确保账簿记录的正确性及对经济业务进行监督,必须严格按照要求编制记账凭证,同时由专人对已经编制的记账凭证进行严格审核。只有经审核无误的记账凭证,才能作为登记账簿的直接依据。记账凭证的审核主要包括以下几个方面的内容。

(一)内容是否真实

记账凭证后一般应附有原始凭证,记账凭证上相关内容应该与原始凭证一致,如附件张数、两者反映的经济业务内容等。

(二)项目是否齐全

记账凭证上各项目应该填写完整,不得遗漏。例如,相关人员签章、日期、编号、会计科目、借方和贷方金额、摘要、附件张数等,均应按规定填写完整。

(三)科目是否正确

审核时应该注意记账凭证上确定的会计科目是否正确、方向是否正确、对应关系是否正确等。

(四)金额是否正确

记账凭证上的金额与所附原始凭证上的金额是否一致、相关计算是否正确、借方合计数与贷方合计数是否一致等。

(五)书写是否正确

记账凭证上的文字和数字是否按照规定方法书写;出现的错误是否按照规定方法进行更正。

第四节　会计凭证的传递与保管

一、会计凭证的传递

会计凭证的传递是指从会计凭证的取得或填制时起至归档保管时止,在单位内部各有关部门和人员之间的传递程序。为了能够利用会计凭证及时反映各项经济业务,提供会计信息,发挥会计监督的作用,必须及时、正确地进行会计凭证的传递。

会计凭证的传递要能够满足内部控制制度的要求,使传递程序合理有效,同时尽量节约传递时间,减少传递工作量。

(一)确定传递路线

根据各单位经济业务的特点、企业内部机构组织、人员分工情况以及经营管理的需要,从完善内部牵制制度的角度出发,恰当地规定各种会计凭证的联次和所流经的必要环节。做到既使有关部门和人员能掌握经济业务的情况,并及时进行处理和审核,又避免凭证传递通过不必要的环节,影响传递速度。

(二)安排传递时间

根据各单位有关部门和人员办理经济业务必要手续的需要,确定凭证在各个环节停留的时间,以保证业务手续的完成,又避免不必要的耽搁,从而充分发挥及时传递经济信息的作用。

(三)明确传递手续

在凭证传递过程中，应建立凭证交接的签收制度。为了确保会计凭证的安全和完整，在各个环节都应由相关部门和人员签章办理交接手续，做到责任明确、手续完备、简单方便。

二、会计凭证的保管

会计凭证的保管是指会计凭证登账后的整理、装订、归档和存查的工作。会计凭证是重要的经济资料和会计档案，为保证会计凭证的安全完整，各种会计凭证在办理完各项手续，并据以登记账簿后，应由会计部门加以整理归类和归档，并指定专人保管，不得随意丢失损毁，以便日后查阅。

(一)会计凭证的日常保管

1.会计凭证应定期装订成册，防止散失

在装订前，先进行分类整理，并按编号顺序排列；连同所附原始凭证一起加具封面和封底，装订成册；装订人员和会计主管人员在装订线封签处签章；封面上的内容应填写完整清楚。

常见的会计凭证封面见表 5-17。

表 5-17　会计凭证封面

<table>
<tr><td rowspan="6">年

月

第

册</td><td>（企业名称）</td></tr>
<tr><td>年　　月　　共　　册第　　册</td></tr>
<tr><td>收款
付款　　　凭证第　号至第　　号　共　　张
转账</td></tr>
<tr><td>付：原始凭证　　　　　张</td></tr>
<tr><td></td></tr>
<tr><td>会计主管：　　　　　　保管：</td></tr>
</table>

2.会计凭证应加贴封条，防止抽换

原始凭证原则上不得外借，其他单位或个人如有特殊原因确实需要时，经本单位负责人、会计机构负责人批准，可以查阅或复制，同时在专设的登记簿上进行登记，并签章。

3.严格遵守会计凭证保管期限的要求，期满前不得任意销毁

(二)会计凭证的归档

装订成册的会计凭证在年度终了后，可暂时由会计机构保管一年，期满后应移交本单位档案管理部门统一保管。本单位未设立档案管理机构的，应当在会计机构内部指定专人负责保管会计档案。出纳人员不得兼管会计档案。

(三)会计档案的保管期限和销毁手续

会计凭证的保管和销毁，必须严格遵守《会计档案管理办法》的规定。未满保管期限的会计凭证不得任意销毁。会计凭证保管期满后需要销毁的，必须按照规定的审批手续，报经批准后，按照规定程序销毁。

本章小结

填制和审核凭证是会计核算的起点，是登记账簿的依据，是会计核算的基本方法之一，具有重要的作用。会计凭证按照填制程序和用途不同，可以分为原始凭证和记账凭证两大类。

原始凭证是由经办人员取得或填制的，用以记录或证明经济业务的发生或完成情况、明确经济责任、具有法律效力的原始凭据。原始凭证是会计核算的原始资料和重要依据，是编制记账凭证的基础。原始凭证按照来源不同，可分为外来原始凭证和自制原始凭证；按照填制方法不同，可分为一次原始凭证、累计原始凭证和汇总原始凭证。原始凭证一般应具备名称、日期、接受方的名称、经济业务内容（数量、单价和金额等）、编号、相关人员和单位的签章等。原始凭证的填制和审核必须按规定方法进行，不得任意涂改、刮擦和挖补。

记账凭证是会计人员根据审核无误的原始凭证，运用复式记账原理，按照经济业务的内容加以归类，据以确定会计分录而填制的会计凭证。记账凭证将原始凭证上的经济信息转化为会计信息，是登记账簿的直接依据，是介于原始凭证和账簿之间的中间环节。记账凭证按其所反映的经济业务内容不同，可分为收款凭证、付款凭证和转账凭证。记账凭证一般应具备名称、日期、编号、内容摘要、科目、方向和金额、附件、相关人员签章等。记账凭证的填制和审核必须按规定方法进行。

思考与练习

一、单项选择题

1. 企业从银行提取现金，按规定应编制（　　）。

A. 收款凭证　　B. 付款凭证

C. 转账凭证　　D. 收款或付款凭证

2. 会计凭证按其填制的程序及用途不同，可分为（　　）。

A. 外来原始凭证和自制原始凭证　　B. 专用记账凭证和通用记账凭证

C. 收款凭证和付款凭证　　D. 原始凭证和记账凭证

3. “限额领料单”按其填制的方法属于（　　）。

A. 外来原始凭证　　B. 一次原始凭证

C. 累计原始凭证　　D. 汇总原始凭证

4. 记账凭证是根据（　　）来编制的。

A. 原始凭证　　B. 审核无误的原始凭证

C. 审核后的收款凭证　　D. 审核后的付款凭证

5. 下列各项中，不属于原始凭证审核内容的是（　　）。

A. 原始凭证的真实性　　B. 原始凭证的合法性
C. 填制项目的完整性　　D. 会计分录的正确性

6. 属于外来原始凭证的是(　　)。
A. 领料单　　B. 发出材料汇总表
C. 银行对账单　　D. 银行进账单

7. 下列凭证中，应在其左上方填写借方科目的是(　　)。
A. 收款凭证　　B. 付款凭证
C. 通用记账凭证　　D. 转账凭证

8. 某企业购入一批材料，有关原始凭证有增值税专用发票 1 张、支票存根 1 张、收料单 4 张、收料汇总表 1 张。则记账凭证中应注明附件(　　)张。
A. 5 张　　B. 6 张
C. 7 张　　D. 3 张

9. 记账凭证和原始凭证的共同点是(　　)。
A. 填制的时间相同　　B. 填制的人员相同
C. 经济业务的内容相同　　D. 作用相同

10. 记账凭证中没有的项目是(　　)。
A. 凭证的名称　　B. 填制的日期
C. 凭证的编号　　D. 凭证的联次

二、多项选择题

1. 以下属于会计凭证的有(　　)。
A. 采购合同　　B. 支票存根
C. 转账凭证　　D. 银行进账单

2. 以下属于原始凭证的有(　　)。
A. 发料凭证汇总表　　B. 汇总收款凭证
C. 汇总付款凭证　　D. 累计凭证

3. 收款凭证是登记(　　)的依据。
A 现金日记账　　B. 银行存款日记账
C. 总分类账　　D. 明细账

4. 各种记账凭证应具备(　　)等基本内容。
A. 凭证名称　　B. 填制日期
C. 凭证编号　　D. 科目、方向及金额

5. 会计凭证是(　　)。
A. 记录经济业务的书面凭据　　B. 明确经济责任的书面材料
C. 会计核算的客观依据　　D. 编制报表的直接依据

6. 对于转账凭证，应在其上签章的人员有(　　)。
A. 单位负责人　　B. 会计主管
C. 填单及审核人员　　D. 出纳人员

7. 记账凭证的填制依据可以是(　　)。
A. 每一张原始凭证　　B. 若干张同类原始凭证

C. 原始凭证汇总表　　D. 若干张同期原始凭证

8. 原始凭证与记账凭证的区别主要有(　　)。

A. 填制人员不同　　B. 填制时间不同

C. 反映的内容不同　　D. 格式和作用不同

9. 下列(　　)的记账凭证可以不附原始凭证。

A. 反映资金收付的　　B. 反映结账业务的

C. 更正错账的　　D. 月末计提折旧的

10. 转账凭证属于(　　)。

A. 会计凭证　　B. 记账凭证

C. 通用记账凭证　　D. 专用记账凭证

三、判断题

1. 自制原始凭证是由企业会计人员自行填制的。(　　)
2. 记账凭证后面必须都附有相应的原始凭证。(　　)
3. 审核无误的原始凭证是登记账簿的直接依据。(　　)
4. 其他单位或个人若需要使用原始凭证时,经本单位负责人批准可以外借。(　　)
5. 原始凭证必须经过审核,而记账凭证不需要进行审核。(　　)
6. 保管期满的会计凭证,企业可以随意销毁。(　　)
7. 对于不真实、不合法的原始凭证,会计人员有权不予接受,并向单位负责人报告。(　　)
8. 若从外单位取得的原始凭证丢失,必须由开具单位重新开具。(　　)
9. 采用单式记账凭证时,一笔经济业务涉及几个会计科目,就要编制几张记账凭证。(　　)
10. 会计凭证填制完成后,必须由相关人员在其上签章以明确经济责任。(　　)

四、简答题

1. 简述原始凭证和记账凭证的含义及它们之间的区别。
2. 简述原始凭证的分类。
3. 原始凭证应具备哪些基本内容?
4. 简述原始凭证的填制要求。
5. 简述原始凭证的审核要点及审核后的处理。
6. 简述记账凭证的分类。
7. 记账凭证应具备哪些基本内容?
8. 简述记账凭证的填制方法。
9. 简述原始凭证出现差错的更正方法。
10. 简述记账凭证的审核要点。

五、业务题

某公司 2013 年 10 月份发生以下经济业务:

1. 以银行存款 20000 元购进不需安装设备一台。
2. 取得期限 6 个月的短期借款 100000 元。
3. 购进甲材料一批,其中:货款 40000 元,增值税 6800 元,运杂费 1000 元。货已验收入库，款项尚未支付。

4. 开出现金支票，从银行提取现金 2000 元备用。

5. 收到投资者投入资金 500000 元，存入银行。

6. 管理部门李某出差预借差旅费 2000 元，以现金支付。

7. 销售 A 商品一批，货款 50000 元、增值税 8500 元。款项尚未收到。

8. 接银行通知，收到欣欣公司前欠货款 60000 元。

9. 李某出差归来，报销差旅费 1800 元，余款退回。

10. 本月仓库发出材料一批，其中生产产品耗用 20000 元、车间一般性耗用 3000 元、厂部耗用 2000 元。

要求：

(1)根据以上业务，判断所涉及的原始凭证的种类。

(2)根据以上业务，确定所应编制的记账凭证的种类。

(3)根据以上业务，编制会计分录。

第六章　会计账簿

教学目的

□了解会计账簿的作用和种类
□掌握会计账簿的启用及记账规则
□掌握各种会计账簿的格式及登记方法
□掌握对账、结账及错账更正方法
□了解会计账簿的更换与保管

教学重点

□账簿的种类
□账簿的设置与登记方法
□对账、结账及错账更正

教学难点

□各种账簿的登记方法
□对账与结账

建议课时

8课时

第一节　会计账簿概述

一、会计账簿的意义

会计账簿，简称“账簿”，是指由一定格式账页组成的，以经过审核的会计凭证为依据，用以全面、系统、连续、分类记录各项经济业务的簿记。相对会计凭证和会计报表来说，会计账簿起着承前启后的作用，在会计信息系统中具有重要意义。各单位应当按照国家统一会计制度的规定和会计业务的需要设置会计账簿。

从原始凭证到记账凭证，都按照一定的会计科目和复式记账法，将大量的经济信息转化为会计信息，并记录在记账凭证上。这些记录在记账凭证上的信息仍然是分散的、不系统的。为了全面、连续、系统地反映企业在一定时期内所发生的全部的经济活动，必须设置和登记账簿。设置和登记账簿是会计核算的专门方法之一。

设置和登记账簿主要具有以下几个方面的作用。

(一)提供全面、系统、连续的会计信息，并为会计报表的编制提供依据

通过设置和登记账簿，将企业在一定时期内发生的、分散记录在会计凭证中的各项经济业务进行分类核算和序时核算。另外，对一些特殊业务进行专门核算，获得各种总括指标和明细指标，为经营管理提供所必需的、系统的、完整的信息，为编制报表提供了相关的、可靠的信息。

(二)确保财产物资的安全完整及各项资金的合理使用

通过有关财产物资账簿的设置和登记，如库存现金、银行存款、原材料、固定资产等，可以连续记录各项财产物资的增减变动及其结存情况，并借助于财产清查、对账等方法，保证账实相符，从而确保财产物资的安全完整及各项资金的合理使用。

(三)为会计检查与会计分析提供资料和依据

通过设置和登记账簿，提供各项会计核算资料，并利用这些会计资料进行会计分析，以便改善经营管理，实施会计监督。

二、账簿的分类

(一)按用途分类

账簿按其用途不同，可以分为序时账簿、分类账簿和备查账簿。

1.序时账簿

序时账簿，又称“日记账”，是指对各项经济业务按其发生时间的先后顺序，逐日逐笔进行连续登记的账簿。序时账簿充分反映了经济业务事项的时间特征，便于会计人员及时了解有关事项的发生及完成情况，便于加强日常监督。序时账簿按其记录的内容不同，又分为普通日记账和特种日记账两种。

普通日记账是指将会计主体一定时期内发生的所有的经济业务编制成会计分录，按照业务发生时间的先后顺序，逐日逐笔序时登记入账，又称为“分类日记账”。实际工作中，较少采用这种日记账。

特种日记账是指将会计主体一定时期内发生的某类经济业务编制成会计分录，按照发生的时间顺序，逐日逐笔序时登账，用以反映某个特定项目的详细情况。常见的特种日记账有现金日记账和银行存款日记账。

2.分类账簿

分类账簿，简称“分类账”，是指对经济业务事项按照会计要素的具体分类而设置分类账户进行分类登记的账簿。分类账簿按照反映指标的详细程度的不同，可分为总分类账簿和明细分类账簿两种。

总分类账簿,简称“总账”,是根据总分类科目设置总分类账户,用以分类登记全部经济业务事项,提供总括核算资料的分类账簿。

明细分类账簿,简称“明细账”,是根据总账科目设置,按照其所属明细科目开设明细账户的分类账簿,用以记录某一类经济业务详细核算资料。

3.备查账簿

备查账簿,又称“辅助账簿”,是对某些不能在日记账和分类账中记录的经济业务事项或者记录不全的经济业务事项进行补充登记的账簿。备查账簿常用来为某些经济业务事项提供必要的参考资料,如经营租入固定资产登记簿、代保管商品登记簿、受托加工物资登记簿等。

(二)按外表形式分类

会计账簿按外表形式不同,可以分为订本式账簿、活页式账簿和卡片式账簿。

1.订本式账簿

订本式账簿,又称“订本账”,是在账簿启用以前,就把若干已按顺序编定号码的账页装订在一起的账簿。订本式账簿的优点是可以避免账页散失、防止账页被抽换,从而保证账簿的安全完整。其缺点是账页固定不变,不能根据需要增减账页,易造成预留过多或预留不足,影响连续登记,不便于分工记账。订本式账簿一般适用于具有统驭性或比较重要的账簿,如总分类账簿、现金日记账和银行存款日记账。

2.活页式账簿

活页式账簿,又称“活页账”,是指在平时把若干具有专门格式的、零散的账页装在账夹中,通常在一个会计年度结束后,才将账页予以装订,加具封面,连续编号。活页账的优点是使用灵活,可根据需要随时增减账页,避免浪费,便于连续记账,便于分工记账。其缺点是容易造成账页散失或被随意抽换。活页账一般适用于各种明细账。

3.卡片式账簿

卡片式账簿,又称“卡片账”,是指用具有专门格式的、分散的卡片作为账页,存放在卡片箱内保管的账簿。卡片账实质上也是一种明细账,其优缺点同活页账。卡片账使用完毕不再登记时,则将卡片穿孔固定保管,不得随意撕毁。一般固定资产明细账采用卡片账形式。

(三)按账页格式分类

常见的账页格式有两栏式、三栏式、多栏式和数量金额式,因此,会计账簿可以按照账页格式不同,划分为两栏式账簿、三栏式账簿、多栏式账簿和数量金额式账簿。

1.两栏式账簿

两栏式账簿是指只用借方和贷方两个基本金额栏的账簿。普通日记账一般采用两栏式账簿。

2.三栏式账簿

三栏式账簿是设有借方、贷方和余额三个基本金额栏的账簿。一般适用于只需要进行金额核算,不需要进行数量核算的业务,如总账、日记账以及资本类、债权债务类明细账。三栏式账簿按照其是否在“摘要”栏和“借方科目”栏之间增设“对方科目”栏,分为设对方科目的三栏式账簿和不设对方科目的三栏式账簿。

3.多栏式账簿

多栏式账簿是在借方、贷方或借贷双方按需要分设若干专栏的账簿。可以分为借方多栏式账簿、贷方多栏式账簿和借贷多栏式账簿三种。收入类明细账一般采用贷方多栏式，成本类和费用类明细账一般采用借方多栏式。

4.数量金额式账簿

数量金额式账簿在借方、贷方和余额栏内，分别都设有数量、单价、金额三小栏。这种格式适用于既需要进行金额核算，又需要进行实物量核算的财产物资明细账，如原材料明细账、库存商品明细账等。

第二节　账簿的启用与登记规则

一、会计账簿的基本内容

各种账簿记录的经济业务内容各不相同，账簿的种类和格式多种多样，不同账簿格式所包括的具体内容也不尽一致，但各种账簿都应具备一些基本要素。这些基本要素主要包括以下基本内容。

(一)封面

封面主要列明账簿的名称，如库存现金日记账、银行存款日记账、原材料明细账、债权债务明细账等。

(二)扉页

扉页主要列明科目索引、账簿启用和经管人员一览表。其一般格式见表6-1和表6-2。

(三)账页

账页是账簿的主要内容，是用来记录经济业务事项的载体。不同种类账簿所要反映的具体内容有所不同，其账页的格式和内容也有所不同。各种账页格式一般都应当包括以下内容：

(1)账户名称或会计科目。

(2)记账日期栏。

(3)凭证种类和号数栏。

(4)摘要栏。

(5)金额栏，一般包括借方、贷方和余额栏。

(6)总页次和分户页次。

表 6-1 科目索引

科目	页数	科目	页数	科目	页数	科目	页数

表 6-2 账簿启用和经管人员一览表

账簿名称： 单位名称：
账簿编号： 账簿册数：
账簿页数： 启用日期：
会计主管：(签章) 记账人员：(签章)

移交日期			移交人		接管日期			接管人		会计主管	
年	月	日	姓名	签章	年	月	日	姓名	签章	姓名	签章

二、会计账簿的启用

账簿是重要的会计档案。为了确保会计档案的安全和完整，明确记账责任，必须按规定启用账簿。在启用账簿时，应在账簿封面上写明单位名称和账簿名称；并在账簿扉页上附“账簿使用登记表”或“账簿启用表”，其内容包括启用日期、账簿页数、记账人员和会计主管人员签章、交接的有关事项等；贴上印花税票并画线注销。

启用订本式账簿时，应当按照从第一页到最后一页的顺序编定页码，不得跳页、缺号。使用活页式账簿的，应当先按账户顺序编号，并定期装订成册，再按实际使用的账页顺序编定页码，另加目录记明每个账户的名称和页次。

三、会计账簿的登记规则

会计账簿作为重要的会计档案和会计信息载体，必须按照规定的方法，依据经过审核无误的会计凭证进行登记。

(1)登记账簿时，应当将会计凭证日期、编号、摘要、金额及其他有关资料，逐项登记记入相关账户的相应方向。要做到摘要清楚、金额准确、方向正确、登记及时、字迹清晰等。

(2)登账完毕，要在记账凭证上签章，并在记账凭证的规定位置注明已记账的符号(如“√”)，表明已经登记入账，以免重记或漏记。

(3)账簿中书写的文字和数字不要写满格，上面应留适当空距，一般应占格距的1/2，为更正错误留有空地。

(4)登记账簿要使用蓝黑色或碳素墨水书写。不得使用铅笔或圆珠笔(银行的复写账簿除外)。

(5)下列特殊情况,可以使用红色墨水记账:

①按照红字冲账的记账凭证登账,以冲销错误记录。

②在不设置借方或贷方的多栏式账簿中,登记减少数。

③在三栏式账户的余额栏前,如未印明余额方向的,需在余额栏登记负数余额。

④根据国家统一会计制度的规定,可以用红字登记的其他会计记录。

(6)各种账簿一律按页次顺序进行连续登记,不得跳行、隔页。如果发生跳行、隔页,应将空行、空页画线注销,或者注明“此行空白”、“此页空白”字样,并由记账人员签章。

(7)凡是需要结出余额的账户,在结出余额后,应在“借或贷”方向栏内写明“借”或“贷”字样,注明方向;若没有余额,则应在“借或贷”方向栏内写“平”字,并在余额栏内用“□”表示。现金日记账和银行存款日记账必须逐日结出余额,做到日清月结;其他账户一般要求按月结出余额。

(8)每一账页登记完毕,结转下页时,应当结出本页借方合计数、本页贷方合计数及余额,写在本页最后一行和下一页的第一行的有关栏内,并在摘要栏内写明“过次页”或“承前页”字样;也可以只在下一页的第一行进行本页合计,并在摘要栏内注明“承前页”字样。

对于需要按月结计发生额及余额的账户,上述本页合计数应当为自本月初起至本页末止的发生额合计数;对于需要结计本年累计发生额的账户,上述本页合计数应当为自本年初起至本页末止的发生额合计数;对于既不需要按月结计发生额,也不需要结计本年累计发生额的账户,可以只将每页末余额结转次页。

(9)账簿记录发生错误的,应按规定方法进行更正,不得随意涂改、刮擦、挖补或撕毁。

第三节　会计账簿的格式和登记方法

各种账簿记录的经济业务不同,其结构和登记方法也各不相同。

一、日记账的格式和登记方法

日记账,也称“序时账”,是按照经济业务发生的时间顺序逐日逐笔进行登记的账簿。日记账按照其所记录的经济业务的范围不同,可以分为特种日记账和普通日记账。普通日记账是序时登记所有经济业务的日记账,一般采用两栏式账簿,实际工作中比较少见。特种日记账是序时登记某类经济业务的日记账,各单位必须设置的特种日记账有现金日记账和银行存款日记账。

(一)现金日记账的格式和登记方法

1.现金日记账的格式

现金日记账是用来记录库存现金的收入、支出和结余情况的日记账,一般按币种设置。通常由出纳人员根据审核无误的现金收款凭证、现金付款凭证及部分的银行存款付款凭证登账。其账页格式可以采用三栏式或多栏式，但必须是订本账。

三栏式现金日记账设有借方、贷方及余额三个基本金额栏，一般将其分别称为“收入方”、“支出方”和“结余方”。在摘要栏和金额栏之间常常插入“对方科目”栏，用以登记现金收入的来源科目或现金支出的用途科目，以便了解库存现金的来龙去脉。三栏式现金日记账的格式见表6-3。

表 6-3 现金日记账(三栏式)

年		凭证		摘要	对方科目	收入	支出	结余
月	日	字	号					

多栏式现金日记账是在收入和支出两栏中分别按照对方科目设置若干专栏，也就是按照现金收入的来源和现金支出的用途设置专栏(表6-4)。采用多栏式日记账时，如果对方科目较多，容易导致篇幅过大，因此可以分设现金收入日记账和现金支出日记账，其格式见表6-5和表6-6。

表 6-4 现金日记账(多栏式)

年		凭证		摘要	收入			支出			结余
月	日	字	号		银行存款	其他业务收入	合计	管理费用	其他应收款	合计	

表 6-5 现金收入日记账

年		凭证		摘要	对应贷方科目				支出合计	结余
月	日	字	号		银行存款	其他应收款	其他业务收入	合计		

表 6-6 现金支出日记账

年		凭证		摘要	对应借方科目				
月	日	字	号		银行存款	管理费用	财务费用	其他应收款	合计

2.现金日记账的登记方法

现金日记账由出纳人员根据现金收款凭证、现金付款凭证和部分有关的银行存款付款凭证，按时间顺序逐日逐笔序时登记，并于每日终了结出余额，与库存现金实存数相对相符，做到日清日结。

三栏式现金日记账的具体登记方法如下：

(1)日期栏：指记账凭证的日期。

(2)凭证栏：指记账凭证的种类和编号，如“现收”字第“9”号、“现付”字第“5”号、“银付”字第“5”号。

(3)摘要栏：简明扼要说明经济业务的内容。

(4)对方科目栏：指现金收入的对应贷方科目名称，或现金支出的对应借方科目名称。其作用在于了解库存现金的来龙去脉。

(5)收入、支出栏：指现金实际收付的金额。每日终了，应当进行本日合计，计算出本日收入合计数和本日支出合计数，并根据“上日余额＋本日收入合计数－本日支出合计数＝本日余额”，结出余额，同时将余额与库存现金实存数相核对，若不符，则应查明原因，按规定进行处理。每月终了，同样进行本月合计，即“月结”。

按借贷方分设的多栏式现金日记账的登记方法是：

(1)先由出纳人员根据审核无误的有关记账凭证，按时间顺序逐笔登记现金收入日记账和现金支出日记账。

(2)每日终了，将现金支出日记账中结计的本日支出合计数，一笔转入现金收入日记账的“支出合计”栏内，并结出当日余额。

(二)银行存款日记账的格式和登记方法

1.银行存款日记账的格式

银行存款日记账是用来记录银行存款收入、支出和结存情况的日记账，一般按企业在银行开立的银行账户和币种分别设置，一个银行账户设置一本银行存款日记账。通常由出纳人员根据审核无误的银行存款收款凭证、银行存款付款凭证和有关的现金付款凭证等，逐日逐笔序时进行登记。银行存款日记账的格式既可以采用三栏式，也可以采用多栏式，但必须是订本账。其具体格式基本同现金日记账。

2.银行存款日记账的登记方法

银行存款日记账由出纳人员根据审核无误的银行存款收款凭证、银行存款付款凭证和有关的现金付款凭证序时登记。每日终了结出余额，每月终了计算出本月收入合计数、本月支出数和月末余额。至少每月终了与银行对账单进行账实相对，以确保账实相符。

银行存款日记账的具体登记方法基本同现金日记账。

二、总分类账的格式和登记方法

总分类账簿是根据总分类账户，即一级账户设置的，用以分类登记一个会计主体的全部经济业务事项的账簿。它能够全面、系统、综合地反映会计主体的情况，并为编制会计报表提供依据，因此任何单位都必须设置总分类账簿。设置总分类账簿时，应按照会计科目的编码顺序分设账户，并为每个账户预留若干账页，以登记一定时期内该账户的全部的经济业务。

(一)总分类账的格式

总分类账一般采用借方、贷方、余额三栏式的订本账。其格式见表 6-7。

表 6-7 ＊＊＊＊总分类账(三栏式)

年		凭证		摘要	借方	贷方	方向	余额
月	日	字	号					

(二)总分类账的登记方法

总分类账可以根据记账凭证逐笔登记,也可以根据科目汇总表定期汇总登记,还可以根据汇总记账凭证进行汇总登记。其具体登记方法取决于所采用的会计核算组织程序,详见第九章。

三、明细分类账的格式和登记方法

明细分类账是根据明细分类账户或二级账户设置的,用以登记会计主体一定时期内某一类经济业务事项的账簿。明细分类账是总分类账的明细记录,反映某一类经济业务的详细情况,对总分类账起到补充说明的作用,也是编制报表的依据之一。各单位在设置总分类账的基础上,根据管理的需要,按照总账科目设置若干必要的明细分类账,作为总分类账的必要补充,如固定资产明细账、原材料明细账、往来明细账等。

(一)明细分类账的格式

根据管理的要求和各种明细分类账记录的经济业务内容的不同,明细分类账主要有以下几种格式。

1.三栏式明细分类账

三栏式明细分类账格式与三栏式总分类账格式相同,即设有借方、贷方和余额三个基本金额栏。这种格式适应于只需要进行金额核算,不需要进行数量核算的明细账户,如债权债务类明细账、资本类明细账等,其格式见表 6-8。

表 6-8 应收账款明细分类账

明细科目:＊公司

年		凭证		摘要	借方	贷方	方向	余额
月	日	字	号					

2.数量金额式明细分类账

数量金额式明细分类账是在收入(借方)、发出(贷方)和结余(余额)三栏内,分别设置数量、单价、金额三个专栏。这种格式主要适用于既需要进行金额核算,又需要进行实物数量核算的明细账户，如原材料明细账、库存商品明细账等，其格式见表6-9。

表 6-9　原材料明细分类账

类别：　　　　　　　　　　　　　　　　　　　计划单价：
品名：　　　　　　　　　　　　　　　　　　　储备定额：
存放地点：　　　　　　　　　　　　　　　　　计量单位：

年		凭证		摘要	收入			发出			结存		
月	日	字	号		数量	单价	金额	数量	单价	金额	数量	单价	金额

3. 多栏式明细分类账

多栏式明细分类账不是按明细科目分设账页，而是将属于同一个总账科目的各个明细科目合并在一张账页上进行登记的账簿，即在同一张账页的借方或贷方按明细科目分设专栏。这种格式适用于只记录金额，不记录数量，但在管理上需要了解其构成的收入类、成本类、费用类和利润科目。

在实际工作中，“应交税费—应交增值税”明细账一般采用借贷多栏式（表6-10）；成本费用类明细账一般采用借方多栏式（表6-11），这种账页中若需要登记贷方发生额（即减少数），可以红字在借方登记；收入类明细账一般采用贷方多栏式（表6-12），这种账页中若需要登记借方发生额（即减少数），可以红字在贷方登记。

表 6-10　* * * * 明细分类账（多栏式）

年		凭证		摘要	借方					贷方					方向	余额
月	日	字	号						合计					合计		

表 6-11　管理费用明细分类账（借方多栏式）

年		凭证		摘要	借方				
月	日	字	号		工资	福利费	办公费	差旅费	合计

表 6-12　其他业务收入明细分类账（贷方多栏式）

年		凭证		摘要	贷方				
月	日	字	号		材料销售	租金收入			合计

4. 横线登记式明细分类账

横线登记式明细分类账是采用横线登记，即将每一相关业务登记在同一行，而不是按时间顺序逐行登记。采用这种方法登账，可以依据每一行各个栏目的登记是否齐全来判断该项业务的进展情况。该种明细账实际上也是一种多栏式明细账，主要适用于材料采购、应收票据、备用金明细账等。

(二)明细分类账的登记方法

明细分类账可以依据原始凭证直接登记，可以根据汇总原始凭证登记，还可以依据记账凭证登记。也就是说，不同类型经济业务的明细分类账，可根据管理需要，依据记账凭证、原始凭证或汇总原始凭证逐日逐笔或定期汇总登记。一般情况下，固定资产、债权债务等明细账应逐日逐笔登记；库存商品、原材料明细账及收入、费用等明细账可以逐笔登记，也可以定期汇总登记。注意，库存现金及银行存款已经设置了日记账，故不必再设明细账。

第四节　对账与结账

一、对账

对账是指核对账目，以保持账簿记录的正确性。在实际工作中，会计人员按照规定，根据经过审核的会计凭证登记账簿。但在此过程中，由于技术水平或主观原因，仍然有可能造成账账不符、账实不符等现象。为了确保账簿记录的真实性和客观性，会计人员在期末结账之前，应对各种账簿记录进行核对，保证账证相符、账账相符和账实相符，为编制会计报表提供可靠的依据。

(一)账证核对

账簿是根据经过审核的会计凭证登记的，二者之间应相对相符。账证核对就是将各种账簿记录与有关记账凭证及所附原始凭证相核对，主要核对账簿与有关会计凭证的日期、凭证字号、内容、金额、方向等是否一致。账证核对一般在日常编制凭证和记账的过程中进行；每月终了，如果发现账账不符，则需查找原因，重新进行账证相对。

(二)账账核对

各种账簿是一个有机整体，既有分工，又有衔接，即平常所说的勾稽关系。账账核对就是利用账簿之间的勾稽关系，核对不同账簿之间的记录是否相符。

1.总账有关账户的余额核对

依据会计等式“资产＝负债＋所有者权益”和记账规则“有借必有贷，借贷必相等”，总账各账户的期初余额、本期发生额、期末余额必然存在对应关系。这项核对工作即在期末通过编制“总分类账户本期发生额和余额的试算平衡表”来进行。主要核对：总账各账户的期初借方余额合计数与期初贷方余额合计数相等；总账各账户的本期借方发生额合计数与本期贷方发生额合计数相等；总账各账户的期末借方余额合计数与期末贷方余额合计数相等。

2.总账与所属明细账核对

由于总账和所属明细账之间的关系，在登账时采用平行登记法。平行登记的结果是，总账账户与其所属明细账之间余额及发生额必然存在对应关系。这项核对工作是在期末通过编制“总账与明细账本期发生额及余额对照表”来进行。主要核对：总账账户期初余额与所属明细账期初余额合计数相等，且方向相同；总账账户本期借（贷）方发生额合计数与所属明细账本期借（贷）方发生额合计数相等；总账账户期末余额与所属明细账期末余额合计数相等，且方向相同。

3.总账与日记账核对

企业必须设有库存现金日记账和银行存款日记账，库存现金日记账和银行存款日记账的发生额、余额，应分别与库存现金总账和银行存款总账的发生额、余额相对相符。

4.明细账之间的核对

应将会计部门的各种财产物资明细账与财产物资保管部门和使用部门的有关明细账进行定期核对，以保证相对相符。

(三)账实核对

账实核对是在账账核对的基础上，将各项财产物资、债权债务的账面余额与实有数额之间进行核对，以保证账实相符。一般通过财产清查工作进行。账实核对的内容包括：现金日记账账面余额与库存现金实存数额的核对；银行存款日记账账面数与银行对账单的核对；各项财产物资明细账账面余额与财产物资的实有数的核对；有关债权债务的明细账账面数与对方单位账面数的核对等。

二、结账

结账即结算账目，是指按照规定将一定时期（月份、季度、半年度、年度）内所发生的经济业务全部登记入账，一方面结清损益类账户，计算确定本期利润，另一方面结清资产、负债和所有者权益类账户，结算出本期发生额和期末余额，并将期末余额结转计入下期或下年新账。在各会计期末必须进行结账，再根据账簿记录编制会计报表。

(一)结账的程序

(1)将本期发生的经济业务事项全部登记入账，并保证其正确性。注意检查是否已将本期内发生的所有经济业务编制成会计凭证，并已登记入账。既不能将本期发生的经济业务延迟入账，也不能将不属于本期的经济业务提前到本期入账。

(2)根据权责发生制的要求，调整有关账项，合理确定本期应计的收入和应计的费用。权责发生制规定，凡是属于当期的收入和费用都应该在本期确认入账，而不论款项是否在当期收付。因此，对于有些款项并没有在当期收到，但属于当期的收入，以及有些款项并没有在当期支出，但当期受益，都应在当期期末调整入账。如按月计提固定资产的折旧费、本期应计的利息费用、本期应收的租金收入等。

(3)将损益类科目转入“本年利润”科目，结平所有损益类科目。企业在一定时期内发生的各项收入及各项费用，以及直接记入当期损益的利得和损失，是通过损益类账户分别记录的。在期末，应将各损益类账户内确认的当期各项收入和费用、利得和损失，全部结转计入“本年利润”账户，以及时确定当期的经营成果。

(4)结算出资产、负债、所有者权益类账户的本期发生额及期末余额，并结转计入下期。

(二)结账的方法

(1)对于不需要按月结计本月发生额的账户,在每次记账以后随时结出余额。每月最后一笔余额即是月末余额。月末结账时,只需在最后一笔记录之下画通栏单红线即可。

(2)现金日记账、银行存款日记账及需要按月结计发生额的收入、费用等明细账,在每月末结账时,应在本月最后一笔业务之下,计算出本月发生额和余额,在摘要栏内注明“本月合计”等字样,并在其下画通栏单红线。

(3)对于需要结计本年累计发生额的明细账户,每月末结账时,应在“本月合计”栏下计算出自年初至本月末止的累计发生额,并在摘要栏内注明“本年累计”等字样,再在其下画通栏单红线。12月末的本年累计就是全年累计发生额,应在全年累计发生额下画通栏双红线。

(4)对于总账账户,平时每月只需结出月末余额。年终结账时,再结出所有总账账户的全年累计发生额和年末余额,并在摘要栏内注明“本年合计”字样,在其下画通栏双红线。

(5)年度终了,对于有余额的账户,应将其余额结转计入下年,并在摘要栏内注明“结转下年”字样;在下一年度新建的有关账户的第一行余额栏内填写上年结转的余额,并在摘要栏内注明“上年结转”等字样。

第五节　错账更正

一、错账更正方法

账簿记录发生错误,不得涂改、刮擦、挖补或者用药水消除字迹,也不准重新抄写。会计人员填制会计凭证和登记账簿时,必须严肃认真,按照规定方法和步骤进行会计核算,尽量防止差错,保证质量。如果发生差错,必须根据错误的具体情况,按照规定的会计方法进行更正。对于所发现的属于以前年度的错账,由于账目已经结清,可以通过“以前年度损益调整”等科目调整年初数。对于发现的当年内的错账,如果仅是记账凭证错误,但尚未登账,则可重新编制记账凭证;如果记账凭证没有错误,仅是记账时笔误,则可采用画线更正法;如果已经登账的记账凭证发现文字(包括科目和方向)错误,则可采用红字更正法;如果已经登账的记账凭证发现金额偏大,则可采用红字更正法;如果已经登账的记账凭证发现金额偏小,则可采用补充更正法。

(一)画线更正法

在期末结账之前发现账簿记录有文字或金额错误,而记账凭证没有错误,即登账时发生笔误,采用画线更正法。

具体更正方法:在错误的文字或数字上画一条红线注销,然后在错误处的同一行上部位置用蓝黑笔填写正确的文字或数字,并由更正人员在更正处签章。应注意,对于文字错误可以只画去错误部分;对于数字错误,则必须画去全部金额,不能只更正错误数字。另外，画线时要保持被画去的字迹仍然清晰可辨，以备日后查证。

(二)红字更正法

红字更正法又称“红字冲销法”，适用于以下两种情况。

(1)记账后在当年内发现会计凭证的会计科目或方向错误。更正方法是：首先用红字编制一张与原错误记账凭证内容完全相同的记账凭证，在摘要栏注明“冲销某月某日某号错误凭证”，并据此以红字登账，以冲销错误记录；然后，再以蓝字编制正确的记账凭证，在摘要栏注明“更正某月某日某号凭证”，并据以登账。

【例5-1】 某企业于1月10日用银行存款发放工资10000元。会计人员误作记账凭证，科目错误，并已登记入账。原错误记账凭证为：

借：管理费用　　10000

　贷：银行存款　　10000

月末对账时发现错误，首先用红字编制一张内容与原错误凭证相同的记账凭证，并用红字登账，以冲销错误记录：

借：管理费用　　[10000]

　贷：银行存款　　[10000]

然后，用蓝字编制一张正确的记账凭证，并据以登账。

借：应付职工薪酬　　10000

　贷：银行存款　　10000

(2)记账后在当年内发现会计凭证的文字(科目和方向)无误，只是金额大于应计金额。更正方法是：按多记金额用红字编制一张内容与原错误凭证相同的记账凭证，并据以用红字登账，以冲销多记部分。

【例5-2】 生产车间加工产品领用材料3000元。会计人员在编制记账凭证时，科目和方向皆无误，只是将金额错记成30000元，并已登记入账。错误分录如下：

借：生产成本　　30000

　贷：原材料　　30000

当年内发现错误，按多记的金额用红字编制一张与原错误记账凭证相同的记账凭证，并用红字登账，以冲销多记部分。

借：生产成本　　[27000]

　贷：原材料　　[27000]

(三)补充登记法

记账后在当年内发现会计凭证的文字(科目和方向)无误，只是金额小于应计金额，应采用补充登记法。更正方法是：按少记金额用蓝字编制一张内容与原错误记账凭证完全相同的记账凭证，并据以用蓝字登账，以补充少记金额。

【例5-3】 以【例5-2】的资料为例，会计人员在编制记账凭证时，科目和方向皆无误，只是将金额错记成300元，并已登记入账。错误分录如下：

借：生产成本　　300

　贷：原材料　　300

当年内发现错误，按少记的金额用蓝字编制一张与原错误记账凭证相同的记账凭证，并用蓝字登账，以补充少记部分。

借：生产成本　　　　　　　　　　　　　　　　　　2700

　　贷：原材料　　　　　　　　　　　　　　　　　　　2700

二、会计账簿的更换与保管

会计账簿是重要的会计档案，应按照规定及时更换和妥善保管，以免损坏和遗失。

（一）会计账簿的更换

会计账簿的更换一般在每一个新会计年度开始建新账时进行。总账、日记账和多数的明细账应每年更换，备查账和卡片账可以连续使用，不必每年更换。更换账簿时，按照年终结账的要求进行，无需填制记账凭证。

（二）会计账簿的保管

各种账簿日常要由专人负责管理。账簿经管人员负责相关的记账、对账、结账等工作，并保证账簿的安全完整；未经有关负责人批准，其他人员不得随意查看、借阅、复制账簿资料。

年度终了，各种账户在结转下年、建立新账后，一般都应将旧账送交总账会计集中统一保管。旧账可暂由会计部门保管一年，期满后，由会计部门编造移交清册交本单位的档案保管部门保管。若未设专门的档案管理部门，应当在会计部门内部指定专人保管。出纳不得兼任会计档案的保管。

按照规定的期限保管，保管期满（包括暂由会计部门保管的一年）之前不得随意销毁。会计账簿通常保管15年：其中日记账至少保管25年；固定资产卡片在固定资产报废清理后至少保管5年；对于涉及外事和重要业务资料及未了事项的，不得销毁。保管期满后，应按照规定的审批程序报经批准后，按规定方法和程序进行销毁。

本章小结

会计账簿是指由一定格式的账页组成的，以经过审核的原始凭证为依据，全面、系统、连续地分类记录各项经济业务的簿记。会计账簿是编制会计报表的依据，是连接会计凭证和会计报表的中间环节，是会计核算的基本方法之一。会计账簿通常可以按用途、外表形式和账页格式进行分类。企业一般应设置总账、现金日记账、银行存款日记账及各种明细账，而备查簿则视需要而定。

总账应采用订本账，一般为三栏式账页，根据具体的账务处理程序进行逐笔登记或汇总登记；日记账应采用订本账，账页格式可采用三栏式或多栏式，由出纳人员依据收款凭证和付款凭证逐日逐笔顺序登记，要做到日清月结；明细账可采用订本式或活页式等，账页格式根据需要分别采用三栏式、多栏式或数量金额式等。总账与明细账应采用平行登记法。

期末结账之前应进行对账，以保证账证相符、账账相符、账实相符。为保证账簿信息的质量，使用账簿时，应遵循账簿的启用规则、记账规则及保管规则。在登账过程中发生差错，应按错账更正规则进行更正，不得任意刮擦、涂改、撕毁账页。

思考与练习

一、单项选择题

1. 现金日记账和银行存款日记账应采用(　　)。

A 订本式　　B. 卡片式
C. 活页式　　D. 前三种任一式

2. “应收账款”明细账一般采用账页格式为(　　)。

A. 三栏式　　B. 借方多栏式
C. 贷方多栏式　　D. 数量金额式

3. 会计登账时，误将10000元记为1000元，但记账凭证无误。应采用(　　)错账更正法。

A 红字更正法　　B. 补充登记法
C. 画线更正法　　D. 均可

4. “原材料”明细账一般适用格式为(　　)。

A. 三栏式　　B. 借方多栏式
C. 贷方多栏式　　D. 数量金额式

5. 用于分类记录主体的全部经济业务，提供总括核算资料的账簿是(　　)。

A. 日记账　　B. 总账
C. 明细账　　D. 备查簿

6. 登记账簿的直接依据是(　　)。

A. 原始凭证　　B. 记账凭证
C. 日记账　　D. 会计报表

7. 库存现金日记账和银行存款日记账应当(　　)。

A. 汇总登记　　B. 序时登记
C. 平行登记　　D. 定期登记

8. 固定资产明细账应采用(　　)。

A. 订本式　　B. 活页式
C. 卡片式　　D. 备查簿

9. 下列各项应设置备查簿进行登记的是(　　)。

A. 应收账款　　B. 原材料
C. 经营租入固定资产　　D. 经营租出固定资产

10. 企业结账的时间应在(　　)。

A. 经济业务完成时　　B. 每日终了
C. 一定时期终了时　　D. 报表编制完成时

二、多项选择题

1. 账簿按其用途可以分为(　　)。

A. 订本式　　B. 日记账

C. 活页账　　D. 分类账

2. 对账的主要内容有(　　)。

A. 账实相对　　B. 账账相对

C. 账表相对　　D. 账证相对

3. 下列错账更正方法中,可用于更正由于记账凭证错误而导致的账簿记录错误的有(　　)。

A. 画线更正法　　B. 红字冲销法

C. 补充登记法　　D. 红字更正法

4. 下列账簿中应采用数量金额式的有(　　)。

A. 收入明细账　　B. 债权债务明细账

C. 原材料明细账　　D. 库存商品明细账

5. 下列对账工作中,属于账实核对的有(　　)。

A. 银行存款日记账与银行对账单的核对

B. 总账与所属明细账的核对

C. 现金日记账与现金总账的核对

D. 应收账款明细账与债务人的核对

6. 任何会计主体都必须设置的账簿有(　　)。

A. 总账　　B. 现金日记账

C. 银行存款日记账　　D. 备查账

7. 下列明细账适用于多栏式账页的有(　　)。

A. 原材料　　B. 其他业务成本

C. 生产成本　　D. 主营业务收入

8. 下列账簿中,可以跨年度使用的有(　　)。

A. 日记账　　B. 总账

C. 备查簿　　D. 卡片账

9. 企业从银行提取现金,该笔业务应登记下列(　　)有关账簿。

A. 总账　　B. 现金日记账

C. 银行存款日记账　　D. 明细账

10. 总账与明细账的平行登记法,其必然结果是(　　)。

A. 总账所有账户的借方余额合计数＝总账所有账户的贷方余额合计数

B. 总账某一账户的期末余额＝所属明细账的期末余额之和

C. 总账某一账户的本期借方发生额＝所属明细账的借方发生额之和

D. 总账某一账户的本期贷方发生额＝所属明细账的贷方发生额之和

三、判断题

1. 登记银行存款日记账的依据是银行存款收款凭证和银行存款付款凭证。(　　)

2. 总账和日记账必须采用订本式账簿。(　　)

3.“应交税费—应交增值税”明细账一般采用三栏式账页。（　）

4.期末结账时，一律通栏画双红线。（　）

5.成本类明细账一般采用多栏式账页。（　）

6.为满足内部牵制原则，通常由出纳人员根据收付款凭证进行现金收付，再交由会计人员登记现金日记账。（　）

7.对账就是核对账目，即对各种账簿之间的记录进行相互核对。（　）

8.在整个账簿体系中，日记账和总分类账是主要账簿，而明细账和备查账是辅助账簿。（　）

9.对于业务较多的明细账，要求在每日终了结计本日发生额及余额。（　）

10.记账时不慎发生“隔页”现象，可直接将空页撕掉。（　）

四、简答题

1.简述设置账簿的意义及应遵循的原则。

2.简述账簿的分类及适用范围。

3.简述账簿的启用和登记规则。

4.简述现金和银行存款日记账的格式和登记方法。

5.简述平行登记法的步骤。

6.什么是对账？

7.简述结账方法的步骤。

8.简述记账错误的更正方法。

9.可以使用红色墨水记账的情况有哪些？

10.说明账簿更换与保管的基本要求。

五、业务题

1.某公司2013年9月1日的库存现金和银行存款余额分别为900元和26500元。本月份发生下列有关经济业务：

(1)以现金购买办公用品300元。

(2)收到投入资本金50000元。

(3)购入材料2000千克，单价10元，增值税3400元，运杂费200元。款已付。

(4)从银行提取现金8000元以备发放工资。

(5)以现金发放工资8000元。

(6)以银行存款偿还前欠货款20000元。

(7)从银行取得期限2年的贷款300000万元。

(8)以银行存款支付广告费10000元。

要求：

(1)根据上述经济业务编制会计分录；

(2)登记现金和银行存款日记账(三栏式)。

(3)月末结出库存现金和银行存款日记账的本月发生额和月末余额。

2.某企业在月末结账前，发现如下错误记录：

(1)购进材料一批25000元，材料已入库，款未付。原编制的记账凭证为：

借：原材料　　2500

贷:应付账款　　　　　　　　　　2500

(2)职工李某出差预借差旅费 1000 元,记账凭证没有错误,登账时将 1000 元误记成 100 元。

(3)销售商品一批,货款 45000 元,尚未收到。原记账凭证为:

借:应收账款　　　　　　　　　　54000

贷:主营业务收入　　　　　　　　54000

(4)从银行提取现金 800 元。原记账凭证为:

借:银行存款　　　　　　　　　　800

贷:库存现金　　　　　　　　　　800

要求:

判断上述处理存在什么错误;并采用适当的错账更正方法进行更正。

第七章　财产清查

教学目的

□理解财产清查的必要性
□了解财产清查的种类
□掌握各项财产物资的清查方法和财产清查结果的账务处理
□掌握财产清查的基本技能

教学重点

□财产清查的意义
□财产物资的盘存制度
□财产清查的方法及清查结果的账务处理

教学难点

□财产清查的方法及清查结果的账务处理
□银行存款余额调节表的编制

建议课时

6 课时

第一节　财产清查概述

一、财产清查的概念

财产清查是对各项财产、物资进行实地盘点和核对，查明财产物资、货币资金和结算款项的实有数额，确定其账面结存数额和实际结存数额是否一致，以保证账实相符的一种会计专门方法。财产清查是内部牵制制度的一个部分。《会计法》第十七条规定："各单位应当定期将会计账簿记录与实物、款项及有关资料进行核对,保证会计账簿记录与实物及款项的实有数额相符、会计账簿记录与会计凭证的有关内容相符、会计账簿之间相对应的记录相符、会计账簿记录与会计报表的有关内容相符。"

反映和监督财产物资的保管和使用情况,保护企业、单位财产物资的安全完整,并提高各项财产物资的使用效果,是会计核算的重要任务。根据企业财务管理的要求,各单位应通过账簿记录来反映和监督各项财产物资的增减变化及结存情况。为了保证账簿记录的正确性,应加强会计凭证的日常审核,定期核对账簿记录,做到账证相符、账账相符。但由于种种客观或主观原因,往往会出现某些财产物资的账面结存数额与实际结存数额发生差异,造成账实不符。究其原因主要有:财产物资的自然损耗;计量器具失灵,检验不准确;收发手续不健全或制度不严密而发生差错;不法分子营私舞弊,贪污盗窃;自然灾害等非常损失。上述原因都可能使财产物资和债权债务等出现账实不符的现象。为了保证会计账簿记录的真实、正确,为经济管理提供可靠的信息资料,必须运用"财产清查"这一行之有效的会计核算方法,对各项财产物资和债权债务进行定期或不定期的盘点和核对,在账实相符的基础上编制财务会计报告。

二、财产清查的作用

(一)财产清查是检查会计信息系统运行正常与否的有效保证

会计以凭证形式输入资金运动发出的初始信息,经过确认、分类、记录、整理和汇总,最后以财务报表为载体输出供决策之用的真实可靠的财务信息。在对会计信息质量的要求中,财务报表信息的可靠性最为重要。

为避免信息在传输过程中受主客观因素干扰而失真,复式簿记系统本身就有一定的内部控制机制,发挥前馈控制作用。为了进一步核实日常核算信息(主要是簿记信息)是否如实反映情况,在编制财务报表前还要进行财产清查。

如总分类账与总分类账间要遵循复式记账原理进行复式记账,结果凡是各账户借贷两方面的金额都应保持发生额合计和余额合计的平衡;总分类账与其所属的明细分类账间要实行平行登记原则,结果是同一项经济业务的数据通过两个通道传输和记录,以便于相互核对。

通过财产清查,可查明各项财产物资的实际结存数,并与账簿记录相核对,以发现记账中的错误,确定账实是否相符。若不相符,要查明原因,分清责任,并按规定的手续及时调整账面数字,直至账实相符。只有这样,才能保证根据账簿信息编制的财务报表真实可靠,从而提高会计信息质量。

(二)财产清查是检查内部会计监督制度是否有效的控制措施

建立合适的内部会计监督制度,特别是其中的内部牵制制度的目的之一是,健全财产物资的管理制度,保护财产物资的安全与完整,提高经营效率。

内部会计监督制度是否执行、有效与否,又可通过财产清查这一方法来检查。通过财产清查,可以查明各项财产物资的保管情况,如是否完整,有无毁损、变质、被非法挪用、贪污、盗窃等;还可以查明各项财产物资的储备和利用情况,如有无储备不足,有无超储、积压、呆滞等情况,以便及时采取措施,堵塞漏洞,加强管理,建立健全有关内部牵制制度。

(三)财产清查可促进资金加速周转

通过财产清查,特别是对债权债务的清查,促使债权债务等往来结算款项经办人自觉遵守结算纪律和国家财政、信贷的有关规定,及时对各种应收、应付账款核对并结算,及时发现坏账并予以处理;避免长期拖欠和长年挂账现象,共同维护结算纪律和商业信用;促进企业合理占用资金,加速资金周转。

三、财产清查的种类

在企业日常工作中,在考虑成本、效益的前提下,可选择范围大小适宜、时机恰当的财产清查。也就是说,可按照财产清查实施的范围、时间间隔等把财产清查适当地进行分类。

(一)按清查的对象和范围分类

1.全面清查

全面清查是指对所有财产物资进行全面盘点和核对。全面清查的对象一般包括:

(1)现金、银行存款和其他货币资金等货币性资产。

(2)所有的固定资产、存货等实物资产。

(3)各项债权、债务及预算缴拨款项。

(4)各项其他单位加工或保管的材料、商品及物资等。

因全面清查的范围广、内容多,一般只是在以下几种情况下才需要进行:

(1)年终决算之前,为了确保年终决算会计资料真实、正确,要进行一次全面清查。

(2)单位撤销、合并或改变隶属关系,要进行一次全面清查,以明确经济责任。

(3)开展资产评估、清产核资等活动,需要进行全面清查,以摸清家底,便于按需要组织资金的供应。

(4)单位主要负责人调离工作,需要进行全面清查。

(5)中外合资、国内联营,需要进行全面清查。

2.局部清查

局部清查是指根据管理工作的需要,对一部分财产物资进行清查,主要是对流动性较大的财产,如现金、银行存款、材料、在产品和库存商品等。局部清查范围小、内容少,涉及的人员也较少,但专业性较强,一般有:

(1)现金应由出纳员在每日业务终了时点清,做到日清月结。

(2)对于银行存款和银行借款,应由出纳员每月同银行核对一次。

(3)对材料、在产品和库存商品除年度清查外,应有计划地每月轮番清点抽查,对贵重的财产物资,应每月清查盘点一次。

(4)对于债权债务,应在年内至少核对一至二次,有问题应及时核对,及时解决。

(二)按财产清查的时间分类

1.定期清查

定期清查是指根据管理制度的规定或预先计划安排的时间,对财产所进行的清查。其清查的目的在于保证会计核算资料的真实正确。这种清查的范围不定,可以是全面清查，也可以是局部清查。定期清查一般在年末、半年末、季末或月末结账时进行。

2.不定期清查

不定期清查是指根据实际需要对财产所进行的临时清查。目的在于分清责任，查明情况。其清查的范围一般是局部清查。不定期清查通常在以下几种情况下进行：更换财产物资保管员和现金出纳员时；发生非常损失时；有关单位对本企业进行审计查账，等等。

企业在编制年度财务会计报告前，应当全面清查财产、核实债务。各单位应当定期将会计账簿记录与实物、款项及有关资料相互核对，保证会计账簿记录与款项的实有数额相符。

（三）按清查的执行单位分类

1.内部清查

内部清查是指由本企业的有关人员对本企业的财产所进行的清查。这种清查也称为“自查”。

2.外部清查

外部清查是指由企业外部的有关部门或人员根据国家法律或制度的规定对企业所进行的财产清查。

（四）按清查项目分类

1.实物资产清查

实物资产清查主要是对固定资产、原材料、在产品等财产物资所进行的清查。

2.货币资产清查

货币资产清查主要是对库存现金及银行存款所进行的清查。

3.往来款项清查

往来款项清查主要是对应收、应付款项等往来账项所进行的清查。

四、财产清查前的准备工作

财产清查是一项涉及面广、工作量大，既复杂又细致的具体工作。因此，在进行财产清查前，应有计划、有组织地进行各项准备工作，包括组织准备和业务准备，才能按科学管理的方法进行财产清查。

（一）成立财产清查组织

成立财产清查领导小组，在总会计师及有关主管厂长的领导下，成立由财会部门牵头，有设备、技术、生产、行政及各有关部门参加的财产清查领导小组，具体负责财产清查的领导和组织工作。

（二）做好财产清查前的业务准备工作

为做好财产清查工作，财会部门和有关业务部门应做的各项业务准备工作主要有：

（1）财会部门应在财产清查之前将所有的经济业务登记入账，并将有关账簿登记齐全，结出余额。总分类账中反映货币资金、财产物资和债权债务的有关账户应与所属明细分类账、日记账核对清楚，先做到账账相符、账证相符，才能为财产清查提供可靠依据。

(2)财产物资保管和使用等部门应登记好所经管的各种财产物资明细账,结出余额,并与财会部门的有关总账、明细账相对相符。同时,财产物资保管人员应将其所保管的各种财产物资堆放整齐,挂上标签,标明品种、规格和结存数量,以便进行实物盘点。

(3)财产清查小组应组织有关部门准备好计量器具和有关清查登记用的表册。

第二节 财产清查方法

一、存货盘存制度

财产清查的重要环节是通过盘点确认财产物资的实存数量,在实物的清查中,存货的清查较为复杂,为使存货的盘点工作顺利进行,应建立一定的存货盘存制度。存货的盘存制度一般有永续盘存制和实地盘存制两种。

(一)永续盘存制

永续盘存制,亦称"账面盘存制",是根据账簿记录计算账面结存数量的方法。采用这种制度,平时对各项存货的增加数和减少数都要根据会计凭证连续记入有关账簿,可以随时根据账簿记录结出账面结存数。账面结存数量的计算公式如下:

期末存货账面结存金额=期初存货账面结存金额+本期存货增加金额—本期存货减少金额

【例 7-1】 某企业 A 材料的期初结存及购进和发出的有关资料如下:9 月 1 日,结存 300 千克,单价 110 元,金额 33000 元;9 月 6 日,发出 200 千克;9 月 11 日,购进 400 千克,单价 110 元,金额 44000 元;9 月 18 日,购进 100 千克,单价 110 元,金额 11000 元;9 月 25 日,发出 500 千克。

根据上述资料,采用永续盘存制,在 A 材料明细账上的记录如表 7-1 所示。

表 7-1 材料明细账

品名:A 材料 单位:千克,元

年		凭证		摘要	收入			发出			结存		
月	日	字	号		数量	单价	金额	数量	单价	金额	数量	单价	金额
9	1			期初结存							300	110	33000
9	6			发出				200	110	22000	100	110	11000
9	11			购进	400	110	44000				500	110	55000
9	18			购进	100	110	11000				600	110	66000
9	25			发出				500	110	55000	100	110	10000
9	30			本期发生额及余额	500	110	55000	700	110	77000	100	110	11000

通过以上举例可以看出,采用永续盘存制的存货盘存制度,可以在 A 材料明细账中对 A 材料的收入、发出情况进行连续登记,且随时结出账面结存数,便于随时掌握存货的占用情况及其动态,有利于加强对存货的管理。其不足之处在于账簿中记录的存货的增减变动及结存情况都是根据有关会计凭证登记的,可能发生账实不符的情况。因此,采用永续盘

存制,需要对各项存货进行定期清查,以查明账实是否相符,以及账实不符的原因。

(二)实地盘存制

实地盘存制,亦称"定期盘存制",不同于永续盘存制。采用这种制度,平时只根据会计凭证在账簿中登记各项存货的增加数,不登记减少数,到月末,对各项存货进行盘点,根据实地盘点或技术推算盘点确定的实存数作为账面结存数量,再倒推计算出本期各项存货的减少数。计算公式如下:

期末存货结存金额＝期末存货盘点数量×存货单价

本期存货减少金额＝期初存货账面结存金额＋本期存货增加金额－期末存货结存额

【例 7-2】 如前例,期末盘点 A 材料的结存数量为 95 千克,采用实地盘存制登记 A 材料明细账如表 7-2 所示。

表 7-2 材料明细账

品名:A 材料　　单位:千克,元

年		凭证		摘要	收入			发出			结存		
月	日	字	号		数量	单价	金额	数量	单价	金额	数量	单价	金额
9	1			期初结存							300	110	33000
9	11			购进	400	110	44000				700	110	77000
9	18			购进	100	110	11000				800	110	88000
9	30			盘点							95	110	10450
9	30			发出成本				705	110	77550			
9	30			本期发生额及余额	500	110	55000	705	110	77550	95	110	10450

通过上例可以看出,采用实地盘存制的存货盘存制度,平时在明细账中记录购进成本,不记录发出的数量和金额,虽然可以简化存货的核算工作,但各项存货的减少数计算缺少严密的手续,不便于实行会计监督和实物管理。倒挤出的各项存货的减少数中成分复杂,用途不明,无法进行分析和考核。如上例中的结转减少的 705 千克 A 材料,除了正常耗用之外,可能还有非正常减少的因素存在,如毁损、丢失或被盗窃。

两种盘存制度各有利弊,但二者相比较,永续盘存制能够加强对存货的管理,能够及时提供有用的资料。因而在实际工作中,绝大部分存货都采用永续盘存制。只有一些价值低、品种多、收发频繁的存货采用实地盘存制。

永续盘存制和实地盘存制的比较如下。

1.确认存货有关指标数量做法上的比较

永续盘存制和实地盘存制存货数量确认比较见表 7-3。

表 7-3 永续盘存制和实地盘存制存货数量确认比较

存货的有关指标	永续盘存制的确认方法	实地盘存制的确认方法	结果
期初结存数量	上一会计期末结转过来	上一会计期末结转过来	相同
本期增加数量	根据收货凭证及时登记账簿	根据收货凭证及时登记账簿	相同
本期减少数量	根据发货凭证及时登记账簿	根据期初结存数量、本期增加数量和期末结存数量计算确定	不同
期末结存数量	根据账面记录计算	通过清查盘点确认	不同

2. 永续盘存制和实地盘存制优缺点的比较

永续盘存制的最大优点是能够加强库存财产的管理，便于随时掌握各项财产的占用情况及其动态，有利于实行会计监督。其主要缺点是，存货的明细分类核算工作量较大，需要较多的人力和费用。但同实地盘存制相比，它在控制和保护财产物资安全完整方面具有明显的优越性。所以，在存货的增减变动记录上，除少数特殊情况外，一般都采用永续盘存制。

实地盘存制的优点是方法简单，会计核算工作量小。其缺点是，各项财产的减少数没有严密的手续，倒轧出的各项财产的减少数中成分复杂，除了正常耗用外，可能存在很多非正常因素，因而不便于实行会计监督。所以它的适用范围很小，例如商业企业的品种多、价值低、交易频繁的商品，数量不稳定、损耗大且难以控制的鲜活商品等，制造业企业的财产中，很少采用这种盘存制度。

二、各种财产物资的清查方法

财产清查是查明实存数与其账存数是否相符的一种专门方法，由于各种财产物资的内容不尽相同，所以财产清查时所采用的方法也是有所不同的。

（一）实物性财产物资采用的清查方法

实物财产是指具有实物形态的各种财产，包括原材料、半成品、在产品、库存商品、低值易耗品、包装物和固定资产等。

不同种类的财产物资，由于其实物形态、体积、重量、堆放方式不同，常采用不同的清查方法，一般采用的有实地盘点和技术推算盘点两种。

1. 实地盘点

实地盘点是指在财产物资堆放现场进行逐一清点数量或计量仪器确定实存数的一种方法。这种方法适用范围广，要求严格，数字准确可靠，清查质量高，但工作量大。如果事先按财产物资的实物形态进行科学的码放，如五五排列、三三制码放等，都有助于提高清查的速度。

2. 技术推算盘点

技术推算盘点是利用技术方法，如量方计尺等对财产物资的实存数进行推算的一种方法。这种方法适用于大量成堆、难以逐一清点的财产物资。

常用的实物财产清查的方法如表 7-4 所示。

表 7-4　实物财产清查方法

实物财产清查的方法	适用情况
实地盘点法	机器设备、包装物、原材料、产成品、库存商品等
技术推算法	散装的、大量成堆的化肥、饲料等物资
抽样盘存法	数量多、重量均匀的实物财产
函证核对法	委托外单位加工或保管的物资等

需要说明的是，对房屋及机器设备等，不仅要盘点其数量和附属部件，而且要查明其使用情况，以发现其利用和保管上存在的问题。

为了明确经济责任，进行财产物资盘点时，有关财产物资的保管人员必须在场，并参加盘点工作。对各项财产物资的盘点结果，应逐一如实地登记在“盘存单”上，并由参加盘点的人员和实物保管人员同时签章生效。实物财产在清查过程中使用的凭证包括“盘存单”和“实存账存对比表”等。

盘存单是财产盘点结果的书面证明，也是反映实物财产实有数额的原始凭证。其一般格式见表 7-5 所示。

表 7-5　盘存单

单位名称：　　　　盘点时间：　　　　编号：

存放地点：　　　　财产类别：

序号	名称	规格型号	计量单位	实存数量	单价	金额	备注

盘点人签章：　　　　保管人签章：

盘点完毕，将“盘存单”中所记录的实存数与账面结存数余额相核对，如发现实物盘点结果与账面结存结果不相符时，应根据“盘存单”和有关账簿记录，填制“实存账存对比表”，以确定实物财产的盘盈数或盘亏数。

实存账存对比表是财产清查的重要报表，是调整账面记录的原始凭证，也是分析盈亏原因、明确经济责任的重要依据。其一般格式见表 7-6 所示。

表 7-6　实存账存对比表

单位名称：　　　　年　月　日　　　　单位：千克，元

<table>
<tr><th rowspan="3">序号</th><th rowspan="3">名称</th><th rowspan="3">规格型号</th><th rowspan="3">计量单位</th><th rowspan="3">单价</th><th colspan="2">实存</th><th colspan="2">账存</th><th colspan="4">实存与账存对比</th></tr>
<tr><th rowspan="2">数量</th><th rowspan="2">金额</th><th rowspan="2">数量</th><th rowspan="2">金额</th><th colspan="2">盘盈</th><th colspan="2">盘亏</th></tr>
<tr><th>数量</th><th>金额</th><th>数量</th><th>金额</th></tr>
<tr><td></td><td></td><td></td><td></td><td></td><td></td><td></td><td></td><td></td><td></td><td></td><td></td><td></td></tr>
<tr><td></td><td>金额合计</td><td></td><td></td><td></td><td></td><td></td><td></td><td></td><td></td><td></td><td></td><td></td></tr>
<tr><td colspan="8">盘点人签章：</td><td colspan="5">会计签章：</td></tr>
</table>

对实物资产的数量进行清查的同时，还要对实物的质量进行鉴定。对于清查出来的残存变质物资、伪劣产品，应另行编制盘存情况表，写明损失程度、损失金额。经盘点小组研究决定后提出处理意见，凡情节比较严重的应作专案说明。

固定资产是企业开展经营活动的物质基础，在企业的资产总额中占有很大的比重，因此，其清查每年至少进行一次。方法是：

(1)将固定资产卡片与实物进行核对。账实相符者在卡片中付出标记，账实不符者，如是固定资产盘亏或毁损情况，要查明该项固定资产的原值、已提折旧额等；如是固定资产盘盈情况，要对其估价，以确定盘盈固定资产的重置价值、估计折旧等。

(2)将盘点后固定资产全部抄入固定资产“实存清单”，再将该单与固定资产卡片逐一核对，对二者之间的差异填列“固定资产盘盈盘亏报告单”。

(二)货币资金的清查方法

1.库存现金的清查

库存现金清查的基本方法是实地盘点法。实地盘点法是指通过对库存现金的实有

数进行盘点，进而与现金日记账的余额进行核对，来查明账实是否相符的方法。

库存现金的清查可分为以下两种情况：

(1)在日常工作中，现金出纳员每日清点库存现金实有数额，并及时与现金日记账的余额相核对。这种清查方法实际上是现金出纳员的分内职责。

(2)由专门清查人员进行的清查。清查前，出纳人员应将全部有关现金的收付款凭证登记入账，结出库存现金余额并填列在"库存现金盘点报告表"的"账存金额"栏。

清查小组盘点时，为了明确经济责任，出纳人员必须在场，现金应逐张查点。清查人员还应认真审核收付款凭证，检查经济业务的合理性和合法性，注意有无违反现金管理制度(如白条抵库、挪用现金等)的情况。

盘点完成后，应编制"库存现金盘点报告表"，并由盘点人员和出纳员共同签章。库存现金盘点报告表兼有盘存单和实存账存对比表的作用，是证明现金实有数额的重要原始凭证，也是查明账实不符原因和据以调整账簿记录的重要依据。企业应认真填写。

现金盘点报告表应由盘点人和出纳员共同签章方能生效。现金盘点报告表的一般格式见表 7-7 所示。

表 7-7　库存现金盘点报告表

单位名称：　　　　　　　　　年　月　日　　　　　　　　　计量单位：元

实存金额	账存金额	实存与账存对比结果		备注
		盘盈(长款)	盘亏(短款)	
盘点后得到的实存数	现金日记账的余额	实存金额大于账存金额	实存金额小于账存金额	

盘点人签章：　　　　　　　　　　　　　出纳员签章：

2. 银行存款的清查

银行存款的清查一般采用将企业开设的"银行存款日记账"与开户银行的"对账单"相核对的方法。核对前，首先把至清查日止所有银行存款的收、付业务登记入账，对发生的错账、漏账应及时查清更正。然后，将本单位的银行存款日记账与开户银行转来的对账单逐笔进行核对，以确定双方银行存款收入、付出及其余额的账簿记录是否正确。

虽然银行对账单和本单位银行存款日记账所记录的内容相同，但是，银行对账单上的存款余额与本单位银行存款日记账上的存款余额仍会出现不一致。这除了因为本单位与银行之间的一方或双方同时记账有错误外，另一个原因就是双方往往会出现未达账项。

所谓"未达账项"，是指在企业和银行之间，由于凭证的传递时间不同，而导致了记账时间不一致，即一方已接到有关结算凭证并已经登记入账，而另一方由于尚未接到有关结算凭证而尚未入账。总的来说，未达账项有两大类型：一是企业已经入账而银行尚未入账的款项；二是银行已经入账而企业尚未入账的款项。

开户银行和本单位之间的未达账项有四种情况：

(1)企业已收、银行未收款。即企业已经入账而银行尚未入账的收入事项。如企业销售产品收到支票，送存银行后即可根据银行盖章的"进账单"回单联，登记银行存款的增加，而银行则不能马上登记增加，要等款项收妥后再记增加。如果此时对账，就会形成企业已收、银行未收款的现象。

(2)企业已付、银行未付款。即企业已经入账而银行尚未入账的付出事项。如企业开出一张支票支付购料款,企业可根据支票存根联、发货票等凭证,登记银行存款的减少。而持票人尚未将支票送往银行,银行由于未接到支付款项的凭证,未登记企业存款减少。如果此时对账,则形成企业已付、银行未付款的现象。

(3)银行已收、企业未收款。即开户银行已经入账而企业尚未入账的收入事项。如外地某单位给企业汇来款项,银行收到汇单后,登记存款增加,若银行未将收款通知送达企业,企业未收到入账通知时,无法登记银行存款增加。如果此时对账,就形成了银行已收、企业未收款的现象。

(4)银行已付、企业未付款。即银行已经入账而企业尚未入账的付出事项。如银行代企业支付款项(如水电费等),银行取得支付款项的凭证已记银行存款减少,企业尚未接到凭证尚未登记银行存款减少。如果此时对账,则形成银行已付、企业未付款的现象。

上述任何一种未达账项存在,都会使企业银行存款日记账余额与开户银行转来的对账单的余额不符。因此,在与银行对账时,应首先查明有无未达账项,如果有未达账项,可编制"银行存款余额调节表",对未达账项调整后,再确定企业与开户银行之间双方记账是否一致,双方的账面余额是否相符。

"银行存款余额调节表"是在企业银行存款日记账的余额和银行对账单余额的基础上,分别加减未达账项,借以确认双方余额是否相符的一种试算表。具体编制方法有多种。现以补计式为例,即双方在原有余额基础上,各自补计对方已入账而本单位尚未入账的账项,然后检查经过调节后的账面余额是否相等,用等式表示即:

企业银行存款日记账余额+银行已收入账企业尚未入账账项-银行已付入账企业尚未入账账项=银行对账单余额+企业已收入账银行尚未入账账项-企业已付入账银行尚未入账账项

现举例说明补记式下的"银行存款余额调节表"具体编制方法。

【例 7-3】 某企业 2013 年 11 月 30 日银行存款日记账的余额为 112000 元,银行对账单的余额为 148000 元,经核对发现以下未达账项:

(1)企业将收到的销货款 4000 元存入银行,企业已记银行存款增加,而银行尚未记增加。

(2)企业开出转账支票 36000 元支付购料款,企业已记银行存款减少,而银行尚未记减少。

(3)收到某企业汇来的购货款 20000 元,银行已记增加,企业尚未记增加。

(4)银行代企业支付水电费 16000 元,银行已记减少,企业尚未记减少。

根据上述资料编制"银行存款余额调节表",见表 7-8 所示。

表 7-8 银行存款余额调节表

2013 年 11 月 30 日　　单位:元

项目	金额	项目	金额
企业银行存款日记账余额	112000	银行对账单余额	148000
加:银行已收、企业未收款	20000	加:企业已收、银行未收款	4000
减:银行已付、企业未付款	16000	减:企业已付、银行未付款	36000
调节后的存款余额	116000	调节后的存款余额	116000

采用这种方法进行调节，双方调节后的余额相等，一般可以说明银行与企业双方记账没有差错。调节后的余额是企业当时实际可以动用的金额。

需要注意的是，"银行存款余额调节表"只能起到对账作用。编制"银行存款余额调节表"的目的，也只是为了检查账簿记录的正确性，并不是要更改账簿记录。对于银行已经入账而单位尚未入账的业务和本单位已经入账而银行尚未入账的业务，均不能作账务处理。待以后有关业务的凭证实际到达后，再作账务处理。经过调节以后确认的余额是企业可以动用存款的最高数额。另外，应该引起重视的是，对于一些长期悬置的未达账项，应及时查阅有关凭证、账簿及相关资料，查明原因，及时和开户银行取得联系并予以解决。

(三)结算往来款项和银行借款的清查方法

1.结算往来款项的清查方法

往来款项是指各种债权债务结算款项，主要包括应收款项、应付款项和预收、预付款项等，往来款项的清查一般采用发函询证的方法进行核对，发函询证的方法(函证核对法)即通过寄送函件清单同对方经济往来单位核对账目的方法。

主要分以下三个步骤：

(1)将本单位的往来账款核对清楚，确认总分类账与明细分类账的余额相等。

(2)向对方单位填发对账单。按每一个经济往来单位编制"往来款项对账清单"(一式两份，其中一份作为回联单)，寄送各经济往来单位，对方经核对相符后，在回联单上加盖公章寄回，表示已核对无误；如果经核对内容或数字不相符，对方应在回联单上注明情况，或抄对账单回复本单位，以进一步查明原因，再进行核对，直到相符为止。

现以应收账款为例，说明"往来款项对账单"的格式和内容，如表7-9所示。

表7-9　往来款项对账清单

__________单位：

你单位于2006年11月5日到我厂购买A产品500件，已付货款30000元，尚有50000元款未付，请核对后将回联单寄回。

清查单位：(盖章)

2006年12月20日

沿此虚线裁开，将以下回联单寄回！

往来款项对账清单(回联)

__________清查单位：

你单位寄来的"往来款项对账清单"已收到，经核对相符无误。

单位(公章)

2006年12月28日

(3)收到对方单位的回单联后，应据以编制"往来款项清查报告表"，其格式如表7-10所示。

表 7-10 往来款项清查报告表

单位： 年 月 日

明细账户名称	账面结存余额	清查结果		不符合原因分析					备注
		相符	不相符	未达账项	拖付款项	争执款项	无法收回款项	其他	

清查人员： 管理人员：

2.银行借款的清查方法

对银行借款的清查，一般与银行存款清查的方法相同，也采用核对账目、编制银行存款余额调节表的方法来进行。

第三节 财产清查结果处理

一、财产清查结果处理的原则

财产清查结果是指经过清查盘点以后确认的有关财产物资的账面结存余额与其实际结存余额之间的差额。一般包括盘盈和盘亏两种情况：盘盈指账面结存余额小于实际结存余额的差额；盘亏指账面结存余额大于实际结存余额的差额。

财产清查结果的处理原则：企业对财产清查的结果，应当按照国家有关财务制度的规定进行认真处理。财产清查中发现的盘盈和盘亏等问题，首先要核准金额，然后按规定的程序报经上级部门批准后，才能进行会计处理。

二、财产清查结果的处理步骤

企业对财产清查的结果处理应按照以下步骤进行。

(1)核准金额，查明各种差异的性质和原因，提出处理意见。根据清查情况，核准货币资金、财产物资和债权债务的盈亏金额，并分析造成账实不符的原因，明确经济责任，据实提出处理意见。

(2)调整账簿，做到账实相符。为了做到账实相符，保证会计信息真实正确，对财产清查中发现的盘盈或盘亏，应及时调整账簿记录。

(3)查明盘盈、盘亏的原因，决定处理方法，报经有关部门批准。

(4)编制记账凭证，登记入账，核销盘盈、盘亏。

三、财产清查结果处理的账户设置

为了反映和监督在财产清查过程中查明的各种财产的盈亏或毁损及其报经批准后的转销数额，一般应设置“待处理财产损益”账户。

“待处理财产损益”账户属于资产类账户，该账户的借方登记各项财产的盘亏或毁损数额和各项盘盈财产报经批准后的转销数；贷方登记各项财产的盘盈数额和各项盘亏或毁损财产报经批准后的转销数。企业清查的各种财产的损益，应于期末前查明原因，经有关机构批准后，在期末结账前处理完毕。根据资产的定义，按现行会计制度的规定，对待处理财产损益应及时报批处理，并在期末结账前处理完毕。如果在期末结账前尚未经批准的，应在对外提供财务报告时先行处理。所以，该账户在期末没有余额。

"待处理财产损益"账户的 T 形结构及其登记方式如下：

借方　　　　　　　　待处理财产损益　　　　　　　　贷方

借方	贷方
(1)待处理的亏损财产数额 (2)转销已批准处理的盘盈财产数额	(1)待处理的盘盈财产数额 (2)转销已批准处理的亏损财产数额
期末处理后无余额	期末处理后无余额

"待处理财产损益"账户下设"待处理流动资产损益"和"待处理固定资产损益"两个明细分类账户，进行明细分类核算。

需要说明的是，固定资产一般是不会出现盘盈的，之所以出现盘盈，经常是以前年度出现了重大失误，忘记入账了，根据《企业会计准则第 4 号——固定资产》及其应用指南的有关规定，固定资产盘盈应视为前期会计差错，在以前年度损益调整核算，记入"以前年度损益调整"科目。

四、财产清查结果的账务处理

企业的财产包括货币资金、原材料、半成品、在产品、库存商品、低值易耗品、包装物、固定资产和应收应付款项等。而其中的原材料、半成品、在产品、库存商品、低值易耗品和包装物等，在会计上又称为"存货"。因而，对于企业财产清查的结果可以划分为以下四类：库存现金的清查结果、存货的清查结果、固定资产的清查结果和应收应付款的清查结果。下面分别介绍它们的账务处理方法。

(一)货币现金清查结果的账务处理

这部分主要介绍库存现金清查结果的账务处理方法。库存现金清查中发现库存现金短缺或盈余时，除了设法查明原因外，还应根据库存现金"盘点报告单"及时进行账务处理。应在"待处理财产损益"账户核算，待查明原因后再转账。现金清查发现的有待查明原因的现金短缺或溢余，应先通过"待处理财产损益"科目核算。待查明原因后做如下处理。

(1)如为现金短缺，属于应由责任人赔偿或保险公司赔偿的部分，计入"其他应收款"；属于无法查明原因的，计入"管理费用—现金短缺"。

盘亏(现金短款)发现时：

借：待处理财产损益

　　贷：库存现金

查明原因处理时：

借：管理费用(无法查明原因)

　　其他应收款(有责任人赔款部分)

　　贷：待处理财产损益

(2)如为现金溢余,属于应支付给有关人员或单位的,计入“其他应付款”;属于无法查明原因的,计入“营业外收入—现金溢余”。

盘盈(现金长款)发现时:

借:库存现金

贷:待处理财产损益—待处理流动资产损益

查明原因处理时:

借:待处理财产损益

贷:其他应付款(欠其他单位个人的)

营业外收入(无法查明原因的)

【例 7-4】 某企业 2013 年 3 月份进行库存现金清查,其清查结果及账务处理如下:

(1)库存现金清查中发现长款 150 元。

借:库存现金 150

贷:待处理财产损益—待处理流动资产损益 150

经反复核查,未查明原因,报经批准转作营业外收入处理:

借:待处理财产损益—待处理流动资产损益 150

贷:营业外收入 150

(2)库存现金清查中发现短款 500 元。

借:待处理财产损益—待处理流动资产损益 500

贷:库存现金 500

经查,该短款属于出纳员的责任,应由出纳员赔偿:

借:其他应收款—出纳员 500

贷:待处理财产损益—待处理流动资产损益 500

(二)存货清查结果的账务处理

存货清查结果应通过“待处理财产损益—待处理流动资产损益”账户处理。当发现存货盘盈时,应根据“实存账存对比表”,将盘盈存货项目的价值记入“原材料”、“生产成本”、“库存商品”等账户的借方,同时记入“待处理财产损益—待处理流动资产损益”账户的贷方,报经批准后,冲减管理费用。当发现存货盘亏或毁损时,批准以前应先记入“待处理财产损益—待处理流动资产损益”账户的借方,同时记入有关存货账户的贷方。批准以后,再根据造成损耗的原因,分为以下情况进行账务处理:

(1)属于自然损耗产生的定额内合理的损耗,经批准后即可记入管理费用。

(2)属于超定额短缺的,能确定过失人的应由过失人负责赔偿;属于保险责任范围的,应向保险公司索赔。扣除过失人或保险公司赔款和残料价值后,记入管理费用。

(3)属于非常损失所造成的存货毁损,扣除保险公司赔款和残料价值后,记入营业外支出。

1.存货盘盈的账务处理

(1)批准处理前。

借:原材料

贷:待处理财产损益

(2)批准处理后。

借:待处理财产损益

　　贷:管理费用

2.存货盘亏的账务处理

(1)批准处理前。

借:待处理财产损益

　　贷:原材料

(2)批准处理后。

借:其他应收款(过失人赔偿)

　　原材料(残料入库)

　　管理费用(一般经营损失)

　　营业外支出(非常损失)(不用做进项税额转出)

　　贷:待处理财产损益

【例7-5】 某企业经财产清查,发现盘盈钢材2000千克。经查明是由于收发计量上的错误所造成的,按每千克4元入账。其账务处理如下。

1.未批准前。

借:原材料　8000

　　贷:待处理财产损益—待处理流动资产损益　8000

2.批准以后记入管理费用。

借:待处理财产损益—待处理流动资产损益　8000

　　贷:管理费用　8000

【例7-6】 某企业盘亏A产品100千克,单位实际成本100元。经查明,属于定额内的合理损耗。其账务处理如下。

1.批准前,调整存货账的实存数。

借:待处理财产损益—待处理流动资产损益　10000

　　贷:库存商品　10000

2.批准以后,记入管理费用。

借:管理费用　10000

　　贷:待处理财产损益—待处理流动资产损益　10000

【例7-7】 某企业盘亏甲材料10吨,每吨180元。经查明,是由于过失人造成的材料毁损,应由过失人赔偿1000元,毁损材料残料价值100元。其账务处理如下:

(1)批准前,调整存货账的实存数。

借:待处理财产损益—待处理流动资产损益　1800

　　贷:原材料　1800

(2)批准以后,分为不同情况处理。

①由过失人赔偿:

借:其他应收款—过失人　1000

　　贷:待处理财产损益—待处理流动资产损益　1000

②残料作价入库:

借:原材料 100

贷:待处理财产损益—待处理流动资产损益 100

③扣除过失人的赔款和残值后的盘亏数,记入管理费用:

借:管理费用 700

贷:待处理财产损益—待处理流动资产损益 700

【例 7-8】 某企业 B 材料盘亏一批,实际成本 7000 元。经查明,属于非常事故造成的损失。其账务处理如下。

(1)批准前,调整存货账的实存数。

借:待处理财产损益—待处理流动资产损益 7000

贷:原材料 7000

(2)批准以后,记入营业外支出。

借:营业外支出 7000

贷:待处理财产损益—待处理流动资产损益 7000

(三)固定资产清查结果的账务处理

在固定资产清查过程中,如果发现有盘亏的固定资产,应查明原因,填制固定资产盘盈、盘亏的报告表并写出书面报告,报经企业上级主管部门批准后处理。在批准之前,只能作为待处理财产损益处理。

固定资产的盘盈,经常是以前年度出现了重大失误,根据《企业会计准则第 4 号——固定资产》及其应用指南的有关规定,固定资产盘盈应视为前期会计差错,在以前年度损益调整核算,记入"以前年度损益调整"科目。这样也不会影响本年利润及净利润。

(1)发现盘盈时。

借:固定资产

贷:以前年度损益调整

(2)报经批准后。

借:以前年度损益调整

贷:应交税费—应交所得税

盈余公积

利润分配—未分配利润

【例 7-9】 某企业于 2010 年 6 月 8 日对企业全部的固定资产进行盘查,盘盈一台七成新的机器设备,该设备同类产品市场价格为 100000 元,企业所得税税率为 25%。按 10%计提盈余公积。

该企业的有关会计处理为:

(1)借:固定资产 70000

贷:以前年度损益调整 70000

(2)借:以前年度损益调整 17500

贷:应交税费—应交所得税 17500

(3)借:应交税费—应交所得税 17500

贷:银行存款 17500

(4)借:以前年度损益调整　　52500
　　贷:利润分配—未分配利润　　47250
　　　　盈余公积　　5250

固定资产盘亏造成的损失,应当计入当期损益。企业在财产清查中盘亏的固定资产,按盘亏固定资产的账面价值借记"待处理财产损益—待处理固定资产损益"科目,按已计提的累计折旧,借记"累计折旧"科目,按已计提的减值准备,借记"固定资产减值准备"科目,按固定资产原价,贷记"固定资产"科目。

按管理权限报经批准后处理时,按可收回的保险赔偿或过失人赔偿,借记"其他应收款"科目,按应计入营业外支出的金额,借记"营业外支出—盘亏损失"科目,贷记"待处理财产损益"科目。

【例 7-10】 乙公司年末组织人员对固定资产进行清查时,发现丢失一台电机,该设备原价 100000 元,已计提折旧 30000 元,并已计提减值准备 20000 元。经查,设备丢失的原因在于设备管理员看守不当。经董事会批准,由设备管理员赔偿 15000 元。

有关账务处理如下:

(1)盘点发现电机设备丢失时。

借:待处理财产损益　　50000
　　累计折旧　　30000
　　固定资产减值准备　　20000
　　贷:固定资产　　100000

(2)董事会报经批准后。

借:其他应收款—管理员　　15000
　　营业外支出—盘亏损失　　35000
　　贷:待处理财产损益—待处理固定资产损益　　50000

(3)收到设备管理员赔款。

借:库存现金　　15000
　　贷:其他应收款—管理员　　15000

(四)应收应付款清查结果的账务处理

在财产清查过程中,如发现长期应收而收不回的款项,即坏账损失,经批准予以转销。坏账损失的转销在批准前不作账务处理,即不需通过"待处理财产损益"账户进行核算。《企业会计制度》规定,企业应当在期末分析各项应收款项的可收回性,并预计可能产生的坏账损失。对预计可能发生坏账损失,计提坏账准备。这种事先预计可能发生坏账损失的,计提坏账准备,当确认坏账时,冲减坏账准备的方法为备抵法。当企业按备抵法核算坏账损失时,应按规定的程序批准后,直接记入"坏账准备"账户,冲减应收账款。

由于债权单位撤消或不存在等原因造成的长期应付而无法支付的款项,经批准予以转销。无法支付的款项在批准前不作账务处理,即不需通过"待处理财产损益"账户进行核算,按规定的程序批准后,将应付款项转入"营业外收入"账户。

【例 7-11】 应收某企业货款 50000 元,经清查,确属无法收回,经批准转作坏账损失。其账务处理如下:

借:坏账准备　　　　　　　　　　　　50000
　　贷:应收账款　　　　　　　　　　　　50000

注:在有关会计期间计提坏账准备时,应借记“资产减值损失”科目,贷记“坏账准备”科目。

【例 7-12】 在财产清查中,企业将无法支付的应付账款 20000 元,经批准予以转销。其账务处理如下:

借:应付账款　　　　　　　　　　　　20000
　　贷:营业外收入　　　　　　　　　　　20000

本章小结

本章介绍了财产清查的概念、意义和分类以及账产物质的盘存制度、账产清查结果的处理方法。

财产清查是指通过对现金、银行存款、财产物资和往来款项的实地盘点或查对,确定其实际结存数,并查明账面结存数与实际结存数是否相符的一种专门的方法。

账产清查按清查的对象、范围和时间等不同标准可划分为全面清查、局部清查、定期清查和不定期清查,每种清查方式都有其特定的适用情况,都有其自身的优缺点。

财产清查的盘存制度也就是会计实务中财产物资的盘存制度,它是通过对实物的盘查、核对,确定财产物资的实际结存情况的一种制度。财产物资的盘存制度主要有两种,即永续盘存制和实地盘存制。永续盘存制是企业常用的一种财产盘存制度,实地盘存制一般适用于价值小、数量多的低值易耗品。

财产清查结果的处理包括审批前的账务处理和审批后的账务处理,它是本章学习的重点。应注意企业各项财产物资的盘盈、盘亏在批准前后的不同处理方式,掌握其常用的会计分录方法。

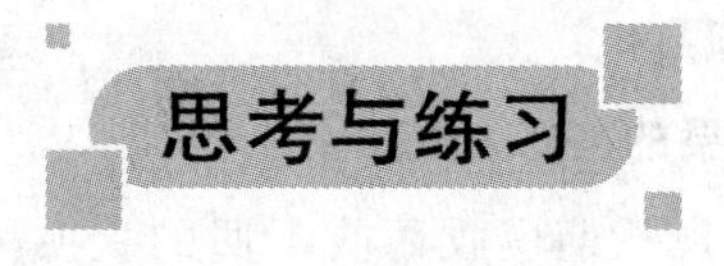

思考与练习

一、单项选择题

1. 银行存款清查的方法是(　　)。

A. 定期盘存法　　　　B. 和往来单位核对账目的方法

C. 实地盘存法　　　　D. 与银行核对账目的方法

2. 下列不属于实物资产清查范围的是(　　)。

A. 固定资产　　　　B. 原材料

C. 库存商品　　　　D. 现金

3. 在实地盘存制下,正确的存货数量关系式为(　　)。

A. 期初账面结存数+本期收入数-本期发出数=期末账面结存数

B. 期初账面结存数+本期收入数-期末账面实存数=本期发出数

C. 期初余额＋本期增加额－本期减少额＝期末余额
D. 期初余额＋本期增加额－期末余额＝本期减少额

4. 下列项目的清查应采用向有关单位发函询证核对账目的方法是（ ）。
A. 原材料　　B. 应收账款
C. 实收资本　　D. 短期投资

5. 一般而言，单位撤销、合并时，要进行（ ）。
A. 定期清查　　B. 全面清查
C. 局部清查　　D. 实地清查

6. 某工业企业期末对库存商品甲进行实地盘点，得到的结存数量是 900 件，已知该存货期初结存数量是 800 件，存货历史成本单价是 10 元，查阅库存商品甲的明细账簿得到本期借方发生额合计为 10000 元，则本期领用库存商品甲的成本共计（ ）元。
A. 10000　　B. 9000
C. 8000　　D. 7000

7. 银行存款的清查是将（ ）。
A. 银行存款日记账与总账核对
B. 银行存款日记账与银行存款收、付款凭证核对
C. 银行存款日记账与银行对账单核对
D. 银行存款总账与银行存款收、付款凭证核对

8. 盘盈存货报批转销，作（ ）处理。
A. 其他业务收入　　B. 营业外收入
C. 冲减管理费用　　D. 冲减营业外支出

9. 单位财产清查中查明的固定资产盘盈，应通过下列（ ）账户核算。
A. 待处理财产损益　　B. 营业外支出
C. 其他应收款　　D. 以前年度损益调整

10. 财产清查中查明的属于定额内合理损耗的生产用原材料的盘亏，报经审批后应列作（ ）。
A. 制造费用　　B. 生产成本
C. 营业外支出　　D. 管理费用

二、多项选择题

1. 财产清查的对象包括（ ）。
A. 货币资金　　B. 实物资产
C. 债权　　D. 债务

2. 应每月清点一次的财产是（ ）。
A. 库存现金　　B. 银行存款
C. 应收账款　　D. 贵重物品

3. 下列适于采用实地盘点法清查的是（ ）。
A. 原材料　　B. 固定资产
C. 露天堆放的沙石　　D. 露天堆放的煤

4. 下列说法正确的是(　　)。

A. 不需要根据"银行存款余额调节表"做任何账务处理

B. 对于未达账项,有关原始凭证到达后才做处理

C. 银行存款日记账余额与对账单余额如果调整后仍不一致,说明记账有可能出现错误

D. 期末要根据调整后的金额做账务处理

5. 下列关于实地盘存制和永续盘存制比较的说法正确的是(　　)。

A. 实地盘存制的优点在于简化存货的日常核算工作

B. 实地盘存制减少了期末的工作量

C. 永续盘存制有利于加强对存货的管理

D. 永续盘存制存货明细记录的工作量较大

6. 下列情况中,需要进行全面财产清查的有(　　)。

A. 年终决算前　　B. 单位发生撤销、合并、重组

C. 单位发生股份制改造　　D. 主要负责人变动

7. 对银行存款进行清查的方法是将企业银行存款日记账与银行对账单核对,如果两者不符,其可能的原因有(　　)。

A. 企业账面记录有误　　B. 银行账面记录有误

C. 企业已记账,银行未记账　　D. 银行已记账,企业未记账

8. 下列关于存货清查核算的说法中,正确的有(　　)。

A. 盘盈的存货应冲减当期的管理费用

B. 属于自然损耗造成的定额内损耗,应计入管理费用

C. 剩余净损失或未参加保险部分的损失,计入营业外收入

D. 一般经营损失计入管理费用

9. 财产清查按清查时间可分为(　　)。

A. 定期清查　　B. 全面清查

C. 不定期清查　　D. 局部清查

10. 在"待处理财产损益"账户借方登记的有(　　)。

A. 等待批准处理的财产盘亏、毁损

B. 经批准转销的盘亏、毁损

C. 等待批准处理的财产盘盈

D. 经批准转销的财产盘盈

三、判断题

1. 实物财产的"盘点报告表"可以作为记账和登记账簿的原始凭证。(　　)

2. 无论是永续盘存制还是实地盘存制,都需要对财产物资进行实地盘点,但清查盘点的目的不同。(　　)

3. 定期清查可以是全面清查,也可以是局部清查。如年终决算是全面清查,库存现金清查是局部清查。(　　)

4. 财产清查中,各种财产物资的盘盈、盘亏和毁损都应通过"待处理财产损益"账户核算。(　　)

5.对因债权人特殊原因确定无法支付的应付账款,应记入营业外收入账户。 ( )

6.对未达账项应编制“银行存款余额调节表”进行检查核对,如果没有记账错误,调节后双方的账面余额应相等。 ( )

7.产生未达账项的原因是记账错误,应采用适当的方法予以更正。 ( )

8.定期清查可以是全面清查,也可以是局部清查。 ( )

9.库存现金盘点后应该根据盘点结果填制“库存现金盘点表”,需要盘点人和出纳同时签章。 ( )

10.如果企业已经确定对存货实行永续盘存制,则企业对所有存货都要实行永续盘存制。 ( )

四、简答题

1.什么是财产清查?为什么要进行财产清查?其意义何在?

2.对财产清查如何分类?分类的具体内容有哪些?

3.财产清查的方法有哪些?在财产清查中如何应用?

4.存货的盘存制度有哪两种?试述各种盘存制度的具体内容和优缺点。

5.什么是未达账项?未达账项有哪些?如何编制银行存款余额调节表?

6.财产清查的核算应设置什么账户?其结构如何?

7.如何对财产清查的结果进行账务处理?

五、实训题

某企业 2013 年 6 月 30 日银行存款日记账余额 152 万元,银行对账单余额 148.7 万元。经逐笔核对,发现有几笔未达账项:

(1)企业开出一张支票 0.2 万元购买办公用品,企业已登记入账,但银行尚未登记入账。

(2)企业将销售商品收到的转账支票 5 万元存入银行,企业已登记入账,但银行尚未登记入账。

(3)银行受托代企业支付水电费 0.5 万元,银行已经登记入账,但企业尚未收到付款通知单,未登记入账。

(4)银行已收到外地汇入货款 2 万元并登记入账,但企业尚未收到收款通知单,未登记入账。

要求:编制银行存款余额调节表。

银行存款余额调节表

2013 年 6 月 30 日　　　　单位:万元

项目	金额	项目	金额
银行存款日记账余额		银行对账单余额	
加:银行已收、企业未收款		加:企业已收、银行未收款	
减:银行已付、企业未付款		减:企业已付、银行未付款	
调节后余额		调节后余额	

六、综合题

大华公司 2010 年 12 月 31 日报表决算前进行财产清查时发现如下问题:

(1)现金短缺 100 元,经查明是由于出纳收发错误造成的,经批准由出纳赔偿。

(2)原材料甲盘盈100千克,单价为10元/千克,经查明属于自然升溢。

(3)原材料乙盘亏100千克,价款1000元,增值税税率为17%,进项税额为170元,经查明属于计量差错造成。

(4)盘亏设备一台,固定资产原值为10000元,已经计提折旧5000元,未计提减值准备,经查明属于失窃,可以获得保险公司赔偿1000元。

要求:做出上述事项批准前后的账务处理。

第八章　财务会计报告

教学目的

□了解财务会计报告的概念、作用、分类和编制要求
□掌握资产负债表的理论依据、结构内容和编制方法
□掌握利润表的理论依据、结构内容和编制方法
□了解现金流量表的概念和基本内容

教学重点

□财务会计报告的分类和编制要求
□资产负债表的结构内容和编制方法
□利润表的结构内容和编制方法

教学难点

□资产负债表的编制方法
□利润表的编制方法

建议课时

6课时

第一节　财务会计报告概述

一、财务会计报告的概念和作用

财务会计报告是会计主体对外提供的反映其某一特定日期的财务状况和某一会计期间的经营成果、现金流量等会计信息的书面文件。财务会计报告是企业根据日常的会计核算资料归集、加工和汇总后形成的，是企业会计核算的最终成果，也是会计核算的工

作总结。编制财务会计报告是会计部门提供会计信息的一种重要手段，也是会计核算方法之一。

财务会计报告的作用主要体现在如下几个方面。

（一）为投资者、债权人进行决策提供会计信息

企业投资者、债权人通过阅读财务会计报告，可以了解企业的财务状况及生产经营情况，并通过对各项财务指标的分析，可以全面评价企业的偿债能力、资金运用能力、盈利能力，预测企业未来的经济前景，据此做出正确的投资决策。

（二）为企业加强和改善内部经营管理提供会计信息

企业内部的生产经营管理人员通过财务会计报告可以全面地了解企业的生产经营情况、财务状况和经营成果，有利于经营管理人员及时发现经营活动中存在的问题，尽快做出决策，采取有效措施，改善经营管理。

（三）为国家经济管理部门进行宏观调控与管理提供会计信息

国家经济管理部门通过各地区、各行业、各部门汇总的会计信息，可以掌握不同地区、不同行业和不同部门的发展现状，并据此分析国民经济总体的运行情况，从中发现国民经济运行中存在的问题，修订和完善国家经济发展战略和宏观经济政策，对国民经济进行有效地调节和控制，保证国民经济长期、稳定、健康地发展。

（四）为财政、税务、审计等部门进行外部监督提供会计信息

财政、税务、审计等部门履行国家管理企业的职能，检查和监督企业财经纪律的执行情况以及生产经营活动情况，查明企业是否按照规定足额缴纳税金，都需要审阅企业财务会计报告，以便充分发挥财政、税收等经济杠杆的调节作用，促使企业合理、有效地运用资金。

二、财务会计报告的构成

财务会计报告包括会计报表及其附注和其他应当在财务会计报告中披露的相关信息和资料。一套完整的财务报告至少应当包括“四表一注”，即资产负债表、利润表、现金流量表、所有者权益变动表以及附注。

会计报表是财务会计报告的主要组成部分，它们分别从不同的角度反映了企业的财务状况、经营成果和现金流量情况。其中，资产负债表是反映企业某一特定日期财务状况的报表；利润表是反映企业在一定期间内经营成果及其分配情况的报表；现金流量表是反映企业在一定期间内现金及现金等价物流入和流出情况的报表。这三张报表反映了企业财务和经营状况的核心信息，构成了企业对外报送的三大基本会计报表。

附注是对资产负债表、利润表、现金流量表和所有者权益变动表等列示项目的文字描述或明细资料，以及对未能在报表中列示项目的说明等。其内容主要包括：企业的基本情况、会计报表的编制基础、遵循企业会计准则的说明、重要会计政策和会计估计、会计政策和会计估计变更以及差错的更正说明、重要会计报表项目的说明、其他需要说明的重要事项等。

三、会计报表的种类

会计报表可以按照不同的标准进行分类。

(一)按会计报表的编报时间分类

按会计报表的编报时间不同,可分为中期会计报表和年度会计报表。中期会计报表是以短于一个完整会计年度的报告期间为基础编制的会计报表,包括月度会计报表、季度会计报表和半年度会计报表。月度会计报表简称“月报”,反映企业本月末财务状况和本月份经营成果、现金流量等会计信息,每月终了编报一次。季度会计报表简称“季报”,反映企业本季末财务状况和本季度经营成果、现金流量等会计信息,每季度终了编报一次。半年度会计报表简称“半年报”,反映企业6月份末财务状况和半年度经营成果、现金流量等会计信息,6月份终了编报一次。年度会计报表简称“年报”,反映企业的年末财务状况和全年度经营成果、现金流量等会计信息,是年度经济活动的总结性报告,每年年度终了编报一次。

(二)按会计报表反映的资金运动形态分类

按会计报表反映的资金运动形态不同,可分为静态会计报表和动态会计报表。静态会计报表是指反映企业在某一特定日期资产和权益总额的会计报表,比如资产负债表反映了企业某一时点上的资产、负债和所有者权益的情况,因此资产负债表属于静态会计报表。动态会计报表是反映一定时期内经营成果和现金流量的会计报表,比如利润表反映了企业一定时期内所实现的经营成果,现金流量表反映了企业一定时期内现金的流入、现金的流出及净增加数,因此利润表和现金流量表属于动态会计报表。

(三)按会计报表的编制单位分类

按会计报表的编制单位不同,可分为个别会计报表和合并会计报表。个别会计报表是指由企业在自身会计核算的基础上对账簿记录进行加工而编制的,反映企业自身财务状况、经营成果和现金流量等会计信息的会计报表。合并会计报表是以母公司和子公司组成的企业集团为会计主体,根据母公司和所属子公司的会计报表,由母公司编制的综合反映企业集团财务状况、经营成果和现金流量等会计信息的会计报表。

(四)按会计报表的报送对象分类

按会计报表的报送对象不同,可分为对内会计报表和对外会计报表。对内会计报表是指为满足企业内部经营管理需要而编制的会计报表,它一般不需由《企业会计制度》规定统一的格式,也没有统一的编制要求,一般也不对外公开。对内会计报表的种类由企业根据内部管理的需要自行规定,一般包括“制造费用明细表”、“产品生产成本表”、“主要产品单位成本表”、“期间费用明细表”等。对外会计报表是指企业向外提供的会计报表,主要供投资者、债权人、政府部门和社会公众等有关方面使用,《企业会计制度》对其规定了统一的格式和编制要求。按企业会计制度规定,企业对外报送的会计报表包括“资产负债表”、“利润表”、“现金流量表”、“所有者权益变动表”及其有关的附注。

四、财务会计报告的编制要求

为了使财务会计报告能够最大限度地满足各有关方面的需要,实现编制财务会计报告的基本目的，充分发挥财务会计报告的作用，企业编制财务报告应当根据真实的交易、事项以及完整、准确的账簿记录等资料，严格遵循国家会计制度规定的编制基础、编制依据、编制原则和编制方法。其编制的财务会计报告应当真实可靠、全面完整、编报及时、便于理解，符合国家统一的会计制度和会计准则的有关规定。其基本要求如下。

（一）真实可靠

会计报表各项目的数据必须建立在真实可靠的基础之上，使企业会计报表能够如实地反映企业的财务状况、经营成果和现金流量情况。因此，会计报表必须根据核实无误的账簿及相关资料编制，不得以任何方式弄虚作假。如果会计报表所提供的资料不真实或者可靠性差，则不仅不能发挥会计报表的应有作用，而且还会由于错误的信息，导致会计报表使用者对企业的财务状况、经营成果和现金流量情况做出错误的评价与判断，致使报表使用者做出错误的决策。《企业会计制度》规定，会计核算应当以实际发生的交易或事项为依据，如实反映企业的财务状况、经营成果和现金流量。

（二）全面完整

企业会计报表应当全面地披露企业的财务状况、经营成果和现金流量情况，完整地反映企业财务活动的过程和结果，以满足各有关方面对财务会计信息的需要。为了保证会计报表的全面完整，企业在编制会计报表时，应当按照企业会计准则规定的格式和内容填报。特别对某些重要事项，应当按照要求在会计报表附注中进行说明，不得漏编漏报。

（三）编报及时

企业会计报表所提供的信息资料具有很强的时效性。只有及时编制和报送会计报表，才能为使用者提供决策所需的资料。否则，即使会计报表的编制非常真实可靠、全面完整且具有可比性，但由于编报不及时，也可能失去其应有的价值，成为相关性较低甚至不相关的信息。随着市场经济和信息技术的迅速发展，会计报表的及时性要求变得日益重要。

（四）便于理解

可理解性是指会计报表提供的信息可以为使用者所理解。企业对外提供的会计报表是为广大会计报表使用者提供企业过去、现在和未来的有关资料，为企业目前或潜在的投资者和债权人提供决策所需的会计信息。因此，编制的会计报表应当清晰明了，便于理解和利用。如果提供的会计报表晦涩难懂，不可理解，使用者就不能做出准确的判断，所提供的会计报表的作用也会大大减少。当然，会计报表的这一要求是建立在会计报表使用者具有一定的会计报表阅读能力的基础上的。

我国《企业财务会计报告条例》规定，企业对外提供的财务会计报告应当依次编定页数，加据封面，装订成册，加盖公章。封面上应当注明企业名称、企业统一代码、组织形式、地址、报表所属年度或月份、报出日期，并由企业负责人和主管会计工作的负责人、会计机构负责人（会计主管人员）签名并盖章；设置总会计师的企业还应当由总会计师签名并盖章。

第二节　资产负债表

一、资产负债表的概念与作用

（一）资产负债表的概念

资产负债表是反映企业某一特定日期（如月末、季末、年末等）财务状况的会计报表，是一份静态报表。它是以"资产＝负债＋所有者权益"这一会计恒等式，依照一定的分类标准和顺序，将企业在一定日期的全部资产、负债和所有者权益项目进行适当分类、汇总、排列后编制而成的。资产负债表是企业基本会计报表之一，是所有独立核算企业单位都必须对外报送的会计报表。

（二）资产负债表的作用

资产负债表的作用主要体现在如下几个方面：

(1)可以反映企业资产的构成及其状况，分析企业在某一日期所拥有的经济资源及其分布情况。

(2)可以反映企业某一日期的负债总额及其结构，分析企业目前与未来需要支付的债务数额。

(3)可以反映企业所有者权益的情况，了解企业现有的投资者在企业资产中所占的份额。

(4)通过对资产负债表项目金额及其相关比率的分析，可以帮助报表使用者全面了解企业的资产状况、盈利能力，分析企业的债务偿还能力，从而为未来的经济决策提供信息。

二、资产负债表的格式与结构

资产负债表由表头、表身和表尾等部分组成。表头部分应列明报表的名称、编表单位名称、编制日期和金额计量单位；表身部分反映资产、负债和所有者权益的内容；表尾部分为补充说明。其中，表身部分是资产负债表的主体和核心。

目前，国际上流行的资产负债表格式主要有账户式和报告式两种。根据我国企业会计准则的规定，我国的资产负债表采用账户式结构。

账户式资产负债表分为左右两方，左方为资产项目，分为流动资产和非流动资产两大类。资产内部各项目按资产流动性的大小或变现能力的强弱来排列，流动性大、变现能力强的资产如"货币资金"等排在前面，流动性小、变现能力弱的资产如"固定资产"等排在后面。右方为权益项目，分为负债和所有者权益。权益项目按照权益的顺序进行排列，由于企业的资产首先要用来偿还债务，所以负债是第一顺序的权益，具有优先清偿的特征，列于所有者权益之前，而所有者权益属于剩余权益，列于负债之后。负债内部各项目按求偿权先后顺序排列，偿还期短的流动负债排在前面，偿还期长的非流动负债排在后面。所有者权益各项目按永久性程度或稳定性程度排列，永久性程度和稳定性程度好的实收资本与资本公积排在前面，永久性程度和稳定性程度差的盈余公积与未分配利润排在后面。

账户式资产负债表中的资产各项目的合计等于负债和所有者权益各项目的合计，即资产负债表左方和右方平衡。因此，通过账户式资产负债表可以反映资产、负债、所有者权益之间的内在关系，即“资产＝负债＋所有者权益”。

资产负债表的基本格式如表 8-1 所示。

表 8-1 资产负债表

会企 01 表

编制单位： 年 月 日 单位：元

资产	期末余额	年初余额	负债和所有者权益	期末余额	年初余额
流动资产：			流动负债：		
货币资金			短期借款		
交易性金融资产			交易性金融负债		
应收票据			应付票据		
应收账款			应付账款		
预付款项			预收账款		
应收利息			应付职工薪酬		
应收股利			应交税费		
其他应收款			应付利息		
存货			应付股利		
一年内到期的非流动资产			其他应付款		
其他流动资产			一年内到期的非流动负债		
流动资产合计			其他流动负债		
非流动资产：			流动负债合计		
可供出售金融资产			非流动负债：		
持有至到期投资			长期借款		
长期应收款			应付债券		
长期股权投资			长期应付款		
投资性房地产			专项应付款		
固定资产			预计负债		
工程物资			递延所得税负债		
在建工程			其他非流动负债		
固定资产清理			非流动负债合计		
生产性生物资产			负债合计		
油气资产			所有者权益：		
无形资产			实收资本		
开发支出			资本公积		
商誉			减：库存股		
递延所得税资产			盈余公积		
其他非流动资产			未分配利润		
非流动资产合计			所有者权益合计		
资产总计			负债和所有者权益总计		

三、资产负债表的编制方法

(一)资产负债表“年初余额”栏各项目数字的填列方法

资产负债表中“年初余额”栏各项的数字,应按上年年末资产负债表中“期末余额”栏中所列数字填列。如果上年度资产负债表规定的各个项目的名称和内容同本年度不一致,应对上年年末资产负债表各项目的名称和数字按照本年度的规定进行调整,填入本表“年初余额”栏内。

(二)资产负债表“期末余额”栏各项目数字的填列方法

资产负债表的“期末余额”栏应根据会计报表编报时间填列,可为月末、季末或年末的数字。“期末余额”主要是通过对本会计期间的会计核算记录的数据加以归集、整理而成。其来源资料与填制方法如下。

(1)根据总账账户余额直接填列。资产负债表中的有些项目,可直接根据有关总账的期末余额填列,如“交易性金融资产”、“短期借款”、“应付票据”、“应付职工薪酬”、“应交税费”、“实收资本”、“资本公积”等项目。

(2)根据明细账账户余额计算填列。资产负债表中的有些项目,需要根据有关账户所属的相关明细账账户的期末余额计算填列。如“应付账款”项目,需要根据“应付账款”和“预付账款”两个科目分别所属的相关明细账户的期末贷方余额计算填列;“应收账款”项目需要根据“应收账款”和“预收账款”两个科目分别所属的相关明细账户的期末借方余额计算填列。

(3)根据总账账户和明细账户余额分析计算填列。资产负债表中的有些项目,需要依据总账账户和明细账户两者的余额分析计算填列。如“长期借款”项目,需要根据“长期借款”总账账户余额扣除“长期借款”账户所属的明细账户中将在一年内到期的长期借款部分分析计算填列。

(4)根据被调整账户余额减去其备抵调整账户余额后的净额填列。资产负债表中的有些项目,如“应收账款”、“长期股权投资”、“持有至到期投资”、“固定资产”、“无形资产”等资产项目,反映企业期末持有的相应资产的实际价值,应当以扣减提取的相应资产减值准备后的净额填列。其中,“固定资产”、“无形资产”项目,还应按减去相应的“累计折旧”、“累计摊销”期末余额后的金额填列。

(5)综合运用上述方法分析填列。如“存货”项目,需要根据“材料采购”、“在途物资”、“原材料”、“周转材料”、“委托加工物资”、“生产成本”、“库存商品”、“发出商品”、“材料成本差异”等总账账户期末余额的分析汇总数,减去“存货跌价准备”账户余额后的净额填列。

(三)资产负债表项目的具体填列方法

(1)“货币资金”项目,反映企业库存现金、银行结算户存款、外埠存款、银行汇票存款、银行本票存款、信用卡存款、信用证保证金存款等的合计数。本项目应根据“库存现金”、“银行存款”、“其他货币资金”科目的期末余额合计数填列。

(2)“交易性金融资产”项目,反映企业为交易目的所持有的债券投资、股票投资、基金投资等交易性金融资产的公允价值。本项目应根据“交易性金融资产”科目的期末余额填列。

(3)“应收票据”项目,反映企业收到的未到期收款也未向银行贴现的应收票据,包括商业承兑汇票和银行承兑汇票。本项目应根据“应收票据”科目的期末余额,减去“坏账准备”账户中有关应收票据计提的坏账准备期末余额后的金额填列。

(4)“应收账款”项目,反映企业因销售商品、产品和提供劳务等而应向购买单位收取的各种款项,减去已计提的坏账准备后的净额。本项目应根据“应收账款”与“预收账款”科目所属各明细科目的期末借方余额合计数,减去“坏账准备”科目中有关应收账款计提的坏账准备期末余额后的金额填列。如“应收账款”科目所属明细科目期末有贷方余额,应在本表“预收账款”项目内填列。

(5)“应收股利”项目,反映企业因股权投资而应收取的现金股利,企业应收其他单位的利润也包括在本项目内。本项目应根据“应收股利”科目的期末余额填列。

(6)“应收利息”项目,反映企业因债权投资而应收取的利息。企业购入到期还本付息债券应收的利息,不包括在本项目内。本项目应根据“应收利息”科目的期末余额,减去“坏账准备”科目中有关应收利息计提的坏账准备期末余额后的金额填列。

(7)“其他应收款”项目,反映企业对其他单位和个人的应收和暂付的款项,减去已计提的坏账准备后的净额。本项目应根据“其他应收款”科目的期末余额,减去“坏账准备”科目中有关其他应收款计提的坏账准备期末余额后的金额填列。

(8)“预付款项”项目,反映企业预付给供应单位的款项。本项目应根据“预付账款”与“应付账款”科目所属各明细科目的期末借方余额合计,减去“坏账准备”科目中有关预付账款计提的坏账准备期末余额后的金额填列。如“预付账款"科目所属有关明细科目期末有贷方余额的,应在本表“应付账款”项目内填列。

(9)“存货”项目,反映企业期末在库、在途和在加工中的各项存货的可变现净值,包括各种材料、商品、在产品、半成品、包装物、低值易耗品、分期收款发出商品、委托代销商品、受托代销商品等。本项目应根据“在途物资”、“原材料”、“周转材料”、“自制半成品”、“库存商品”、“委托加工物资”、“生产成本”等科目的期末余额合计减去“存货跌价准备”科目期末余额后的金额填列。材料采用计划成本核算以及库存商品采用计划成本或售价核算的企业,还应按加或减“材料成本差异”、“商品进销差价”账户期末余额后的金额填列。

(10)“一年内到期的非流动资产”项目,反映企业将于一年内到期的非流动资产。本项目应根据有关科目的期末余额分析计算填列。

(11)“其他流动资产”项目,反映企业除以上流动资产项目外的其他流动资产,本项目应根据有关科目的期末余额填列。如其他流动资产价值较大的,应在会计报表附注中披露其内容和金额。

(12)“可供出售金融资产”项目,反映企业持有的划分为可供出售金融资产的证券。本项目根据“可供出售金融资产”科目的期末余额填列。

(13)“持有至到期投资”项目,反映企业持有的划分为持有至到期投资的证券。本项目根据“持有至到期投资”科目的期末余额减去“持有至到期投资减值准备”科目的期末余额后填列。

(14)“投资性房地产”项目,反映企业持有的投资性房地产。本项目应根据“投资性房地产”科目的期末余额，减去“投资性房地产累计折旧”、“投资性房地产减值准备”所属有关明细科目期末余额后的金额分析计算填列。

(15)“长期股权投资”项目，反映企业不准备在一年内(含一年)变现的各种股权性质的投资的可收回金额。本项目应根据“长期股权投资”科目的期末余额，减去“长期投资减值准备”科目中有关股权投资减值准备期末余额后的金额填列。

(16)“长期应收款”项目，反映企业持有的长期应收款的可收回金额。本项目应根据“长期应收款”科目的期末余额，减去“坏账准备”科目所属相关明细科目期末余额，再减去“未确认融资收益”科目期末余额后的金额分析计算填列。

(17)“固定资产”项目，反映企业的固定资产可收回金额。本项目应根据“固定资产”科目的期末余额，减去“累计折旧”、“固定资产减值准备”科目期末余额后的金额填列。

(18)“在建工程”项目，反映企业期末各项未完工程的实际支出，包括交付安装的设备价值，未完建筑安装工程已经耗用的材料、工资和费用支出、预付出包工程的价款、已经安装完毕但尚未交付使用的建筑工程等的可收回金额。本项目应根据“在建工程”科目的期末余额，减去“在建工程减值准备”科目期末余额后的金额填列。

(19)“工程物资”项目，反映企业各项工程尚未使用的工程物资的实际成本。本项目应根据“工程物资”科目的期末余额填列。

(20)“固定资产清理”项目，反映企业因出售、毁损、报废等原因转入清理但尚未清理完毕的固定资产的账面价值，以及固定资产清理过程中所发生的清理费用和变价收入等各项金额的差额。本项目应根据“固定资产清理”科目的期末借方余额填列。如“固定资产清理”科目期末为贷方余额，以“—”号填列。

(21)“无形资产”项目，反映企业各项无形资产的期末可收回金额。本项目应根据“无形资产”科目的期末余额，减去“累计摊销”、“无形资产减值准备”科目期末余额后的金额填列。

(22)“递延所得税资产”项目，反映企业确认的递延所得税资产。本项目应根据“递延所得税资产”科目的期末余额分析填列。

(23)“其他非流动资产”项目，反映企业除以上资产以外的其他长期资产。本项目应根据有关科目的期末余额填列。如其他长期资产价值较大的，应在会计报表附注中披露其内容和金额。

(24)“短期借款”项目，反映企业借入尚未归还的一年期以下(含一年)的借款。本项目应根据“短期借款”科目的期末余额填列。

(25)“交易性金融负债”项目，反映企业为交易而发生的金融负债，包括以公允价值计量且其变动计入当期损益的金融负债。本项目应根据“交易性金融负债”等科目的期末余额分析填列。

(26)“应付票据”项目，反映企业为了抵付货款等而开出、承兑的尚未到期付款的应付票据，包括银行承兑汇票和商业承兑汇票。本项目应根据“应付票据”科目的期末余额填列。

(27)“应付账款”项目，反映企业购买原材料、商品和接受劳务供应等而应付给供应单位的款项。本项目应根据“应付账款”与“预付账款”科目所属各有关明细科目的期末贷方余额合计填列。如“应付账款”科目所属各明细科目期末有借方余额，应在本表“预付账款”项目内填列。

(28)“预收款项”项目,反映企业预收购买单位的账款。本项目应根据“预收账款”和“应收账款”科目所属各有关明细科目的期末贷方余额合计填列。如“预收账款”科目所属有关明细科目有借方余额的,应在本表“应收账款”项目内填列。

(29)“应付职工薪酬”项目,反映企业应付未付的职工薪酬。本项目应根据“应付职工薪酬”科目期末贷方余额填列。如“应付职工薪酬”科目期末为借方余额,以“—”号填列。

(30)“应交税费”项目,反映企业期末未交、多交或未抵扣的各种税费。本项目应根据“应交税费”科目的期末贷方余额填列。如“应交税费”科目期末为借方余额,以“—”号填列。

(31)“应付利息”项目,反映企业应付未付的利息。本项目应根据“应付利息”科目的期末贷方余额填列。

(32)“应付股利”项目,反映企业尚未支付的现金股利。本项目应根据“应付股利”科目的期末余额填列。

(33)“其他应付款”项目,反映企业所有应付和暂收其他单位和个人的款项。本项目应根据“其他应付款”科目的期末余额填列。

(34)“预计负债”项目,反映企业预计负债的期末余额。本项目应根据“预计负债”科目的期末余额填列。

(35)“一年内到期的非流动负债”项目,反映企业承担的将于一年内到期的非流动负债。本项目应根据有关非流动负债科目的期末余额分析计算填列。

(36)“其他流动负债”项目,反映企业除以上流动负债以外的其他流动负债。本项目应根据有关科目的期末余额填列。

(37)“长期借款”项目,反映企业借入尚未归还的一年期以上(不含一年)的借款本息。本项目应根据“长期借款”科目的期末余额填列。

(38)“应付债券”项目,反映企业发行的尚未偿还的各种长期债券的本息。本项目应根据“应付债券”科目的期末余额填列。

(39)“长期应付款”项目,反映企业除长期借款和应付债券以外的其他各种长期应付款。本项目应根据“长期应付款”科目的期末余额,减去“未确认融资费用”科目期末余额后的金额填列。

(40)“递延所得税负债”项目,反映企业确认的递延所得税负债。本项目应根据“递延所得税负债”科目的期末余额分析填列。

(41)“其他流动负债”项目,反映企业除以上非流动负债项目以外的其他非流动负债。本项目应根据有关科目的期末余额填列。如其他非流动负债价值较大的,应在会计报表附注中披露其内容和金额。

(42)“实收资本(或股本)”项目,反映企业各投资者实际投入的资本(或股本)总额。本项目应根据“实收资本”(或“股本”)科目的期末余额填列。

(43)“资本公积”项目,反映企业资本公积的期末余额。本项目应根据“资本公积”科目的期末余额填列。

(44)“盈余公积”项目,反映企业盈余公积的期末余额。本项目应根据“盈余公积”科目的期末余额填列。

(45)“未分配利润”项目,反映企业尚未分配的利润。本项目应根据“本年利润”科目和“利润分配”科目的余额计算填列。未弥补的亏损,在本项目内以“—”号填列。

(四)资产负债表编制举例

【例 9-1】 通达公司 2013 年 12 月 31 日科目余额如表 8-2 所示,根据表中资料编制通达公司 2013 年 12 月 31 日资产负债表(如表 8-3 所示)。

表 8-2　科目余额表

2013 年 12 月 31 日　　　　单位:元

科目名称	借方余额	贷方余额	科目名称	借方余额	贷方余额
库存现金	2000		短期借款		60000
银行存款	258000		应付票据		30000
其他货币资金	160000		应付账款 其中:E 公司 F 公司	 100000 	250000 350000
交易性金融资产	300000		预收账款 其中:G 公司 H 公司	 20000	70000 90000
应收票据	35000		应付职工薪酬		120000
应收账款 其中:A 公司 B 公司	400000 550000 	 150000	应交税费		60000
坏账准备		30000	应付利息		20000
预付账款 其中:C 公司 D 公司	60000 80000 	 20000	其他应付款		5000
其他应收款	10000		长期借款 其中:一年内到期的长期借款		400000 100000
在途物资	60000		实收资本		2000000
原材料	380000		资本公积		200000
生产成本	260000		盈余公积		400000
库存商品	185000		利润分配		208000
存货跌价准备		75000			
长期股权投资	200000				
固定资产	1500000				
累计折旧		400000			
在建工程	318000				
无形资产	250000				
累计摊销		50000			
合计	4548000	725000	合计	120000	3943000

根据上述表中资料,资产负债表中有关项目数据计算如下:

货币资金="库存现金"科目借方余额+"银行存款"科目借方余额+"其他货币资金"科目借方余额=2000+258000+160000=420000(元)

应收账款="应收账款"明细科目借方余额+"预收账款"明细科目借方余额-"坏账准备"科目贷方余额=550000+20000-30000=540000(元)

预付账款="预付账款"明细科目借方余额+"应付账款"明细科目借方余额=80000+100000=180000(元)

存货="在途物资"科目借方余额+"原材料"科目借方余额+"生产成本"科目借方余额+"库存商品"科目借方余额-"存货跌价准备"科目贷方余额=60000+380000+260000+185000-75000=810000(元)

固定资产="固定资产"科目借方余额-"累计折旧"科目贷方余额=1500000-400000=1100000(元)

无形资产="无形资产"科目借方余额-"累计摊销"科目贷方余额=250000-50000=200000(元)

应付账款="应付账款"明细科目贷方余额+"预付账款"明细科目贷方余额=350000+20000=370000(元)

预收账款="预收账款"明细科目贷方余额+"应收账款"明细科目贷方余额=90000+150000=240000(元)

长期借款="长期借款"科目贷方余额-一年内到期的长期借款=400000-100000=300000(元)

表 8-3 资产负债表

会企 01 表

编制单位:通达公司　　2013 年 12 月 31 日　　单位:元

资产	期末余额	年初余额	负债和所有者权益	期末余额	年初余额
流动资产:			流动负债:		
货币资金	420000		短期借款	60000	
交易性金融资产	300000		交易性金融负债	0	
应收票据	35000		应付票据	30000	
应收账款	54000		应付账款	370000	
预付款项	180000		预收账款	240000	
应收利息	0		应付职工薪酬	120000	
应收股利	0		应交税费	60000	
其他应收款	10000		应付利息	20000	
存货	810000		应付股利	0	
一年内到期的非流动资产	0		其他应付款	5000	
其他流动资产	0		一年内到期的非流动负债	100000	
流动资产合计	2295000		其他流动负债	0	
非流动资产:			流动负债合计:	1005000	
可供出售金融资产	0		非流动负债:		
持有至到期投资	0		长期借款	300000	
长期应收款	0		应付债券	0	
长期股权投资	200000		长期应付款	0	

续表

资产	期末余额	年初余额	负债和所有者权益	期末余额	年初余额
投资性房地产	0		专项应付款	0	
固定资产	1100000		预计负债	0	
工程物资	0		递延所得税负债	0	
在建工程	318000		其他非流动负债	0	
固定资产清理	0		非流动负债合计	300000	
生产性生物资产	0		负债合计	1305000	
油气资产	0		所有者权益：		
无形资产	200000		实收资本	2000000	
开发支出	0		资本公积	200000	
商誉	0		减：库存股	0	
递延所得税资产	0		盈余公积	400000	
其他非流动资产	0		未分配利润	208000	
非流动资产合计	1818000		所有者权益合计	2808000	
资产总计	4113000		负债和所有者权益总计	4113000	

第三节　利润表

一、利润表的概念与作用

(一)利润表的概念

利润表是反映企业在一定会计期间的经营成果的会计报表，是一份动态报表。利润表以"收入—费用＝利润"会计等式为依据，根据会计核算的配比原则，把一定时期内的收入和相对应的成本费用配比，从而计算出企业一定时期的各项利润指标。利润表是企业基本会计报表之一，是所有独立核算企业单位都必须对外报送的会计报表。

(二)利润表的作用

利润表的作用主要体现在如下几个方面：

(1)可以了解企业收入、成本和费用及净利润(或亏损)的实现及构成情况。

(2)通过利润表提供的不同时期的比较数字，可以分析企业的获利能力及利润的未来发展趋势，了解投资者投入资本的保值增值情况。

(3)可以评价和考核企业管理人员的经营绩效。

二、利润表的格式与结构

利润表由表头、表身和表尾等部分组成。表头部分应列明报表的名称、编表单位名称、编制日期和金额计量单位；表身部分反映利润的构成内容；表尾部分为补充说明。其中，表身部分是利润表的主体和核心。

目前，国际上流行的利润表格式主要有单步式和多步式两种。根据我国企业会计准则的规定，我国的利润表采用多步式结构。

多步式利润表主要通过下列三个步骤编制而成：

第一步，以营业收入为基础，减去营业成本、营业税金及附加、销售费用、管理费用、财务费用、资产减值损失，加上公允价值变动收益（减公允价值变动损失）和投资收益（减投资损失），计算出营业利润。

第二步，以营业利润为基础，加上营业外收入，减去营业外支出，计算出利润总额。

第三步，以利润总额为基础，减去所得税费用，计算出净利润。

利润表的基本格式如表 8-4 所示。

表 8-4 利润表

会企 02 表

编报单位： 年 月 单位：元

项目	本期金额	上期金额
一、营业收入		
减：营业成本		
营业税金及附加		
销售费用		
管理费用		
财务费用		
资产减值损失		
加：公允价值变动收益（损失以“－”号填列）		
投资收益（损失以“－”号填列）		
二、营业利润（亏损以“－”号填列）		
加：营业外收入		
减：营业外支出		
其中：非流动资产处置损失		
三、利润总额（净亏损以“－”号填列）		
减：所得税费用		
四、净利润		
五、每股收益		
（一）基本每股收益		
（二）稀释每股收益		

三、利润表的编制方法

利润表的全部指标均依据有关损益类账户的发生额填写。一般而言，各收入类项目应根据相应的收入类账户的贷方发生额填列；各费用类项目应根据相应的费用类账户的借方发生额填列。

（一）“上期金额”栏数字的填列方法

利润表中“上期金额”栏内的各项数字，应根据上年该期利润表中“本期金额”栏内所列数字填列。如果上年该期利润表中规定各项目的名称和内容与本期不一致，应对上年该期利润表各项目的名称和数字按本期的规定进行调整，填入利润表中的“上期金额”栏内。

(二)“本期金额”栏数字的填列方法

利润表中的“本期金额”栏内各项目数字一般应根据本期损益类账户中的发生额分析填列。具体包括：

(1)“营业收入”项目，反映企业经营活动所取得的收入总额。本项目应根据“主营业务收入”、“其他业务收入”等科目的发生额分析填列。

(2)“营业成本”项目，反映企业经营活动发生的实际成本。本项目应根据“主营业务成本”、“其他业务成本”等科目的发生额分析填列。

(3)“营业税金及附加”项目，反映企业经营活动应负担的营业税、消费税、城市维护建设税、资源税、土地增值税和教育费附加等。本项目应根据“营业税金及附加”科目的发生额分析填列。

(4)“销售费用”项目，反映企业在销售商品和商品流通企业在购入商品等过程中发生的费用。本项目应根据“销售费用”科目的发生额分析填列。

(5)“管理费用”项目，反映企业发生的管理费用。本项目应根据“管理费用”科目的发生额分析填列。

(6)“财务费用”项目，反映企业发生的财务费用。本项目应根据“财务费用”科目的发生额分析填列。

(7)“资产减值损失”项目，反映企业确认的资产减值损失。本项目应根据“资产减值损失”科目的发生额分析填列。

(8)“公允价值变动损益”项目，反映企业因公允价值变动而发生的收益或损失。本项目应根据“公允价值变动损益”科目的发生额分析填列。

(9)“投资收益”项目，反映企业以各种方式对外投资所取得的收益。本项目应根据“投资收益”科目的发生额分析填列，如为投资损失，以“—”号填列。

(10)“营业利润”项目，反映企业实现的营业利润。如为亏损，以“—”号填列。

(11)“营业外收入”项目，反映企业发生的与其生产经营无直接关系的各项收入。本项目应根据“营业外收入”科目的发生额分析填列。

(12)“营业外支出”项目，反映企业发生的与其生产经营无直接关系的各项支出。本项目应分别根据“营业外支出”科目的发生额分析填列。

(13)“利润总额”项目，反映企业实现的利润总额。如为亏损总额，以“—”号填列。

(14)“所得税费用”项目，反映企业按规定从本期损益中减去的所得税。本项目应根据“所得税费用”科目的发生额分析填列。

(15)“净利润”项目，反映企业实现的净利润。如为净亏损，以“—”号填列。

(16)“基本每股收益”和“稀释每股收益”项目，反映普通股股东每持有一股所能享有的企业利润或需承担的企业亏损。不存在稀释性潜在普通股的企业应当单独列示基本每股收益；存在稀释性潜在普通股的企业应当单独列示基本每股收益和稀释每股收益。

(三)利润表编制举例

【例 9-2】 通达公司 2013 年度有关损益类账户本年累计发生额如表 8-5 所示，根据表中资料编制通达公司 2013 年度利润表。

表 8-5 通达公司 2013 年度损益类科目发生额表

单位:元

科目名称	借方发生额	贷方发生额
主营业务收入		1700000
主营业务成本	950000	
其他业务收入		500000
其他业务成本	350000	
营业税金及附加	120000	
销售费用	220000	
管理费用	300000	
财务费用	50000	
资产减值损失	45000	
投资收益		100000
营业外收入		32000
营业外支出	28000	
所得税费用	67250	

根据表 8-5 资料,编制通达公司 2013 年度利润表,见表 8-6 所示。

表 8-6 利润表

会企 02 表

编报单位:通达公司　　2013 年度　　单位:元

项目	本期金额	上期金额(略)
一、营业收入	2200000	
减:营业成本	1300000	
营业税金及附加	120000	
销售费用	220000	
管理费用	300000	
财务费用	50000	
资产减值损失	45000	
加:公允价值变动收益(损失以"—"号填列)	0	
投资收益(损失以"—"号填列)	100000	
二、营业利润(亏损以"—"号填列)	265000	
加:营业外收入	32000	
减:营业外支出	28000	
其中:非流动资产处置损失	0	
三、利润总额(净亏损以"—"号填列)	269000	
减:所得税费用	67250	
四、净利润	201750	
五、每股收益	(略)	
(一)基本每股收益	(略)	
(二)稀释每股收益	(略)	

第四节　现金流量表

一、现金流量表的概念与作用

(一)现金流量表的概念

现金流量表是指反映企业在一定会计期间现金和现金等价物流入和流出的报表，是一份动态报表。现金流量表是按照收付实现制原则编制的，它是以现金的流入和流出反映企业在一定期间内的经营活动、投资活动和筹资活动的动态情况。

(二)现金流量表的作用

(1)现金流量表反映企业的现金流量，有助于评价企业未来产生现金净流量的能力。

(2)现金流量表有助于评价企业偿还债务、支付股利能力和对外筹资的能力。

(3)现金流量表有助于分析净收益与现金流量间的差异，并解释差异产生的原因。

(4)现金流量表通过对现金投资与融资、非现金投资与融资的分析，有助于全面了解企业财务状况。

二、现金流量表的编制基础

现金流量表是以现金为基础编制的，这里的现金包括库存现金、可以随时用于支付的存款以及现金等价物。

(一)现金

这里的现金是指企业库存现金及可随时用于支付的存款。应注意的是，银行存款和其他货币资金中有些不能随时用于支付的存款，如不能随时支取的定期存款等，不应作为现金，而应列作投资；提前通知金融企业便可支取的定期存款，则应包括在现金范围内。

(二)现金等价物

现金等价物指企业持有的期限短、流动性强、易于转化为已知金额现金、价值变动风险很小的投资。一项投资被确认为现金等价物必须同时具备四个条件：期限短、流动性强、易于转化为已知金额现金、价值变动风险很小。其中，期限较短一般是指从购买日起三个月内到期，例如可在证券市场上流通的三个月到期的短期债券投资等。

三、现金流量表的结构

现金流量表由表头和表身两部分组成。表头部分列示报表名称、编制单位、编制日期、报表编号行业货币计量单位等内容。表身包括正表与补充资料两部分。正表部分主要包括三个方面：一是经营活动产生的现金流量；二是投资活动产生的现金流量；三是筹资活动产生的现金流量。其中各类现金流量又分为现金流入与现金流出两部分。

(一)经营活动产生的现金流量

经营活动是指企业投资活动和筹资活动以外的所有交易和事项。从经营活动的定义可以看出，经营活动的范围很广，它包括除投资活动和筹资活动以外的所有交易和事项。对于工商企业而言，经营活动主要包括销售商品、提供劳务、购买商品、接受劳务、支付税费等。

一般来说，经营活动产生的现金流入项目主要有：销售商品、提供劳务收到的现金；收到的税费返还；收到的其他与经营活动有关的现金。经营活动产生的现金流出项目主要有：购买商品、接受劳务支付的现金；支付给职工以及为职工支付的现金；支付的各项税费；支付的其他与经营活动有关的现金。

各类企业由于行业特点不同，对经营活动的认定存在一定差异，在编制现金流量表时，应根据企业的实际情况，对现金流量进行合理的归类。

(二)投资活动产生的现金流量

投资活动是指企业长期资产的购建和不包括在现金等价物范围内的投资及其处置活动。其中，长期资产是指固定资产、无形资产、在建工程、其他资产等持有期限在一年或一个营业周期以上的资产。

需要注意的是，这里所讲的投资活动，既包括实物资产投资，也包括金融资产投资，还包括购建固定资产等投资活动。这里之所以将"包括在现金等价物范围内的投资"排除在外，是因为已经将包括在现金等价物范围内的投资视同现金。

一般来说，投资活动产生的现金流入项目主要有：收回投资所收到的现金；取得投资收益所收到的现金；处置固定资产、无形资产和其他长期资产所收回的现金净额；处置子公司及其他营业单位产生的现金净额；收到的其他与投资活动有关的现金。投资活动产生的现金流出项目主要有：购建固定资产、无形资产和其他长期资产所支付的现金；投资所支付的现金；取得子公司及其他营业单位支付的现金净额；支付的其他与投资活动有关的现金。

(三)筹资活动产生的现金流量

筹资活动是指导致企业资本及债务规模和构成发生变化的活动。一般来说，筹资活动产生的现金流入项目主要有：吸收投资所收到的现金；取得借款所收到的现金；收到的其他与筹资活动有关的现金。筹资活动产生的现金流出项目主要有：偿还债务所支付的现金；分配股利、利润或偿付利息所支付的现金；支付的其他与筹资活动有关的现金。现金流量表的基本格式见表 8-7 所示。

表 8-7 现金流量表

会企 03 表

编制单位： 年 月 单位：元

项目	本期金额	上期金额
一、经营活动产生的现金流量：		
销售商品、提供劳务收到的现金		
收到的税费返还		
收到其他与经营活动有关的现金		
经营活动现金流入小计		
购买商品、接受劳务支付的现金		
支付给职工以及为职工支付的现金		

续表

项目	本期金额	上期金额
支付的各项税费		
支付其他与经营活动有关的现金		
经营活动现金流出小计		
经营活动产生的现金流量净额		
二、投资活动产生的现金流量：		
收回投资所收到的现金		
取得投资收益所收到的现金		
处置固定资产、无形资产和其他长期资产收回的现金净额		
处置子公司及其他营业单位收到的现金净额		
收到其他与投资活动有关的现金		
投资活动现金流入小计		
购建固定资产、无形资产和其他长期资产所支付的现金		
投资所支付的现金		
取得子公司及其他营业单位支付的现金净额		
支付其他与投资活动有关的现金		
投资活动现金流出小计		
投资活动产生的现金流量净额		
三、筹资活动产生的现金流量：		
吸收投资所收到的现金		
借款收到的现金		
收到其他与筹资活动有关的现金		
筹资活动现金流入小计		
偿还债务所支付的现金		
分配股利、利润或偿付利息所支付的现金		
支付其他与筹资活动有关的现金		
筹资活动现金流出小计		
筹资活动产生的现金流量净额		
四、汇率变动对现金及现金等价物的影响		
五、现金及现金等价物净增加额		
加：期初现金及现金等价物净增加额		
六、期末现金及现金等价物余额		
补充资料		
1. 将净利润调节为经营活动的现金流量：		
净利润		
加：资产减值准备		
固定资产折旧、油气资产折耗、生产性生物资产折旧		
无形资产摊销		
长期待摊费用摊销		
处置固定资产、无形资产和其他长期资产的损失（收益以“－”填列）		
固定资产报废损失（收益以“—”填列）		

续表

项目	本期金额	上期金额
公允价值变动损失(收益以"—"填列)		
财务费用(收益以"—"填列)		
投资损失(收益以"—"填列)		
递延所得税资产减少(增加以"—"填列)		
递延所得税负债增加(减少以"—"填列)		
存货的减少(增加以"—"号填列)		
经营性应收项目的减少(增加以"—"号填列)		
经营性应付项目的增加(减少以"—"号填列)		
其他		
经营活动产生的现金流量净额		
2.不涉及现金收支的投资和筹资活动:		
债务转为资本		
一年内到期的可转换公司债券		
融资租入固定资产		
3.现金及现金等价物净变动情况:		
现金的期末余额		
减:现金的期初余额		
加:现金等价物的期末余额		
减:现金等价物的期初余额		
现金及现金等价物净增加额		

第五节 所有者权益变动表

一、所有者权益变动表的概念与作用

所有者权益变动表(又称"股东权益变动表")是指反映构成所有者权益的各组成部分当期的增减变动情况的报表。所有者权益变动表应当全面反映一定时期所有者权益变动的情况。

通过所有者权益变动表,既可以为报表使用者提供所有者权益总量增减变动的信息,也能为其提供所有者权益增减变动的结构性信息,特别是能够让报表使用者理解所有者权益增减变动的根源。

二、所有者权益变动表的内容和结构

在所有者权益变动表上,企业至少应当单独列示反映下列信息的项目:净利润;直接计入所有者权益的利得和损失项目及其总额;会计政策变更和差错更正的累积影响金额;所有者投入资本和向所有者分配利润等;提取的盈余公积;实收资本或资本公积、盈余公积、未分配利润的期初和期末余额及其调节情况。

为了清楚地表明构成所有者权益的各组成部分当期的增减变动情况，所有者权益变动表应当以矩阵的形式列示。一方面，列示导致所有者权益变动的交易或事项，改变了以往仅仅按照所有者权益的各组成部分反映所有者权益变动情况，而是从所有者权益变动的来源对一定时期所有者权益变动情况进行全面反映；另一方面，按照所有者权益各组成部分（包括实收资本、资本公积、盈余公积、未分配利润和库存股）及其总额列示交易或事项对所有者权益的影响。此外，企业还需要提供比较所有者权益变动表，所有者权益变动表还就各项目再分为“本年金额”和“上年金额”两栏分别填列。所有者权益变动表的基本格式见表8-8所示。

表8-8　所有者权益变动表

会企04表

编制单位：　　　　年度　　　　单位：元

项目	本年金额						上年金额					
	实收资本（或股本）	资本公积	减：库存股	盈余公积	未分配利润	所有者权益合计	实收资本（或股本）	资本公积	减：库存股	盈余公积	未分配利润	所有者权益合计
一、上年年末余额												
加：会计政策变更												
前期差错更正												
二、本年年初余额												
三、本年增减变动金额（减少以“—”号填列）												
（一）净利润												
（二）直接计入所有者权益的利得和损失												
1.可供出售金融资产公允价值变动净额												
2.权益法下被投资单位其他所有者权益变动的影响												
3.与计入所有者权益项目相关的所得税影响												
4.其他												
上述（一）和（二）小计												
（三）所有者投入和减少资本												
1.所有者投入资本												
2.股份支付计入所有者权益的金额												
3.其他												

续表

项目	本年金额						上年金额					
	实收资本（或股本）	资本公积	减:库存股	盈余公积	未分配利润	所有者权益合计	实收资本（或股本）	资本公积	减:库存股	盈余公积	未分配利润	所有者权益合计
（四）利润分配												
1.提取盈余公积												
2.对所有者（或股东）的分配												
3.其他												
（五）所有者权益内部结转												
1.资本公积转增资本（或股本）												
2.盈余公积转增资本（或股本）												
3.盈余公积弥补亏损												
4.其他												
四、本年年末余额												

三、所有者权益变动表的编制方法

所有者权益变动表各项目均需填列“本年金额”和“上年金额”两栏。

所有者权益变动表“上年金额”栏内各项数字，应根据上年度所有者权益变动表“本年金额”内所列数字填列。上年度所有者权益变动表规定的各个项目的名称和内容同本年度不一致的，应对上年度所有者权益变动表各项目的名称和数字按照本年度的规定进行调整，填入所有者权益变动表的“上年金额”栏内。

所有者权益变动表“本年金额”栏内各项数字一般应根据“实收资本（或股本）”、“资本公积”、“盈余公积”、“利润分配”、“库存股”、“以前年度损益调整”科目的发生额分析填列。

本章小结

财务会计报告是会计主体对外提供的反映其某一特定日期的财务状况和某一会计期间的经营成果、现金流量等会计信息的书面文件。财务会计报告是企业会计核算的最终成果，也是会计核算的工作总结。财务会计报告包括会计报表及其附注和其他应当在财务会计报告中披露的相关信息和资料。一套完整的财务报告至少应当包括“四表一注”，即资产负债表、利润表、现金流量表、所有者权益变动表以及附注。

资产负债表是反映企业某一特定日期（如月末、季末、年末等）财务状况的会计报表，是一份静态报表。它是以“资产＝负债＋所有者权益”这一会计等式为编制基础，采用账户式结构，根据有关资产、负债和所有者权益总分类账户和明细分类账户的期初、期末余额计算分析填列的。

利润表是反映企业在一定会计期间的经营成果的会计报表，是一份动态报表。它是以“收入－费用＝利润”会计等式为编制基础，采用多步式结构，根据有关损益类账户的本期发生额计算分析填列的。

现金流量表是指反映企业在一定会计期间现金和现金等价物流入和流出的报表，是一份动态报表。企业的现金流量主要划分为经营活动产生的现金流量、投资活动产生的现金流量和筹资活动产生的现金流量三部分。

所有者权益变动表(又称“股东权益变动表”)是指反映构成所有者权益的各组成部分当期的增减变动情况的报表。所有者权益变动表应当全面反映一定时期所有者权益变动的情况。

思考与练习

一、单项选择题

1. 按会计报表反映的资金运动形态分类，“资产负债表”属于(　　)。
   A. 静态报表　　B. 动态报表
   C. 对外报表　　D. 对内报表
2. 按会计报表报送的对象分类，“损益表”属于(　　)。
   A. 静态报表　　B. 动态报表
   C. 对外报表　　D. 对内报表
3. 以母公司编制的综合反映母公司、子公司组成的企业集团的财务状况、经营成果和现金流量情况的会计报表称为(　　)。
   A. 单位会计报表　　B. 综合会计报表
   C. 汇总会计报表　　D. 合并会计报表
4. 资产负债表是反映企业某一特定(　　)财务状况的会计报表。
   A. 期间　　B. 时期
   C. 日期　　D. 时间
5. 在我国，企业的利润表是采用(　　)。
   A. 账户式结构　　B. 报告式结构
   C. 单步式结构　　D. 多步式结构
6. 资产负债表编制的基础和依据是(　　)。
   A. 收入—费用＝利润　　B. 资产＝负债＋所有者权益
   C. 资产总额＝资金总额　　D. 资产—负债＝所有者权益
7. 某企业期末“固定资产”账户借方余额为 150 万元，“累计折旧”账户贷方余额为 30 万元。“固定资产减值准备”账户贷方余额为 20 万元。则该企业资产负债表中“固定资产”项目的期末数是(　　)。
   A. 100 万元　　B. 150 万元

C. 120 万元　　D. 130 万元

8. 某企业期末“库存现金”账户借方余额为 2 万元，“银行存款”账户借方余额为 55 万元，“其他货币资金”账户借方余额为 20 万元，“交易性金融资产”账户借方余额为 10 万元，则该企业资产负债表中“货币资金”项目的期末数是(　　)。

A. 87 万元　　B. 77 万元

C. 67 万元　　D. 57 万元

9. 利润表编制的基础和依据是(　　)。

A. 收入一费用＝利润　　B. 资产＝负债＋所有者权益

C. 利润总额—所得税＝净利润　　D. 收入—支出＝结存

10. 利润表是根据各个损益类科目的(　　)分析填列的。

A. 期初余额　　B. 本期发生额

C. 期末余额　　D. 以上都不正确

11. 年度财务会计报告应当于年度终了后(　　)内对外提供。

A. 1 个月　　B. 2 个月

C. 3 个月　　D. 4 个月

12. 下列反映资产负债表内有关资产项目排列顺序正确的是(　　)。

A. 货币资金、应收账款、交易性金融资产、存货

B. 货币资金、应收账款、存货、交易性金融资产

C. 货币资金、交易性金融资产、应收账款、存货

D. 货币资金、存货、应收账款、交易性金融资产

13. 下列反映资产负债表中关于所有者权益项目排列顺序正确的是(　　)。

A. 实收资本、资本公积、盈余公积、未分配利润

B. 实收资本、盈余公积、资本公积、未分配利润

C. 实收资本、未分配利润、资本公积、盈余公积

D. 实收资本、未分配利润、盈余公积、资本公积

14. 净利润＝利润总额—(　　)。

A. 销售费用　　B. 财务费用

C. 管理费用　　D. 所得税费用

15. 现金等价物一般是指从购买日起(　　)内到期的短期债券投资。

A. 1 个月　　B. 3 个月

C. 6 个月　　D. 9 个月

二、多项选择题

1. 按照我国会计准则的规定，年度财务会计报告应包括(　　)。

A. 资产负债表　　B. 利润表

C. 现金流量表　　D. 会计报表附表

2. 财务会计报告的使用者通常包括(　　)。

A. 投资人　　B. 债权人

C. 政府部门　　D. 企业管理人员

3. 资产负债表的下列项目中不能直接根据总分类账户期末余额填列的有(　　)。

A. 货币资金　　B. 应收账款
C. 短期借款　　D. 长期借款
4. 下列影响利润总额计算的项目有(　　)。
A. 营业收入　　B. 营业外收入
C. 营业外支出　　D. 所得税费用
5. 下列包括在资产负债表“存货”项目的账户有(　　)。
A. 原材料　　B. 生产成本
C. 库存商品　　D. 在建工程
6. 会计报表按报送的对象不同,可分为(　　)。
A. 单位会计报表　　B. 合并会计报表
C. 对外会计报表　　D. 对内会计报表
7. 会计报表按编制的单位不同,可分为(　　)。
A. 单位会计报表　　B. 综合会计报表
C. 集团会计报表　　D. 合并会计报表
8. 单位编制的会计报表应做到(　　)。
A. 真实可靠　　B. 全面完整
C. 编报及时　　D. 便于理解
9. 应在对外会计报表上签名并盖章的人员有(　　)。
A. 主办会计　　B. 会计机构负责人
C. 单位负责人　　D. 总会计师
10. 资产负债表的作用主要表现在(　　)。
A. 表明企业目前与未来需要多少资产或劳务清偿债务
B. 可以反映企业的所有者权益情况
C. 可以比较分析企业财务状况的变化情况
D. 能够提供进行财务分析的基本资料
11. 资产负债表是(　　)。
A. 一份静态报表
B. 采用账户式结构
C. 以“资产=负债+所有者权益”为编制基础
D. 反映收入、费用和利润的结构关系
12. 利润表是(　　)。
A. 一份动态报表
B. 采用账户式结构
C. 以“收入—费用=利润”为编制基础
D. 反映资产、负债和所有者权益的结构关系
13. “利润表”中下列等式正确的有(　　)。
A. 营业收入=主营业务收入+其他业务收入
B. 营业利润=营业收入-营业成本
C. 利润总额=营业利润+营业外收入-营业外支出

D. 净利润＝利润总额－所得税费用

14. 利润表的作用主要表现在(　　)。

A. 能够了解企业的生产经营成果　　B. 能够了解企业的财务状况

C. 能够分析企业的获利能力　　D. 是企业进行利润分配的重要依据

15. 现金等价物应具备下列(　　)特征。

A. 持有期限短　　B. 流动性强

C. 价值变动风险很小　　D. 易于转换为已知金额的现金

三、判断题

1. 编制会计报表是会计核算的一种专门方法，也是会计核算程序的最后环节和会计核算的最终成果。(　　)

2. 中期财务会计报告就是指半年度财务报告。(　　)

3. 资产负债表是反映企业一定时期财务状况的一种基本报表。(　　)

4. 资产负债表编制的理论依据是“资产＝负债＋所有者权益”的会计等式。(　　)

5. 资产负债表中各项目的期末余额是根据总分类账户和相关明细分类账户的期末余额直接填列的。(　　)

6. 企业对外提供的财务会计报告应当由企业负责人和主管会计工作的负责人、会计机构负责人签名并盖章。(　　)

7. 资产负债表的结构主要有账户式和报告式两种，在我国应当采用账户式。(　　)

8. 资产负债表左右双方平衡，资产总计等于所有者权益总计。(　　)

9. 现金流量表中的“现金”指的就是库存现金。(　　)

10. 为了保证财务会计报告的及时报送，企业可以适当提前结账。(　　)

四、简答题

1. 简述财务会计报告的分类。

2. 简述财务会计报告的编制要求。

3. 简述资产负债表的基本结构。

4. 简述资产负债表“期末余额”栏数据的基本填列方法。

5. 简述利润表的编制方法。

五、实训题

1. 红星公司 2013 年 3 月 31 日科目余额如下：

科目余额表

单位:元

科目名称	借方余额	贷方余额	科目名称	借方余额	贷方余额
库存现金	3000		短期借款		60000
银行存款	230000		应付票据		30000
其他货币资金	120000		应付账款		150000
			其中:E公司	100000	
			F公司		250000
交易性金融资产	200000		预收账款		30000
			其中:G公司		50000
			H公司	20000	

续表

科目名称	借方余额	贷方余额	科目名称	借方余额	贷方余额
应收票据	30000		应付职工薪酬		80000
应收账款	200000		应交税费		20000
其中:A 公司	350000				
B 公司		150000			
坏账准备		10000	应付利息		5000
预付账款	50000		其他应付款		3000
其中:C 公司	70000				
D 公司		20000			
其他应收款	10000		长期借款		200000
			其中:一年内到期的长期借款		80000
原材料	280000		实收资本		1000000
生产成本	200000		资本公积		200000
库存商品	180000		盈余公积		400000
存货跌价准备		50000	本年利润		120000
长期股权投资	200000		利润分配		95000
固定资产	900000				
累计折旧		200000			
无形资产	150000				
累计摊销		50000			
合计	2753000	480000	合计	120000	2393000

要求:根据上述表中资料,编制 2013 年 3 月 31 日红星公司资产负债表。

2. 东风公司 2013 年度有关损益类账户本年累计发生额如下:

通达公司 2013 年度损益类科目发生额表 单位:元

科目名称	借方发生额	贷方发生额
主营业务收入		1450000
主营业务成本	780000	
其他业务收入		400000
其他业务成本	320000	
营业税金及附加	40000	
销售费用	90000	
管理费用	120000	
财务费用	−20000	
资产减值损失	30000	
投资收益		100000
营业外收入		32000
营业外支出	20000	
所得税费用	150500	

要求:根据上述表中资料,编制东风公司 2013 年度利润表。

第九章　账务处理程序

教学目的

□了解账务处理程序的意义、基本要求和种类
□掌握各种账务处理程序的特点和操作步骤
□掌握各种账务处理程序的优缺点和适用范围

教学重点

□记账凭证账务处理程序的特点、操作步骤、优缺点和适用范围
□科目汇总表账务处理程序的特点、操作步骤、优缺点和适用范围
□汇总记账凭证账务处理程序的特点、操作步骤、优缺点和适用范围

教学难点

□科目汇总表的编制方法
□汇总记账凭证的编制方法

建议课时

4 课时

第一节　账务处理程序概述

一、账务处理程序的概念和意义

(一)账务处理程序的概念

在会计工作中,会计凭证、会计账簿和会计报表三者之间不是彼此孤立、互不联系的,而是按照一定的形式相互结合,形成一个完整的体系。为了使记账工作有条不紊地

进行,就有必要明确各种会计凭证、各种会计账簿和会计报表之间的联系,并把它们有机地结合起来。

账务处理程序,又称"会计核算组织程序"或"会计核算形式",是指在会计核算中,以账簿体系为核心,把会计凭证、会计账簿、记账程序和记账方法有机地结合起来的技术组织方式。账簿体系是指账簿的种类、格式和各种账簿之间的相互关系;记账程序和记账方法是指会计凭证的整理、传递,会计账簿的登记以及根据会计账簿编制会计报表的程序和方法。概括地说,账务处理程序就是从原始凭证的整理、汇总,记账凭证的填制、汇总,日记账、明细分类账的登记,到会计报表的编制的步骤和方法。账务处理程序的基本模式可以概括为:原始凭证—记账凭证—会计账簿—会计报表。

由于各会计主体的业务性质、规模大小不同,应当设置的账簿种类、格式和账簿之间的相互关系,以及与之相适应的记账程序和记账方法也就不完全相同。不同的账簿组织、记账程序和记账方法相互结合在一起,就构成了不同的核算组织程序。

(二)账务处理程序的意义

一个单位由于业务性质、规模大小和经济业务的繁简程度各异,决定其适用账务处理程序也不同。因此,科学地组织账务处理程序,对提高会计核算质量和会计工作效率,充分发挥会计的核算和监督职能,具有十分重要的意义。

(1)有利于规范会计工作程序,提高会计核算的工作效率。科学合理的账务处理程序能够保证会计记录的正确、及时和完整,有利于会计报表的及时编制,能够有效地节约人力、物力,提高会计的工作效率。

(2)有利于提高会计信息质量。科学合理的账务处理程序能够使会计数据在会计处理过程中的各个环节有序地传递,促进会计信息来源真实、准确,信息处理及时、规范,信息传递迅速、最优,信息储存检索科学,有利于提高会计信息质量。

(3)有利于明确岗位职责,合理分工协作。科学合理的账务处理程序有利于促进会计核算工作的合理分工协作,明确岗位职责。

(4)有利于发挥会计监督职能。科学合理的账务处理程序有利于对企业经济活动的合法性和合理性进行审查、分析,充分发挥会计职能的监督作用。

二、账务处理程序的基本要求

各企业由于业务性质、组织规模、业务繁简不同,需要设置的凭证、账簿的种类和格式也不相同。各企业应根据自身的实际情况和具体条件、选择和实施适合本单位经营特点的账务处理程序。科学合理的账务处理程序应当符合下列要求。

(1)要适合本单位所属行业的特点,即在设计会计账务处理程序时,要考虑自身企业单位组织规模的大小,经济业务性质和简繁程度,同时,还要有利于会计工作的分工协作和内部控制。

(2)要能够正确、及时和完整地提供本单位的各方面会计信息,在保证会计信息质量的前提下,满足本单位各部门、人员和社会各有关行业的信息需要。

(3)适当的会计账务处理程序还应当力求简化,减少不必要的环节,节约人力、物力和财力,不断地提高会计工作的效率。

三、账务处理程序的种类

目前我国企业通常采用的账务处理程序有以下几种。

(1)记账凭证账务处理程序。

(2)科目汇总表账务处理程序。

(3)汇总记账凭证账务处理程序。

(4)日记总账账务处理程序。

(5)多栏式日记账账务处理程序。

第二节　记账凭证账务处理程序

一、记账凭证账务处理程序的特点

记账凭证账务处理程序是指对发生的经济业务事项，都要根据原始凭证或汇总原始凭证编制记账凭证，然后直接根据记账凭证逐笔登记总分类账的一种账务处理程序。其主要特点是直接根据各种记账凭证逐笔登记总分类账。它是核算组织程序中最基本的一种核算组织程序，其他各种核算组织程序都是在此基础上发展演变而成的。

在记账凭证账务处理程序下，记账凭证一般采用收款凭证、付款凭证和转账凭证三种格式，用以分别反映单位日常发生的各种收款、付款和转账经济业务，也可以采用通用记账凭证。账簿的设置一般包括日记账、总分类账和明细分类账。日记账包括现金日记账和银行存款日记账，分别序时记录现金、银行存款收付业务，其格式一般采用三栏式。总分类账应按总分类科目设置，格式可采用借、贷、余三栏式。明细分类账可根据经济管理的需要设置，采用三栏式、数量金额式、横线登记式和多栏式。

二、记账凭证账务处理程序的基本步骤

(1)根据原始凭证或原始凭证汇总表填制记账凭证。

(2)根据收款凭证和付款凭证逐笔登记现金日记账和银行存款日记账。

(3)根据原始凭证、原始凭证汇总表或记账凭证登记各种明细分类账。

(4)根据记账凭证逐笔登记总分类账。

(5)月末，将现金日记账、银行存款日记账的余额以及各种明细分类账的余额合计数，分别与总分类账中相关账户的余额核对相符。

(6)月末，根据核对无误的总分类账和明细分类账的相关资料，编制会计报表。

记账凭证账务处理程序的基本步骤如图 9-1 所示。

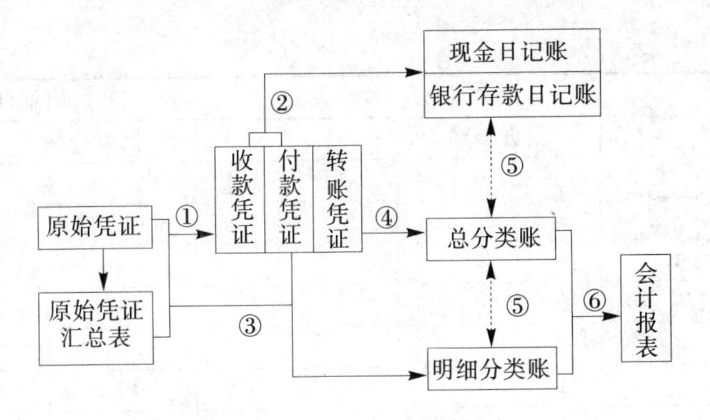

图 9-1 记账凭证账务处理程序

三、记账凭证账务处理程序的优缺点

(一)记账凭证账务处理程序的优点

(1)账务处理程序简单明了,手续简便,易于理解和掌握。

(2)总分类账是根据记账凭证逐笔登记的,能够比较详细地反映经济业务的发生和完成情况。

(3)账户之间的对应关系比较清晰,便于对账和查账。

(二)记账凭证账务处理程序的缺点

(1)由于总分类账是根据记账凭证逐笔登记的,当经济业务较多时,登记总分类账的工作量较大。

(2)由于总分类账是根据记账凭证逐笔登记的,总分类账在采用订本式账页登记时,账户之间预留账页的多少难度较大。

四、记账凭证账务处理程序的适用范围

由于记账凭证账务处理程序登记总分类账的工作量较大,因此一般只适用于规模较小、经济业务量较少的单位。

五、记账凭证账务处理程序举例

【例 9-1】 通达公司 2013 年 6 月 1 日有关总分类账户与明细分类账户期初余额如表 9-1 所示。

表 9-1 总分类账户和明细分类账户期初余额表 单位:元

账户名称	总分类账户		明细分类账户	
	借方金额	贷方金额	借方金额	贷方金额
库存现金	4000			
银行存款	320000			
交易性金融资产	50000			
应收账款	80000			
其中:A 公司			53000	
B 公司			27000	

续表

账户名称	总分类账户		明细分类账户	
	借方金额	贷方金额	借方金额	贷方金额
原材料	120000			
其中:甲材料			80000	
乙材料			40000	
生产成本	40000			
其中:丙产品			27000	
丁产品			13000	
库存商品	85000			
其中:丙产品			40000	
丁产品			45000	
固定资产	450000			
累计折旧		120000		
短期借款		100000		
应付账款		75200		
其中:C公司				35000
D公司				40200
长期借款		200000		
应交税费		20000		
实收资本		500000		
本年利润		30000		
利润分配		103800		
合计	1149000	1149000	288000	75200

通达公司2013年6月份发生下列经济业务:

1.6月2日,从C公司购进甲材料2000千克,每千克20元;购进乙材料3000千克,每千克10元。价款计70000元,增值税进项税额11900元,用银行存款支付,材料已验收入库。

2.6月3日,向A公司销售丙产品2000件,每件售价50元,价款100000元,增值税销项税额17000元,款项尚未收到。

3.6月5日,领用甲材料3500千克(其中生产丙产品耗用1500千克,生产丁产品耗用1000千克,生产车间一般耗用600千克,管理部门耗用400千克);领用乙材料2000千克(其中生产丙产品耗用300千克,生产丁产品耗用700千克,生产车间一般耗用200千克,管理部门耗用800千克)。

4.6月8日,收到A公司归还的前欠货款30000元,存入银行。

5.6月10日,从银行提取现金45000元,备发工资。

6.6月10日,用现金发放职工工资45000元。

7.6月12日,用银行存款偿还前欠C公司材料款35000元。

8.6月15日,用银行存款支付公司行政管理部门差旅费3000元。

9.6月18日,用银行存款支付销售产品的广告费2000元。

10. 6月20日，向B公司销售丁产品1000件，每件售价40元，价款40000元，增值税销项税额6800元，款项已收到存入银行。

11. 6月30日，用银行存款支付本月水电费9000元(其中：生产车间6000元，行政管理部门3000元)。

12. 6月30日，提取本月固定资产折旧6000元(其中：生产车间4000元，行政管理部门2000元)。

13. 6月30日，分配本月工资费用45000元(其中：生产丙产品工人工资20000元，生产丁产品工人工资10000元，车间管理人员工资6000元，行政管理人员工资9000元)。

14. 6月30日，分配本月制造费用30000元，其中丙产品20000元，丁产品10000元。

15. 6月30日，结转本月完工入库产品成本，本月产品全部完工入库，其中丙产品入库5000件，总成本100000元，丁产品入库4000件，总成本60000元。

16. 6月30日，结转本月已售产品销售成本，其中销售甲产品2000件，销售成本40000元，销售丁产品1000件，销售成本15000元。

17. 6月30日，将本月损益类账户发生额结转到"本年利润"账户。

18. 6月30日，按25%的税率计算公司应纳所得税(假设不存在其他纳税调整事项)。

根据上述资料，说明记账凭证账务处理程序。

第一步，根据以上发生的经济业务编制记账凭证(包括收款凭证、付款凭证与转账凭证)，如表9-2至表9-21所示。

表9-2　付款凭证

贷方科目：银行存款　　2013年6月2日　　银付字第1号　　单位：元

摘要	借方科目		金额	过账
	一级科目	二级科目		
从C公司购进材料	原材料 应交税费	甲材料 乙材料 应交增值税	40000 30000 11900	√
合计			81900	

表9-3　转账凭证

2013年6月3日　　转字第1号　　单位：元

摘要	会计科目		借方金额	贷方金额	过账
	一级科目	二级科目			
向A公司销售丙产品	应收账款 主营业务收入 应交税费	A公司 丙产品 应交增值税	117000	 100000 17000	√ √ √
合计			117000	117000	

表 9-4 转账凭证

2013 年 6 月 5 日　　　　转字第 2 号　　　　单位:元

摘要	会计科目		借方金额	贷方金额	过账
	一级科目	二级科目			
领用材料	生产成本	丙产品	33000		√
		丁产品	27000		√
	制造费用	材料费	14000		√
	管理费用	材料费	16000		√
	原材料	甲材料		70000	√
		乙材料		20000	√
合计			90000	90000	

表 9-5 收款凭证

借方科目:银行存款　　2013 年 6 月 8 日　　银收字第 1 号　　单位:元

摘要	贷方科目		金额	过账
	一级科目	二级科目		
收到 A 公司前欠货款	应收账款	A 公司	30000	√
合计			30000	

表 9-6 付款凭证

贷方科目:银行存款　　2013 年 6 月 10 日　　银付字第 2 号　　单位:元

摘要	借方科目		金额	过账
	一级科目	二级科目		
提现	库存现金		45000	√
合计			45000	

表 9-7 付款凭证

贷方科目:库存现金　　2013 年 6 月 10 日　　现付字第 1 号　　单位:元

摘要	借方科目		金额	过账
	一级科目	二级科目		
发放工资	应付职工薪酬	工资	45000	√
合计			45000	

表 9-8 付款凭证

贷方科目:银行存款　　2013 年 6 月 12 日　　银付字第 3 号　　单位:元

摘要	借方科目		金额	过账
	一级科目	二级科目		
付前欠 C 公司材料款	应付账款	C 公司	35000	√
合计			35000	

表 9-9　付款凭证

贷方科目:银行存款　　2013 年 6 月 15 日　　银付字第 4 号　　单位:元

摘要	借方科目		金额	过账
	一级科目	二级科目		
付行政管理部门差旅费	管理费用	差旅费	3000	√
合计			3000	

表 9-10　付款凭证

贷方科目:银行存款　　2013 年 6 月 18 日　　银付字第 5 号　　单位:元

摘要	借方科目		金额	过账
	一级科目	二级科目		
付广告费	销售费用	广告费	2000	√
合计			2000	

表 9-11　收款凭证

借方科目:银行存款　　2013 年 6 月 20 日　　银收字第 1 号　　单位:元

摘要	贷方科目		金额	过账
	一级科目	二级科目		
向 B 公司销售丁产品	主营业务收入 应交税费	丁产品 应交增值税	40000 6800	√ √
合计			46800	

表 9-12　付款凭证

贷方科目:银行存款　　2013 年 6 月 30 日　　银付字第 6 号　　单位:元

摘要	借方科目		金额	过账
	一级科目	二级科目		
付水电费	制造费用 管理费用	水电费 水电费	6000 3000	√ √
合计			9000	

表 9-13　转账凭证

2013 年 6 月 30 日　　转字第 3 号　　单位:元

摘要	会计科目		借方金额	贷方金额	过账
	一级科目	二级科目			
提取折旧	制造费用 管理费用 累计折旧	折旧费 折旧费 	4000 2000 	 6000	√ √ √
合计			6000	6000	

表 9-14 转账凭证

2013 年 6 月 30 日　　转字第 4 号　　单位:元

摘要	会计科目		借方金额	贷方金额	过账
	一级科目	二级科目			
分配工资费用	生产成本	丙产品	20000		√
		丁产品	10000		√
	制造费用	人工费	6000		√
	管理费用	人工费	9000		√
	应付职工薪酬	工资		45000	√
合计			45000	45000	

表 9-15 转账凭证

2013 年 6 月 30 日　　转字第 5 号　　单位:元

摘要	会计科目		借方金额	贷方金额	过账
	一级科目	二级科目			
分配制造费用	生产成本	丙产品	20000		√
		丁产品	10000		√
	制造费用			30000	√
合计			30000	30000	

表 9-16 转账凭证

2013 年 6 月 30 日　　转字第 6 号　　单位:元

摘要	会计科目		借方金额	贷方金额	过账
	一级科目	二级科目			
结转完工入库产品成本	库存商品	丙产品	100000		√
		丁产品	60000		√
	生产成本	丙产品		100000	√
		丁产品		60000	√
合计			160000	160000	

表 9-17 转账凭证

2013 年 6 月 30 日　　转字第 7 号　　单位:元

摘要	会计科目		借方金额	贷方金额	过账
	一级科目	二级科目			
结转已售产品生产成本	主营业务成本	丙产品	40000		√
		丁产品	15000		√
	库存商品	丙产品		40000	√
		丁产品		15000	√
合计			55000	55000	

表 9-18　转账凭证

2013 年 6 月 30 日　　　　转字第 8 号　　　　单位:元

摘要	会计科目		借方金额	贷方金额	过账
	一级科目	二级科目			
结转损益类账户	主营业务收入	丙产品	100000		√
		丁产品	40000		√
	本年利润			140000	√
合计			140000	140000	

表 9-19　转账凭证

2013 年 6 月 30 日　　　　转字第 9 号　　　　单位:元

摘要	会计科目		借方金额	贷方金额	过账
	一级科目	二级科目			
结转损益类账户	本年利润		90000		√
	主营业务成本	丙产品		40000	√
		丁产品		15000	√
	管理费用			33000	√
	销售费用			2000	√
合计			90000	90000	

利润总额＝140000－90000＝50000(元)

所得税费用＝50000×25％＝12500(元)

表 9-20　转账凭证

2013 年 6 月 30 日　　　　转字第 10 号　　　　单位:元

摘要	会计科目		借方金额	贷方金额	过账
	一级科目	二级科目			
计算应纳所得税	所得税费用		12500		√
	应交税费	应交所得税		12500	√
合计			12500	12500	

表 9-21　转账凭证

2013 年 6 月 30 日　　　　转字第 11 号　　　　单位:元

摘要	会计科目		借方金额	贷方金额	过账
	一级科目	二级科目			
将“所得税费用”转入“本年利润”	本年利润		12500		√
	所得税费用			12500	√
合计			12500	12500	

第二步，根据审核无误的记账凭证(包括收款凭证、付款凭证和转账凭证)，逐日逐笔登记库存现金日记账和银行存款日记账。如表 9-22 和表 9-23 所示。

表 9-22 现金日记账

单位:元

2013 年		凭证		摘要	对方科目	收入	付出	结存
月	日	字	号					
6	1			期初余额				4000
	10	银付	2	提现	银行存款	45000		
	10	现付	1	发放工资	应付职工薪酬		45000	4000
	30			本月合计		45000	45000	4000

表 9-23 银行存款日记账

单位:元

2013 年		凭证		摘要	对方科目	收入	付出	结存
月	日	字	号					
6	1			月初余额				320000
	2	银付	1	购进材料	原材料		81900	238100
	8	银收	1	收到 A 公司还款	应收账款	30000		268100
	10	银付	2	提现	库存现金		45000	223100
	12	银付	3	偿还 C 公司货款	应付账款		35000	188100
	15	银付	4	付差旅费	管理费用		3000	185100
	18	银付	5	付广告费	销售费用		2000	183100
	20	银收	2	销售丁产品	主营业务收入	46800		229900
	30	银付	6	付水电费	制造费用		9000	220900
	30			本月合计		76800	175900	220900

第三步,根据审核无误的原始凭证和记账凭证(包括收款凭证、付款凭证和转账凭证),逐笔登记各有关明细分类账。如表 9-24 至表 9-29 所示。

表 9-24 原材料明细账

材料名称:甲材料　　计量单位:千克

2013 年		凭证		摘要	收入			发出			结存		
月	日	字	号		数量	单价	金额	数量	单价	金额	数量	单价	金额
6	1			月初余额	略	略		略	略		略	略	80000
	2	银付	1	购进材料			40000						120000
	5	转	2	领用材料						70000			50000
	30			本月合计			40000			70000			50000

表 9-25 原材料明细账

材料名称:乙材料　　计量单位:千克

2013 年		凭证		摘要	收入			发出			结存		
月	日	字	号		数量	单价	金额	数量	单价	金额	数量	单价	金额
6	1			月初余额	略	略		略	略		略	略	40000
	2	银付	1	购进材料			30000						70000
	5	转	2	领用材料						20000			50000
	30			本月合计			30000			20000			50000

表 9-26　应收账款明细账

客户名称:A 公司　　单位:元

2013 年		凭证		摘要	借方	贷方	借或贷	余额
月	日	字	号					
6	1			期初余额			借	53000
	3	转	1	销售丙产品	117000		借	170000
	8	银收	1	收到还款		30000	借	140000
	30			本月合计	117000	30000	借	140000

表 9-27　应收账款明细账

客户名称:B 公司　　单位:元

2013 年		凭证		摘要	借方	贷方	借或贷	余额
月	日	字	号					
6	1			期初余额			借	27000
	30			本月合计	0	0	借	27000

表 9-28　应付账款明细账

客户名称:C 公司　　单位:元

2013 年		凭证		摘要	借方	贷方	借或贷	余额
月	日	字	号					
6	1			期初余额			贷	35000
	12	银付	3	偿还欠款	35000		平	0
	30			本月合计	35000	0	平	0

表 9-29　应付账款明细账

客户名称:D 公司　　单位:元

2013 年		凭证		摘要	借方	贷方	借或贷	余额
月	日	字	号					
6	1			期初余额			贷	40000
	30			本月合计	0	0	贷	40000

其他明细账登记方法省略。

第四步,根据审核无误的记账凭证(包括收款凭证、付款凭证和转账凭证),逐笔登记各有关总分类账。如表 9-30 至表 9-52 所示。

表 9-30　总分类账

账户名称:库存现金

2013 年		凭证		摘要	借方	贷方	借或贷	余额
月	日	字	号					
6	1			期初余额			借	4000
	10	银付	2	提现	45000		借	
	10	现付	1	发放工资		45000	借	4000
	30			本月合计	45000	45000	借	4000

表 9-31 总分类账

账户名称:银行存款

2013年		凭证		摘要	借方	贷方	借或贷	余额
月	日	字	号					
6	1			月初余额			借	320000
	2	银付	1	购进材料		81900	借	238100
	8	银收	1	收到A公司还款	30000		借	268100
	10	银付	2	提现		45000	借	223100
	12	银付	3	偿还C公司货款		35000	借	188100
	15	银付	4	付差旅费		3000	借	185100
	18	银付	5	付广告费		2000	借	183100
	20	银收	2	销售丁产品	46800		借	229900
	30	银付	6	付水电费		9000	借	220900
	30			本月合计	76800	175900	借	220900

表 9-32 总分类账

账户名称:交易性金融资产

2013年		凭证		摘要	借方	贷方	借或贷	余额
月	日	字	号					
6	1			期初余额			借	50000
	30			本月合计	0	0	借	50000

表 9-33 总分类账

账户名称:应收账款

2013年		凭证		摘要	借方	贷方	借或贷	余额
月	日	字	号					
6	1			期初余额			借	80000
	3	转	1	销售丙产品	117000		借	197000
	8	银收	1	收到还款		30000	借	167000
	30			本月合计	117000	30000	借	167000

表 9-34 总分类账

账户名称:原材料

2013年		凭证		摘要	借方	贷方	借或贷	余额
月	日	字	号					
6	1			期初余额			借	120000
	2	银付	1	购进材料	70000		借	190000
	5	转	2	领用材料		90000	借	100000
	30			本月合计	70000	90000	借	100000

表 9-35　总分类账

账户名称：生产成本

2013 年		凭证		摘要	借方	贷方	借或贷	余额
月	日	字	号					
6	1			期初余额			借	40000
	5	转	2	领用材料	60000		借	100000
	30	转	4	分配工资	30000		借	130000
	30	转	5	分配制造费用	30000		借	160000
	30	转	6	完工产品入库		160000	平	0
	30			本月合计	120000	160000	平	0

表 9-36　总分类账

账户名称：制造费用

2013 年		凭证		摘要	借方	贷方	借或贷	余额
月	日	字	号					
6	5	转	2	领用材料	14000		借	14000
	30	银付	6	付水电费	6000		借	20000
	30	转	3	提取折旧	4000		借	24000
	30	转	4	分配工资	6000		借	30000
	30	转	5	月末分配		30000	平	0
	30			本月合计	30000	30000	平	0

表 9-37　总分类账

账户名称：库存商品

2013 年		凭证		摘要	借方	贷方	借或贷	余额
月	日	字	号					
6	1			期初余额			借	85000
	30	转	6	产品入库	160000		借	245000
	30	转	7	结转销售产品成本		55000	借	190000
	30			本月合计	160000	55000	借	190000

表 9-38　总分类账

账户名称：固定资产

2013 年		凭证		摘要	借方	贷方	借或贷	余额
月	日	字	号					
6	1			期初余额			借	450000
	30			本月合计	0	0	借	450000

表 9-39　总分类账

账户名称:累计折旧

2013 年		凭证		摘要	借方	贷方	借或贷	余额
月	日	字	号					
6	1			期初余额			贷	120000
	30	转	3	提取折旧		6000	贷	126000
	30			本月合计	0	6000	贷	126000

表 9-40　总分类账

账户名称:短期借款

2013 年		凭证		摘要	借方	贷方	借或贷	余额
月	日	字	号					
6	1			期初余额			贷	100000
	30			本月合计	0	0	贷	100000

表 9-41　总分类账

账户名称:应付账款

2013 年		凭证		摘要	借方	贷方	借或贷	余额
月	日	字	号					
6	1			期初余额			贷	75200
	12	银付	3	偿还 C 公司欠款	35000		贷	40200
	30			本月合计	35000	0	贷	40200

表 9-42　总分类账

账户名称:长期借款

2013 年		凭证		摘要	借方	贷方	借或贷	余额
月	日	字	号					
6	1			期初余额			贷	200000
	30			本月合计	0	0	贷	200000

表 9-43　总分类账

账户名称:应付职工薪酬

2013 年		凭证		摘要	借方	贷方	借或贷	余额
月	日	字	号					
6	10	现付	1	发放工资	45000		借	2000
	30	转	4	分配工资		45000	平	0
	30			本月合计	2000	2000	平	0

表 9-44 总分类账

账户名称:应交税费

2013年		凭证		摘要	借方	贷方	借或贷	余额
月	日	字	号					
6	1			期初余额			贷	20000
	2	银付	1	购进材料	11900		贷	8100
	3	转	1	销售丙产品		17000	贷	25100
	20	银收	1	销售丁产品		6800	贷	31900
	30	转	10	计算应纳所得税		12500	贷	44400
	30			本月合计	11900	36300	贷	44400

表 9-45 总分类账

账户名称:销售费用

2013年		凭证		摘要	借方	贷方	借或贷	余额
月	日	字	号					
6	18	银付	5	付广告费	2000		借	2000
	30	转	9	月末结转		2000	平	0
	30			本月合计	2000	2000	平	0

表 9-46 总分类账

账户名称:管理费用

2013年		凭证		摘要	借方	贷方	借或贷	余额
月	日	字	号					
6	5	转	2	领用材料	16000		借	16000
	15	银付	4	付差旅费	3000			19000
	30	银付	6	付水电费	3000			22000
	30	转	3	提取折旧	2000			24000
	30	转	4	分配工资	9000			33000
	30	转	9	月末结转		33000	平	0
	30			本月合计	33000	33000	平	0

表 9-47 总分类账

账户名称:主营业务收入

2013年		凭证		摘要	借方	贷方	借或贷	余额
月	日	字	号					
6	3	转	1	销售丙产品		100000	贷	100000
	20	银收	1	销售丁产品		40000	贷	140000
	30	转	8	月末结转	140000		平	0
	30			本月合计	140000	140000	平	0

表 9-48 总分类账

账户名称:主营业务成本

2013 年		凭证		摘要	借方	贷方	借或贷	余额
月	日	字	号					
6	30	转	7	结转销售产品成本	55000		借	55000
	30	转	9	月末结转		55000	平	0
	30			本月合计	55000	55000	平	0

表 9-49 总分类账

账户名称:所得税费用

2013 年		凭证		摘要	借方	贷方	借或贷	余额
月	日	字	号					
6	30	转	10	计算应纳所得税	12500		贷	100000
	30	转	11	月末结转		12500	平	0
	30			本月合计	12500	12500	平	0

表 9-50 总分类账

账户名称:实收资本

2013 年		凭证		摘要	借方	贷方	借或贷	余额
月	日	字	号					
6	1			期初余额			贷	500000
	30			本月合计	0	0	贷	500000

表 9-51 总分类账

账户名称:本年利润

2013 年		凭证		摘要	借方	贷方	借或贷	余额
月	日	字	号					
6	1			期初余额			贷	30000
	30	转		结转损益类账户		140000	贷	170000
	30	转		结转损益类账户	90000		贷	80000
	30	转		结转所得税费用	12500		贷	67500
	30			本月合计	102500	140000	贷	67500

表 9-52 总分类账

账户名称:利润分配

2013 年		凭证		摘要	借方	贷方	借或贷	余额
月	日	字	号					
6	1			期初余额			贷	103800
	30			本月合计	0	0	贷	103800

第五步,将现金日记账、银行存款日记账和各类明细账与总分类账核对相符。

第六步,月末,编制总分类账户发生额及余额试算平衡表(见表 9-53),然后根据总分类账和明细分类账的有关资料编制会计报表(以简化表格代替,见表 9-54 和表 9-55)。

表 9-53 总分类账户发生额及余额试算平衡表

2013 年 6 月 30 日 单位:元

账户名称	本期发生额		期末余额	
	借方	贷方	借方	贷方
库存现金	45000	45000	4000	
银行存款	76800	175900	220900	
交易性金融资产	0	0	50000	
应收账款	117000	30000	167000	
原材料	70000	90000	100000	
库存商品	160000	55000	190000	
固定资产	0	0	450000	
累计折旧	0	6000		126000
生产成本	120000	160000	0	
制造费用	30000	30000	0	
短期借款	0	0		100000
应付账款	35000	0		40200
应付职工薪酬	45000	45000		0
应交税费	11900	36300		44400
长期借款	0	0		200000
主营业务收入	140000	140000		0
主营业务成本	55000	55000	0	
销售费用	2000	2000	0	
管理费用	33000	33000	0	
所得税费用	12500	12500	0	
实收资本	0	0		500000
本年利润	102500	140000		67500
利润分配	0	0		103800
合　计	1055700	1055700	1181900	1181900

表 9-54 资产负债表 会企 01 表

编制单位:通达公司 2013 年 6 月 30 日 单位:元

资产	期末数	年初数	负债及所有者权益	期末数	年初数
流动资产:		(略)	流动负债:		(略)
货币资金	224900		短期借款	100000	
交易性金融资产	50000		应付票据	0	
应收票据	0		应付账款	40200	
应收账款	167000		应付职工薪酬	0	
其他应收款	0		应交税费	44400	
存货	290000		其他应付款	0	
流动资产合计	731900		流动负债合计	184600	
非流动资产:			非流动负债		
长期股权投资	0		长期借款	200000	

续表

资产	期末数	年初数	负债及所有者权益	期末数	年初数
固定资产	324000		应付债券	0	
无形资产	0		长期应付款	0	
非流动资产合计	324000		非流动负债合计	200000	
			负债合计	384600	
			所有者权益：		
			实收资本	500000	
			资本公积	0	
			盈余公积	0	
			未分配利润	171300	
			所有者权益合计	671300	
资产总计	1055900		负债及所有者权益总计	1055900	

表 9-55 利润表

会企 02 表

编制单位：通达公司　　2013 年 6 月 30 日　　单位：元

项目	本期金额	上期金额
一、营业收入	140000	（略）
减：营业成本	55000	
营业税金及附加	0	
销售费用	2000	
管理费用	33000	
财务费用	0	
加：投资收益	0	
二、营业利润	50000	
加：营业外收入	0	
减：营业外支出	0	
三、利润总额	50000	
减：所得税费用	12500	
四、净利润	37500	

第三节　科目汇总表账务处理程序

一、科目汇总表账务处理程序的特点

科目汇总表账务处理程序又称“记账凭证汇总表账务处理程序”，它是根据记账凭证定期编制科目汇总表，然后根据科目汇总表登记总分类账的一种账务处理程序。其主要特点是：根据记账凭证定期地编制科目汇总表，然后再根据科目汇总表登记总分类账。

在科目汇总表账务处理程序下，记账凭证、银行存款日记账、现金日记账、各种总分类账和明细分类账的设置与记账凭证账务处理程序基本相同。同时为了对记账凭证定期地进行汇总，还需设置科目汇总表。

科目汇总表是根据一定时期全部记账凭证，按总账科目进行分类，用来汇总各个总账科目一定时期的借方、贷方发生额而编制的一种汇总记账凭证。编制科目汇总表时，应根据一定时期内的全部记账凭证，按照总账科目进行汇总，汇总计算出每一总账科目的借方发生额和贷方发生额，把所有总账科目的借方、贷方发生额填入科目汇总表，然后加总计算出所有总账科目的借方、贷方发生额合计数。根据“有借必有贷、借贷必相等”的记账规则，所有总账科目的借方、贷方发生额合计数应该相等。因此，编制科目汇总表，能起到“本期发生额试算平衡表”的作用。科目汇总表的编制时间，可根据本单位业务量的大小而定，一般 3 天、5 天、10 天或 15 天编制一次。科目汇总表的格式见表 9-56 和表 9-57 所示。

表 9-56　科目汇总表(格式一)

年　　月　　日至　　日

会计科目	总账账页	本期发生额		记账凭证起讫号数
		借方	贷方	
合计				

表 9-57　科目汇总表(格式二)

年　　月

会计科目	1 日至 10 日		11 日至 20 日		21 日至 31 日		合计		总账账页
	借方	贷方	借方	贷方	借方	贷方	借方	贷方	

二、科目汇总表账务处理程序的基本步骤

(1)根据原始凭证或原始凭证汇总表填制记账凭证。

(2)根据收款凭证和付款凭证逐笔登记现金日记账和银行存款日记账。

(3)根据原始凭证、原始凭证汇总表或记账凭证登记各种明细分类账。

(4)根据记账凭证定期编制科目汇总表。

(5)月末，根据编制的科目汇总表登记总分类账。

(6)月末，将现金日记账、银行存款日记账的余额，以及各种明细分类账的余额合计数，分别与总分类账中相关账户的余额核对相符。

(7)月末，根据核对无误的总分类账和明细分类账的相关资料，编制会计报表。

科目汇总表账务处理程序的基本步骤见图 9-2 所示。

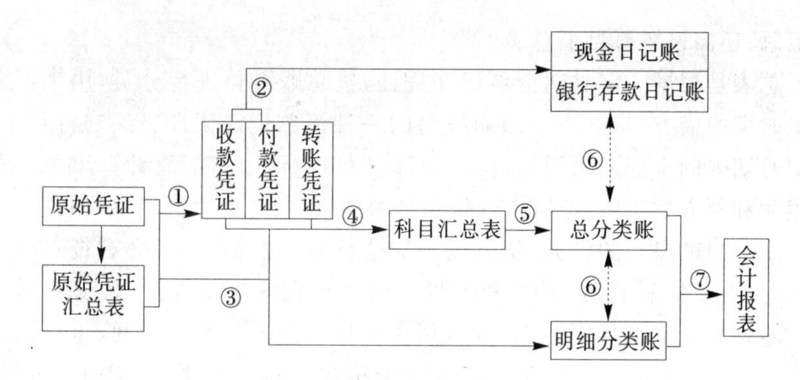

图 9-2 科目汇总表账务处理程序

三、科目汇总表账务处理程序的优缺点

(一)科目汇总表账务处理程序的优点

(1)根据科目汇总表登记总分类账,可以大大减轻登记总分类账的工作量。

(2)编制科目汇总表,可以进行全部总账科目借方、贷方发生额的试算平衡,保证总分类账登记的正确性。

(二)科目汇总表账务处理程序的缺点

科目汇总表是按照各个总账科目归类汇总其发生额的,不能在该表中清晰地反映账户之间的对应关系,因而不便于对账和查账。

四、科目汇总表账务处理程序的适用范围

科目汇总表账务处理程序能使账务处理清楚,又具有进行账户发生额的试算平衡、减轻总分类账登记的作用,一般适用于规模较大、经济业务量较多的大中型企事业单位。

五、科目汇总表账务处理程序举例

【例 9-2】 以【例 9-1】资料为例,说明科目汇总表账务处理程序。

第一步,根据以上发生的经济业务编制记账凭证(与上述记账凭证账务处理程序相同,见表 9-2 至表 9-21)。

第二步,根据审核无误的记账凭证,逐日逐笔登记库存现金日记账和银行存款日记账(与上述记账凭证账务处理程序相同,见表 9-22 至表 9-23)。

第三步,根据审核无误的原始凭证和记账凭证,逐笔登记各有关明细分类账(与上述记账凭证账务处理程序相同,见表 9-24 至表 9-52)。

第四步,根据记账凭证编制科目汇总表,如表 9-58 和表 9-59 所示(分别于 15 日和 30 日编制一次)。

表 9-58 科目汇总表

2013 年 6 月 1 日至 15 日　　科汇字第 1 号　　单位:元

会计科目	总账账页	本期发生额		记账凭证起讫号数
		借方	贷方	
库存现金	(略)	45000	45000	(略)
银行存款		30000	164900	
应收账款		117000	30000	
原材料		70000	90000	
生产成本		60000	0	
制造费用		14000	0	
应付职工薪酬		45000		
应付账款		35000	0	
应交税费		11900	17000	
主营业务收入			100000	
管理费用		19000		
合计		446900	446900	

表 9-59 科目汇总表

2013 年 6 月 16 日至 30 日　　科汇字第 2 号　　单位:元

会计科目	总账账页	本期发生额		记账凭证起讫号数
		借方	贷方	
银行存款	(略)	46800	11000	(略)
库存商品		160000	55000	
累计折旧		0	6000	
生产成本		60000	160000	
应付职工薪酬			45000	
制造费用		16000	30000	
应交税费			19300	
主营业务收入		140000	40000	
主营业务成本		55000	55000	
销售费用		2000	2000	
管理费用		14000	33000	
所得税费用		12500	12500	
本年利润		102500	140000	
合计		608800	608800	

第五步,根据科目汇总表登记总分类账。这里仅以“银行存款”总分类账和“管理费用”总分类账为例,介绍根据科目汇总表登记总分类账的方法,如表 9-60 和表 9-61 所示。

表 9-60 总分类账

账户名称:银行存款 单位:元

2013 年		凭证		摘要	借方	贷方	借或贷	余额
月	日	字	号					
6	1			期初余额			借	320000
	15	科汇	1	1～15 日汇总	30000	164900	借	185100
	8	科汇	2	16～30 日汇总	46800	11000	借	220900
	30			本月合计	76800	175900	借	220900

表 9-61 总分类账

账户名称:管理费用 单位:元

2013 年		凭证		摘要	借方	贷方	借或贷	余额
月	日	字	号					
6	15	科汇	1	1～15 日汇总	19000	0	借	19000
	8	科汇	2	16～30 日汇总	14000	33000	平	0
	30			本月合计	33000	33000	借	0

其他总分类账的登记方法相同,从略。

第五步,将现金日记账、银行存款日记账和各类明细账与总分类账核对相符(与上述记账凭证账务处理程序相同)。

第六步,月末,根据总分类账和明细分类账的有关资料编制会计报表(与上述记账凭证账务处理程序相同,见表 9-54 和表 9-55)。

第四节 汇总记账凭证账务处理程序

一、汇总记账凭证账务处理程序的特点

汇总记账凭证账务处理程序又称为“分类汇总记账凭证账务处理程序”,是根据记账凭证(收款凭证、付款凭证和转账凭证)定期编制汇总记账凭证(汇总收款凭证、汇总付款凭证和汇总转账凭证),再根据汇总记账凭证登记总分类账的一种账务处理程序。其主要特点是:根据记账凭证定期编制汇总记账凭证,然后根据汇总记账凭证登记总分类账。

在汇总记账凭证账务处理程序下,为了对记账凭证进行分类汇总,需要设置收款凭证、付款凭证和转账凭证等专用凭证格式,各种账簿的设置种类、格式与记账凭证账务处理程序基本相同。但总分类账的账页格式须设“对应账户”栏,此外还需设置汇总收款凭证、汇总付款凭证和汇总转账凭证等汇总记账凭证。

二、汇总记账凭证的编制方法

汇总记账凭证是在填制的各种专用凭证的基础上,按照一定的方法进行汇总编制而成的。汇总记账凭证分为汇总收款凭证、汇总付款凭证和汇总转账凭证三种,每种凭证的编制方法各有所不同。

(一)汇总收款凭证的编制方法

汇总收款凭证是指按“库存现金”和“银行存款”科目的借方分别设置的一种汇总记账凭证。它汇总了一定时期内库存现金和银行存款的收款业务。

汇总收款凭证的编制方法是:将一定时期内全部库存现金和银行存款收款凭证,分别按其对应的贷方科目进行归类,计算出每一个贷方科目发生额合计数,填入汇总收款凭证中。一般 5 天或 10 天汇总一次,每月编制一张,月终计算出每个贷方科目发生额合计数,据以登记总分类账。汇总收款凭证的格式如表 9-62 所示。

表 9-62 汇总收款凭证

借方科目:库存现金(银行存款)　　年　月　　字第　号

贷方科目	发生额				总账页数	
	1～10 日	11～20 日	21～31 日	合计	借方	贷方
合计						

(二)汇总付款凭证的编制方法

汇总付款凭证是指按“库存现金”和“银行存款”科目的贷方分别设置的一种汇总记账凭证。它汇总了一定时期内库存现金和银行存款的付款业务。

汇总付款凭证的编制方法是:将一定时期内全部库存现金和银行存款付款凭证,分别按其对应的借方科目进行归类,计算出每一个借方科目发生额合计数,填入汇总付款凭证中。一般 5 天或 10 天汇总一次,每月编制一张,月终计算出每个借方科目发生额合计数,据以登记总分类账。汇总付款凭证的格式如表 9-63 所示。

表 9-63 汇总付款凭证

贷方科目:库存现金(银行存款)　　年　月　　字第　号

借方科目	发生额				总账页数	
	1～10 日	11～20 日	21～31 日	合计	借方	贷方
合计						

(三)汇总转账凭证的编制方法

汇总收款凭证是指按每一贷方科目分别设置,用来汇总一定时期内转账业务的一种汇总记账凭证。汇总转账凭证的编制方法是:将一定时期内的全部转账凭证,按其对应的借方科目进行归类,计算出每一个借方科目发生额合计数,填入汇总转账凭证中。一般 5 天或 10 天汇总一次,每月编制一张,月终计算出每个借方科目发生额合计数,据以登记总分类账。汇总转账凭证的格式如表 9-64 所示。

表 9-64 汇总转账凭证

贷方科目：　　　　　　　　　年　　月　　　　　　　　　　　　　字第　　号

借方科目	发生额				总账页数	
	1～10 日	11～20 日	21～31 日	合计	借方	贷方
合计						

为便于进行汇总转账凭证的编制，在日常编制转账凭证时，会计分录的形式最好是一借一贷、多借一贷，不宜一借多贷或多借多贷。这是由于汇总转账凭证是按贷方科目设置的，一借多贷或多借多贷会计分录都会给编制汇总转账凭证带来一定的不便。

三、汇总记账凭证账务处理程序的基本步骤

(1)根据原始凭证或原始凭证汇总表填制记账凭证。

(2)根据收款凭证和付款凭证逐笔登记现金日记账和银行存款日记账。

(3)根据原始凭证、原始凭证汇总表或记账凭证登记各种明细分类账。

(4)根据记账凭证定期编制各种汇总记账凭证。

(5)月末，根据编制的汇总记账凭证登记总分类账。

(6)月末，将现金日记账、银行存款日记账的余额，以及各种明细分类账的余额合计数，分别与总分类账中相关账户的余额核对相符。

(7)月末，根据核对无误的总分类账和明细分类账的相关资料，编制会计报表。

汇总记账凭证账务处理程序的基本步骤如图 9-3 所示。

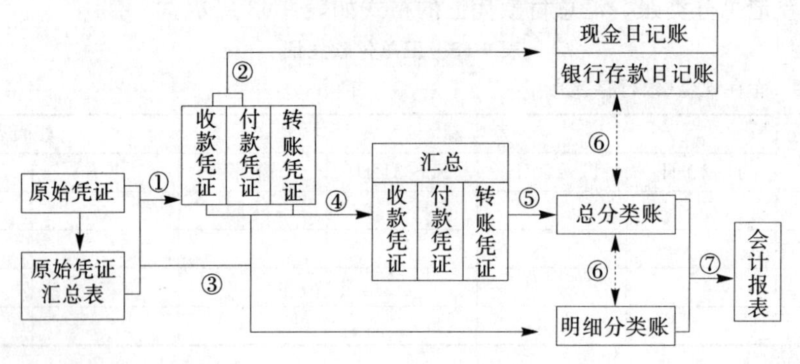

图 9-3 汇总记账凭证账务处理程序

四、汇总记账凭证账务处理程序的优缺点

(一)汇总记账凭证账务处理程序的优点

1.可以减轻登记总分类账的工作量

在汇总记账凭证账务处理程序下，可以依据汇总记账凭证上有关账户的汇总发生额，在月中或月末一次性登记总分类账，减轻了登记总分类账的工作量。

2.能够清晰地反映账户之间的对应关系

在汇总记账凭证账务处理程序下,汇总记账凭证是按会计科目对应关系进行分类汇总编制的,能够清晰地反映出有关会计账户之间的对应关系。

(二)汇总记账凭证账务处理程序的缺点

1.定期编制汇总记账凭证的工作量较大

由于汇总转账凭证是按每一贷方科目分类汇总的,而不是按经济业务的性质归类汇总,因而不利于日常核算工作的合理分工。如果某一贷方科目转账凭证不多,编制汇总转账凭证不但起不到减少工作量的作用,反而会增加工作量。

2.对汇总中可能存在的错误难以发现

编制汇总转账凭证是一项比较复杂的工作,容易产生汇总错误,而且汇总记账凭证本身又不能体现出有关数字之间的平衡关系,即使存在汇总错误也难以发现。

五、汇总记账凭证账务处理程序的适用范围

由于汇总记账凭证账务处理程序具有能够清晰地反映账户之间的对应关系以及能够减轻登记总分类账工作量等优点,因而一般只适用于规模较大、经济业务较多、编制专用记账凭证的单位。

本章小结

账务处理程序就是从原始凭证的整理、汇总,记账凭证的填制、汇总,日记账、明细分类账的登记,到会计报表的编制步骤和方法。账务处理程序的基本模式可以概括为:原始凭证—记账凭证—会计账簿—会计报表。由于各会计主体的业务性质、规模大小不同,应当设置的账簿种类、格式和账簿之间的相互关系以及与之相适应的记账程序和记账方法也就不完全相同。

记账凭证账务处理程序的主要特点是直接根据各种记账凭证逐笔登记总分类账。它是核算组织程序中最基本的一种核算组织程序,其他各种核算组织程序都是在此基础上发展演变而成的。记账凭证账务处理程序一般只适用于规模较小、经济业务量较少的单位。

科目汇总表账务处理程序又称“记账凭证汇总表账务处理程序”,它的主要特点是:根据记账凭证定期地编制科目汇总表,然后再根据科目汇总表登记总分类账。科目汇总表账务处理程序一般适用于规模较大、经济业务量较多的大中型企事业单位。

汇总记账凭证账务处理程序又称“分类汇总记账凭证账务处理程序”,它的主要特点是:根据记账凭证定期编制汇总记账凭证,然后根据汇总记账凭证登记总分类账。汇总记账凭证账务处理程序一般只适用于规模较大、经济业务较多、编制专用记账凭证的单位。

思考与练习

一、单项选择题

1. 各种账务处理程序的主要区别是(　　)。
A. 凭证和账簿组织不同　　B. 记账方法不同
C. 记账程序不同　　D. 登记总账的依据和方法不同

2. 直接根据记账凭证逐笔登记总分类账的账务处理程序是(　　)。
A. 记账凭证账务处理程序　　B. 科目汇总表账务处理程序
C. 汇总记账凭证账务处理程序　　D. 日记总账账务处理程序

3. 最基本的账务处理程序是(　　)。
A. 汇总记账凭证账务处理程序　　B. 日记总账账务处理程序
C. 记账凭证账务处理程序　　D. 科目汇总表账务处理程序

4. 规模小、经济业务较少的经济单位一般适用于(　　)。
A. 记账凭证账务处理程序　　B. 科目汇总表账务处理程序
C. 汇总记账凭证账务处理程序　　D. 日记总账账务处理程序

5. 科目汇总表账务处理程序(　　)。
A. 便于分析经济业务　　B. 可以了解经济业务的来龙去脉
C. 能清晰反映账户之间的对应关系　　D. 不能反映账户之间的对应关系

6. 科目汇总表与汇总记账凭证的相同点是(　　)。
A. 记账凭证的汇总方法相同　　B. 汇总凭证的格式相同
C. 登记总账的依据相同　　D. 记账凭证都需要汇总

7. 科目汇总表汇总的是(　　)。
A. 全部科目的借方发生额　　B. 全部科目的贷方发生额
C. 全部科目的借贷方发生额　　D. 全部科目的借贷方余额

8. 在不同账务处理程序下,不能作为登记总分类账依据的是(　　)。
A. 记账凭证　　B. 汇总原始凭证
C. 汇总记账凭证　　D. 科目汇总表

9. 编制科目汇总表直接依据的凭证是(　　)。
A. 原始凭证　　B. 汇总原始凭证
C. 记账凭证　　D. 汇总记账凭证

10. 科目汇总表账务处理程序与汇总记账凭证账务处理程序的共同优点是(　　)。
A. 能够进行发生额试算平衡　　B. 能够反映账户之间的对应关系
C. 能够简化总分类账的登记工作　　D. 程序简捷明了,便于理解

二、多项选择题

1. 账务处理程序的作用是(　　)。
A. 有利于提高会计信息的质量
B. 不需要登记总账

C. 有利于提高会计工作效率

D. 有利于建立和落实会计工作岗位责任制

2. 汇总记账凭证账务处理程序的优点是(　　)。

A. 减轻登记总账的工作量

B. 可以清晰地反映账户之间的对应关系

C. 编制汇总转账凭证的工作量较小

D. 能起到试算平衡的作用

3. 科目汇总表账务处理程序的优点是(　　)。

A. 减轻登记总账的工作量

B. 能起到试算平衡的作用

C. 能够反映账户之间的对应关系

D. 便于分析经济业务的来龙去脉和进行账目核对

4. 常用的账务处理程序主要有(　　)。

A. 记账凭证账务处理程序　　B. 汇总记账凭证账务处理程序

C. 科目汇总表账务处理程序　　D. 多栏式日记账账务处理程序

5. 各种账务处理程序的基本相同点是(　　)。

A. 填制记账凭证的依据相同

B. 登记明细账的依据和方法相同

C. 登记总分类账的依据和方法相同

D. 编制会计报表的依据和方法相同

6. 在不同账务处理程序下,下列可以作为登记总分类账依据的是(　　)。

A. 原始凭证　　B. 记账凭证

C. 科目汇总表　　D. 汇总记账凭证

7. 在汇总记账凭证账务处理程序下,编制的转账凭证只适宜采用(　　)。

A. 一借一贷　　B. 一借多贷

C. 多借一贷　　D. 多借多贷

8. 可以起到简化登记总分类账工作量的账务处理程序有(　　)。

A. 记账凭证账务处理程序　　B. 汇总记账凭证账务处理程序

C. 科目汇总表账务处理程序　　D. 以上都正确

9. 在科目汇总表账务处理程序下,编制会计报表的依据有(　　)。

A. 日记账　　B. 总分类账

C. 明细分类账　　D. 科目汇总表

10. 记账凭证账务处理程序的优点是(　　)。

A. 减轻登记总账的工作量

B. 能起到试算平衡的作用

C. 程序简单明了,便于理解

D. 能够反映账户之间的对应关系和进行账目核对

三、判断题

1. 账务处理程序是指会计凭证、会计账簿、会计报表之间有机结合的方式。　(　　)

2.不同的账务处理程序有很多的相同点，其主要区别是登记总账的依据和方法不同。（ ）

3.记账凭证账务处理程序的特点是直接根据记账凭证，逐笔登记总分类账，它是最基本的账务处理程序。（ ）

4.记账凭证账务处理程序一般适用于规模大经济业务较多的经济单位。（ ）

5.在科目汇总表账务处理程序下编制的科目汇总表内，全部总账科目的借方发生额合计数与贷方发生额合计数相等。（ ）

6.在科目汇总表账务处理程序下，编制的科目汇总表只能作为登记总账和试算平衡的依据。（ ）

7.在汇总记账凭证账务处理程序下，为便于编制汇总转账凭证，一般不适宜编制一借多贷或多借多贷的转账凭证。（ ）

8.汇总记账凭证账务处理程序的主要缺点是不便于反映经济业务的来龙去脉。（ ）

9.科目汇总表账务处理程序适用于经济业务较少的单位。（ ）

10.汇总转账凭证通常是根据每一科目的借方账户分别设置的。（ ）

四、简答题

1.什么是账务处理程序？有何意义？

2.简述设置账务处理程序的基本要求。

3.简述记账凭证账务处理程序的特点、基本步骤、优缺点和适用范围。

4.简述科目汇总表账务处理程序的特点、基本步骤、优缺点和适用范围。

5.简述汇总记账凭证账务处理程序的特点、基本步骤、优缺点和适用范围。

第十章　会计工作组织

教学目的

□了解会计工作组织的具体内容
□熟悉会计机构的设置
□熟悉会计人员的职责与主要权限以及会计人员的任职要求
□掌握会计人员的职业道德要求
□掌握会计档案管理工作的具体要求

教学重点

□会计工作组织的内容
□会计机构设置及会计岗位职责
□会计档案管理要求

教学难点

□对会计工作组织的理解
□对会计机构设置的理解
□对会计岗位职责设置的理解
□掌握会计档案管理工作的具体要求

建议课时

4 课时

第一节　会计工作组织概述

会计工作组织就是根据会计工作的特点，设置会计机构，确定会计人员，制定与执行会计规范以及保管会计档案，保证有序地、有效地、合理地进行会计工作。会计工作的组织，主要包括会计制度的制定、会计机构的设置和会计人员的配备等内容，它们之间是相互联系、相互作用、相互制约的，缺一不可。

只有正确而科学地组织会计工作，才能实现会计的职能，完成会计的任务，发挥会计的作用。

一、会计工作组织的意义

（一）正确而科学地组织会计工作，有利于保证会计工作质量，提高会计工作效率

会计工作所反映的经济活动是错综复杂的，对于这些错综复杂的经济活动进行连续、系统的核算，需要经过会计凭证—会计账簿—会计报表等一系列计算、记录、分类、汇总、分析、检查的各项手续和处理程序。在各种手续及多个处理程序之间又都存在着相当密切的联系，任何一个环节出现脱节或差错，都将可能影响整个核算工作及其结果的正确性与及时性，贻误工作，严重的甚至造成决策失误。因此，为了使会计工作按照既定的手续和处理程序有条不紊地进行，以保证会计工作质量，提高会计工作效率，就必须正确科学地组织会计工作。

（二）正确而科学地组织会计工作，能够加强企业单位内部经济责任制

经济责任制是各企业单位实行内部经济管理的重要手段，而实行内部经济责任制离不开会计工作，因为会计工作是经济管理的重要组成部分，就必然要为贯彻落实经济责任制发挥重要作用。内部经济责任制中的业绩考评、预测和决策等方面的工作，都需要会计所提供的信息，都离不开会计工作的配合和支持。所以，为了促使企业单位内部及有关部门提高管理水平，提高经济效益，管好用好资金，开源节流，加强内部经济责任制，就必须正确科学地组织会计工作。

（三）正确而科学地组织会计工作，能够确保会计工作与其他经济管理工作的协调性

会计工作是一项综合性的经济管理工作，它与其他经济管理工作有着十分密切的联系。它们在加强科学管理、提高效益的共同目标下，相互补充、相互促进、相互影响。会计工作既与宏观的国家财政、税收、金融工作有着密切的联系，又同各单位内部的计划、统计等工作有着非常密切的关系。这就要求会计工作必须服从国家财政税收的管理，加强与金融工作的密切合作，还要与各单位的计划和统计工作之间保持口径一致，相互协调，共同完成经济管理的各项任务。

（四）正确而科学地组织会计工作，能够充分发挥会计监督的作用

会计工作是一项政策性很强的工作，具有认真贯彻国家有关方针、政策和法令、制度，并揭露制止一切违法乱纪行为的重要任务。因此，正确科学地组织会计工作，充分发挥会计的监督职能，对于贯彻执行国家的方针、政策和法令、制度，维护财经纪律，建立良好的社会经济秩序具有十分重要的意义。

二、会计工作组织的要求

(一)统一性要求

组织会计工作必须按《会计法》和《企业会计制度》等国家规定的法令制度进行。各企业单位都应在国家有关部门的统一领导下组织会计工作，按照国家颁布的会计法规和会计准则处理各项经济业务，以便为国家制定有关政策和进行宏观调控提供准确的会计核算资料。只有按照统一要求组织会计工作，才能发挥会计工作在维护社会主义市场经济秩序、加强经营管理、提高经济效益中的作用。

(二)适应性要求

在遵循《会计法》和《企业会计制度》等国家法律、法规的前提下，结合自身的管理特点，制定出相应的具体办法。由于不同行业、不同规模、不同经营方式的企业，其经济业务的内容和数量也各不相同，因此，会计工作组织必须结合本单位自身的特点，采用不同的账簿组织、记账方法和程序处理相应的经济业务，以便充分发挥会计的职能和作用。

(三)效益性要求

会计工作组织既要保证核算工作的质量，又要节约时间和费用，提高工作效率。科学管理的会计工作组织，应在保证会计工作质量的前提下，对会计机构的设置、会计人员的配备及其分工，所有的会计凭证、账簿、财务报告的设计，各项处理程序和工作手续的规定等，本着精简和合理的要求，尽量避免重复劳动、无效劳动。力求以最少的人力、物力消耗取得最大的工作效果，尽量节约会计工作的时间和费用，更多地参与企业单位的内部管理活动。

(四)内部控制责任要求

会计工作组织既要保证贯彻整个单位的经济责任制，又要建立和完善会计工作的责任制度。在组织会计工作时，要遵循内部控制原则，在保证贯彻执行全单位责任制的同时，建立和完善如内部会计管理体系、会计人员岗位责任制度、账务处理程序制度、内部牵制制度、稽核制度、原始记录管理制度、定额管理制度、计量验收制度、财产清查制度、财务收支审批制度、成本核算制度、财务会计分析制度等内部牵制机制，对会计工作进行合理分工，建立与本单位经济责任制相符合的会计岗位。力求每个岗位上的会计人员都能认真地履行本岗位的职责，并使各岗位相互配合，实现会计处理手续和会计工作程序的规范化。

第二节　会计法规体系

一、我国的会计法规体系

会计法规是我国经济法规的一个重要组成部分。它是由国家和地方立法机关及中央、地方各级政府和行政部门制定颁发的有关会计方面的法律、法规、制度、办法和规定。

我国的会计法规，就其实质上来讲，是规范会计核算和会计监督行为的法律、法规制度体系，是以《会计法》为核心的，是会计准则、会计制度等诸多法律、法规、政策和制度的组合。

我国的会计法规体系大致可以分为三个层次：一是由全国人民代表大会统一制定的会计法律，如《会计法》，它是一部规范我国会计活动的基本规范；二是由国务院（或财政部）制定的会计行政法律，如《企业会计准则》，它是按照基本会计法规的要求制定的专项会计法规，是企业制定具体会计制度的依据；三是企业根据《会计法》和《企业会计准则》的规定和要求，结合其具体经济环境和生产情况制定的会计核算办法。

二、会计法规种类

（一）全国人大制定的会计法律《会计法》

《会计法》自 1985 年 5 月 1 日起开始施行，这是我国第一部会计法。1993 年 12 月 29 日，第八届全国人大常委会第五次会议通过《关于修改〈中华人民共和国会计法〉的决定》。由于经济发展对会计工作提出新的要求，1999 年 10 月 31 日，全国人大常委会第十二次会议表决并通过了经修订的《会计法》。同日，国家主席江泽民发布第二十四号令，公布修订后的《会计法》，自 2000 年 7 月 1 日起执行。纵观《会计法》的修订历程，可以看出其制定的目的就是为了规范会计核算和会计监督，以保证会计资料和会计信息的真实性、完整性，便于企业加强经济管理和财务管理职能，提高经济效益。它是会计法律体系中层次最高的法律规范，是制定其他会计法律、法规的依据，是指导会计工作的最高准则。

新修订的《会计法》共分七章五十二条，《会计法》主要规定了会计工作的基本目的、会计管理权限、会计责任主体、会计核算和会计监督的基本要求、会计人员和会计机构的职责权限，并对会计法律责任做出了详细规定。《会计法》是会计工作的基本法，是指导我国会计工作的最高准则。

（二）国务院制定的会计行政法规

会计行政法规是由国务院制定和发布或者国务院有关部门拟订经国务院批准发布的、调整经济生活中某些方面会计关系的法律规范。会计行政法规主要有以下几种。

（1）《企业财务会计报告条例》，于 2000 年 6 月 21 日发布，自 2001 年 1 月 1 日起施行。它主要规定了企业财务会计报告的构成、编制和对外提供的要求、法律责任等。它是对《会计法》中有关财务会计报告的规定的细化。

（2）《总会计师条例》，于 1990 年 12 月 31 日发布，它主要规定了单位总会计师的职责、权限、任免、奖惩等。

（3）《企业会计准则》，是规范企业会计确认、计量、报告的会计准则，是进行会计核算工作必须共同遵守的基本要求，体现了会计核算的基本规律。它是由会计核算的前提条件、一般原则、会计要素准则和会计报表准则组成，是对会计核算要求所做的原则性规定，具有覆盖面广、概括性强等特点。

（三）财政部制定的会计制度

国家统一的会计制度是指国务院财政部门根据《会计法》制定和发布的关于会计核

算、会计监督、会计机构和会计人员以及会计工作管理的制度。它是国务院财政部门在其职权范围内依法制定、发布的会计方面的法律规范，包括各种会计规章和会计规范性文件。

1.《企业会计制度》

财政部于2000年12月29日发布了统一的、适用于不同行业和不同经济成分的《企业会计制度》。它适用于除不对外筹集资金、经营规模较小的企业和金融保险企业外在中华人民共和国境内设立的所有企业。

2.《金融企业会计制度》

于2001年1月27日发布，它适用于中华人民共和国境内依法成立的各类金融企业，包括银行(含信用社)、保险公司、证券公司、信托投资公司、期货公司、基金管理公司、租赁公司、财务公司等。该制度于2002年1月1日起在上市的金融企业范围内实施；同时，也鼓励其他股份制金融企业实施《金融企业会计制度》。

3.《小企业会计制度》

于2004年4月27日发布，它适用于在中华人民共和国境内设立的不对外筹集资金、经营规模较小的企业。不对外筹集资金、经营规模较小的企业是指不公开发行股票或债券，符合原国家经济贸易委员会、原国家发展计划委员会、财政部、国家统计局2003年制定的《中小企业标准暂行规定》中界定的小企业，不包括以个人独资及合伙形式设立的小企业。

4.《民间非营利组织会计制度》

于2004年8月18日发布，自2005年1月1日起执行，适用于社会团体、基金会、民办非企业单位和寺院、宫观、清真寺、教堂等。

5.《财政部门实施会计监督办法》

于2001年2月20日发布并开始施行，是财政部为了规范财政部门会计监督工作，保障财政部门有效实施会计监督，保护公民、法人和其他组织的合法权益，根据《会计法》、《行政处罚法》、《企业财务会计报告条例》等有关法律、行政法规而制定。它适用于国务院财政部门及其派出机构和县级以上地方各级人民政府财政部门对国家机关、社会团体、公司、企业、事业单位和其他组织执行《会计法》和国家统一的会计制度的行为实施监督检查以及对违法会计行为实施行政处罚。

6.《会计基础工作规范》

于1996年6月17日发布并开始实施。它适用于国家机关、社会团体、企业、事业单位、个体工商户和其他组织的会计基础工作。其内容主要包括会计机构的设置和会计人员的配备、会计人员的职业道德、会计工作交接、会计核算的一般要求、会计凭证规则、会计账簿规则、财务报告规则、会计监督的内容和要求、建立和健全单位内部会计管理制度的内容和要求等。

7.《内部会计控制规范》

它是财政部为了促进各单位内部会计控制建设，加强内部会计监督，维护社会主义市场经济秩序，根据《会计法》等法律、法规的规定所制定的一套会计监督管理制度，适用于国家机关、社会团体、公司、企业、事业单位和其他经济组织。其制定目的主要是为了规范会计行为，查错防弊，从而保证其他会计法规的执行。内部会计控制是指单位为了提高会计信息质量，保护资产的安全、完整，确保有关法律、法规和规章制度的贯彻执行等而制定和实施的一系列控制方法、措施和程序。

8.其他会计规章和会计规范性文件

国家统一的其他会计规章和会计规范性文件包括《会计从业资格管理办法》(2005 年 3 月 1 日发布并开始实施)、《会计档案管理办法》(1998 年 8 月 21 日发布，自 1999 年 1 月 1 日起施行)、《会计电算化管理办法》(1994 年 6 月 30 日发布，自 1994 年 7 月 1 日起施行)、《代理记账管理办法》(2005 年 1 月 22 日发布，自 2005 年 3 月 1 日起施行)等。

(四)地方人大制定的地方性会计法规

地方性会计法规是各省、自治区、直辖市的人民代表大会及其常委会在与会计法律、会计行政法规不相抵触的前提下制定的地方性会计法规。根据规定，实行计划单列管理的计划单列市、经济特区的人民代表大会及其常委会在宪法、法律和行政法规允许范围内制定、实施的有关会计工作的规范性文件，也属于地方性会计法规。

第三节 会计机构

所谓“会计机构”，是指各单位内部直接从事和组织财务工作的职能部门。合理地设置会计机构，是保证会计工作正常进行，充分发挥其管理职能的重要条件。

自 2000 年 7 月 1 日起施行的修订后的《中华人民共和国会计法》明确规定：国务院财政部门主管全国的会计工作。县级以上地方各级人民政府财政部门管理本行政区域内的会计工作。为此，财政部设有会计事务管理专职机构。该机构的主要职责是：负责制定和组织实施全国性的会计法令、规章、准则和制度；负责了解、检查会计工作情况，总结交流会计工作经验，研究、拟订和改进会计工作的措施，制定全国会计人员的业务培训规划，管理全国会计人员的技术职称工作等。各省、市、自治区的财政部门一般也设有相应的会计事务管理办事机构，管理本地区的会计工作。中央和地方的各级业务主管部门一般也设有财务会计机构，负责管理本单位的会计工作。所以，我国会计工作在管理体制上实行“统一领导，分级管理”的原则。

一、会计机构的设置

各个企业、行政事业单位原则上都必须设立专职的会计工作机构。企业、事业、机关、团体等单位会计机构的设置，必须满足社会经济对会计工作的要求，并且应与国家的会计管理体制相适应。

(一)设置会计机构应由各单位根据自身会计业务的需要自主决定

《会计法》第二十一条和《会计基础工作规范》(以下简称“《规范》”)第六条都规定，是否单独设置会计机构由各单位根据自身会计业务的需要自主决定。一般而言，一个单位是否单独设置会计机构，往往取决于下列各因素。

1.单位规模的大小

一个单位的规模，往往决定了这个单位内部职能部门的设置，也决定了会计机构的设置与否。一般来说，大中型企业和具有一定规模的事业行政单位，以及财务收支数额较大、会计业务较多的社会团体和其他经济组织，都应单独设置会计机构，如会计（或财务）处、部、科、股、组等，以便及时组织本单位各项经济活动和财务收支的核算，实行有效的会计监督。

2.经济业务和财务收支的繁简

经济业务多、财务收支量大的单位，有必要单独设置会计机构，以保证会计工作的效率和会计信息的质量。

3.经营管理的要求

有效的经营管理是以信息的及时准确和全面系统为前提的。

（二）不设置会计机构的应当配备会计人员

《规范》第六条规定："不具备单独设置会计机构条件的，应当在有关机构中配备专职会计人员。"这是《规范》对设置会计机构问题提出的又一原则性要求。对于不具备单独设置会计机构的单位，如财务收支数额不大、会计业务比较简单的企业、机关、团体、事业单位和个体工商户等，为了适应这些单位的内部客观需要和组织结构特点，《规范》允许其在有关机构中配备专职会计人员。这类机构一般应是单位内部与财务会计工作接近的机构，如计划、统计或经营管理部门，或者是有利于发挥会计职能作用的内部综合部门，如办公室等。只配备专职会计人员的单位也必须具有健全的财务会计制度和严格的财务手续，其专职会计人员的专业职能不能被其他职能所替代。

（三）实行代理记账是会计核算的途径之一

《规范》第八条规定："没有设置会计机构和配备会计人员的单位，应当根据《代理记账管理暂行办法》委托会计师事务所或者持有代理记账许可证书的其他代理记账机构进行代理记账。"此项规定的目的，是适应不具备设置会计机构、配备会计人员的小型经济组织解决记账、算账、报账问题的要求。

近年来，在我国经济飞速发展的同时，各单位的组织形式、经营规模都发生了很大变化，一些规模较小的企业、事业单位、个体工商户和其他经济组织大量出现，这就产生了现有会计人员的数量难以适应不断增长的各类经济组织进行会计核算要求的问题。一些经济组织很难找到业务素质相当的会计人员；而且，有些经营规模较小的经济组织配备一名会计和出纳，费用上也较难承受。在这种情况下，代理记账业务应运而生。为了肯定代理记账业务，第八届全国人大常委会第五次会议在修订《会计法》中，明确规定对不具备设置会计机构条件的单位，可以委托经批准设立的会计咨询、服务机构进行代理记账，从而确立了代理记账业务的法律地位。

二、会计工作的组织方式

由于企业会计工作的组织形式不同，企业财务会计机构的具体工作范围也有所不同。企业会计工作的组织形式有独立核算和非独立核算、集中核算和非集中核算。

（一）独立核算和非独立核算

（1）独立核算是指对本单位的业务经营过程及其结果进行全面的、系统的会计核算。实行独立核算的单位称为"独立核算单位"，它的特点是具有一定的资金，在银行单独开户，独立经营、计算盈亏，具有完整的账簿系统，定期编制报表。独立核算单位应单独设置会计机构，配备必要的会计人员，如果会计业务不多，也可只设专职会计人员。

(2)非独立核算又称“报账制”，非独立核算的单位是指有一定的经济管理权，计算盈亏，对内报送会计报表，但不具有独立的资本金，不单独在银行开立账户，并经工商行政部门登记的企业或事业法人所属的部门或下属单位。它是由上级拨给一定的备用金和物资，平时进行原始凭证的填制和整理以及备用金账和实物账的登记，定期将收入、支出向上级报销，由上级汇总，它本身不独立计算盈亏，也不编制报表。如商业企业所属的分销店就属于非独立核算单位。非独立核算单位一般不设置专门的会计机构，但需配备专职会计人员，负责处理日常的会计事务。

(二)集中核算和非集中核算

实行独立核算的单位，其记账工作的组织形式可以分为集中核算和非集中核算两种。

(1)所谓“集中核算组织方式”，就是指企业经济业务的明细核算、总分类核算、会计报表编制和各有关项目的分析考核等会计工作，集中由厂级会计部门进行完成。其他职能部门、车间、仓库的会计组织和会计人员，只是对所发生的经济业务进行原始记录，办理原始凭证的取得、填制、审核和汇总工作，并定期将这些资料报送企业会计部门进行总分类核算和明细分类核算。实行集中核算组织方式可以减少核算层次，精简会计人员。

(2)非集中核算又称“分散核算组织方式”，就是企业的内部单位要对本身所发生的经济业务进行比较全面的会计核算。如在工业企业里，车间设置成本明细账，登记本车间发生的生产成本并计算出所完成产品的车间成本，厂部会计部门只根据车间报送的资料进行产品成本的总分类核算。又如在商业企业里，把库存商品的明细核算和某些费用的核算等，分散在各业务部门进行，至于会计报表的编制以及不宜分散核算的工作，如物资供销、现金收支、银行存款收支、对外往来结算等，仍由企业会计部门集中办理。实行非集中核算，使企业内部各部门、各单位能够及时了解本部门、本单位的经济活动情况，有利于及时分析、解决问题。但这种组织形式会增加核算手续和核算层次。

一个单位实行集中核算还是非集中核算组织形式，主要取决于本身经营管理的需要。集中核算与非集中核算是相对的，而不是绝对的。在一个单位内部，对各个业务部门可以根据管理的要求，分别采用集中核算和非集中核算。另外，集中核算和非集中核算的具体内容和方法也可以不完全相同。但是，无论采用哪种组织形式，各单位对外的货币性资产收付、物资购销和债权债务的结算都应由会计部门集中统一办理。

三、会计工作岗位的设置

会计工作岗位，是指一个单位会计机构内部根据业务分工而设置的职能岗位。在会计机构内部设置会计工作岗位，有利于明确分工和确定岗位职责，建立岗位责任制；有利于会计人员钻研业务，提高工作效率和质量；有利于会计工作的程序化和规范化，加强会计基础工作；还有利于强化会计管理职能，提高会计工作的作用；同时，也是配备数量适当的会计人员的客观依据之一。

(一)会计工作岗位的基本状况

为了科学地组织会计工作，应建立健全会计部门内部的岗位责任制，将会计部门的工作分成若干个岗位，并为每个岗位规定职责和要求，使每一项会计工作都有专人负责，每一个会计人员都明确自己的职责。

会计工作岗位一般可分为：总会计师（或行使总会计师职权），会计机构负责人或者会计主管人员，出纳，财产物资核算，工资核算，成本费用核算，财务成果核算，资金核算，资本、基金核算，收入、支出、债权、债务核算，财产物资收发，增减核算岗位，总账岗位，对外财务会计报告编制岗位，会计电算化岗位，往来结算，总账报表，稽核，档案管理等。

在大中型企业一般按工作内容分设专业职能组，每个组的职责和要求如下。

(1)综合组。负责总账的登记，并与有关的日记账和明细账相核对；进行总账余额的试算平衡，编制会计报表；保管会计档案，进行企业财务情况的综合分析，编写财务情况说明书；进行财务预测，制定或参与制定财务计划，参与企业生产经营决策。

(2)财务组。负责货币性资产的出纳、保管和日记账登记；审核有关货币性资产的收付凭证；办理企业与供应、购买等单位之间的往来结算；监督企业贯彻执行国家现金管理制度、结算制度和信贷制度的情况；分析货币性资产收支计划和借款计划的执行情况，制定或参与制定货币性资产收支和银行借款计划。

(3)工资核算组。负责计算职工的各种工资和奖金，办理职工的工资结算，并进行有关的明细核算，分析工资总额计划的执行情况，控制工资总额支出，参与制定工资总额计划。在由各部门、车间计算工资和发放工资的组织方式下，还应协助企业劳动工资部门负责指导和监督各部门、车间的工资计算和发放工作。

(4)固定资产核算组。负责审核固定资产购建，内部调拨转移、租赁、清理的有关凭证；进行固定资产的明细核算；参与固定资产清查；编制有关固定资产增减变动的报表；分析固定资产的使用效率；参与制定固定资产购置、更新和修理计划；指导和监督固定资产管理部门和使用部门的固定资产核算工作。

(5)材料核算组。负责审核材料采购的发票、账单等有关结算凭证；进行材料采购收发结存的明细核算；参与库存材料清查；分析采购资金使用情况、采购成本超支和节约情况以及储备资金占用情况，控制材料采购成本和材料资金占用；参与制定材料采购资金计划和材料计划成本；指导和监督供应部门、材料仓库和使用材料的部门、车间的材料核算情况。

(6)成本组。会同有关部门建立健全各项原始记录、消耗定额和计量检验制度；改进成本管理的基础工作；负责审核各项费用开支；参与自制半成品和在产品的清查；正确核算产品制造成本，编制成本报表；分析成本计划执行情况；控制产品制造成本和生产资金占用；进行成本预测，制定成本计划，配合成本分口分级管理，将成本指标分解、落实到各部门、车间、班组；指导、监督和组织各部门、车间、班组的成本核算工作。

(7)销售和利润核算组。负责审核产成品收发、销售和营业外收支凭证；参与产成品清查；进行产成品、销售和利润的明细核算；计算应交税金，进行利润分配。分析成本资金的占用情况，销售收入、利润及其分配计划的执行情况；参与市场预测，制定或参与制定销售和利润计划。

(8)资金组。负责资金的筹集、使用、调度。随时了解、掌握资金市场动态，为企业筹集资金，以满足生产经营活动的需要，要不断地降低资金成本，提高资金使用效益。

(二)会计工作岗位的人员落实

会计工作岗位应逐个落实在上述各组中。可以一人一岗、一人多岗或一岗多人,但出纳人员不得兼管稽核、会计档案保管和收入、费用、债权债务账目的登记工作。正确区分会计工作和出纳工作是把握工作重点、切实做好会计工作的前提。

按照内部牵制制度规定,会计工作岗位设置中不相容的业务不得由同一会计人员执行。记账人员与经济业务事项和会计事项的审批人员、经办人员、财物保管人员的职责权限应当明确,并相互分离、相互制约。这是保护企业、单位财产安全、完整,会计人员顺利工作的必要前提条件。

另外,在会计工作岗位设定后,会计人员的工作岗位应当有计划地、分期地进行轮换。这样,一方面能使会计人员能较多地熟悉本单位内部的各项核算工作,使其具有较强的综合工作能力;另一方面还可以促使各岗位会计人员相互配合、协调工作,发挥团队作用。

需要说明的是,对于会计档案管理岗位,在会计档案正式移交之前,属于会计岗位,会计档案正式移交之后,不再属于会计岗位。

档案管理部门的人员管理会计档案、收银员、单位内部审计、社会审计、政府审计等工作也不属于会计岗位。

第四节 会计人员

为了充分发挥会计的职能作用,完成会计工作任务,各企业、单位的会计机构都必须根据实际需要合理配备会计人员。为了充分调动会计人员的工作积极性,国家规定了会计人员的职责,并赋予相应的权限,对符合规定条件的还授予专业技术职称。

一、会计人员的职责

会计人员的主要职责包括以下五个方面。

(一)进行会计核算

会计人员应按照会计制度的规定,切实做好记账、算账、报账等会计核算工作。必须根据实际发生的经济业务事项认真填制和审核原始凭证,编制记账凭证,登记账簿,正确计算各项收入、支出、成本、费用、财务成果。按期结算、核对账目、进行财产清查、编制财务会计报告,保证账证相符、账账相符、账实相符,手续完备,数字真实。

(二)实行会计监督

通过会计工作,对本单位的各项经济业务和会计手续的合法性、合理性进行监督。对不真实、不合法的会计事项,会计人员应拒绝办理或者按照职权予以纠正。对重大经济业务事项,如重大的对外投资、资产处置、资金调度等的决策和执行的相互监督、相互制约程序应当明确;对财产清查的范围、期限和组织程序也应当明确;对于账簿记录与实物、款项不符的问题,应按有关规定进行处理或及时向本单位领导人报告;对会计资料定期进行内部审计的办法和程序应当明确。此外,各单位必须按照法律和国家有关规定,接受财政、审计、税务机关的监督，如实提供会计凭证、会计账簿、财务会计报告和其他会计资料以及有关情况，不得拒绝、隐匿、谎报。

(三)拟订本单位办理会计事务的具体办法

根据国家的法规、财政经济方针政策和上级的有关规定以及本单位的具体情况，拟订本单位办理会计事务的具体办法，如会计人员岗位责任制度、内部稽核制度、内部牵制制度、财产清查制度和成本计算方法等。

(四)编制预算和考核预算执行情况

财务会计部门应负责制定财务计划、预算。财会人员应根据会计资料结合统计核算、财务核算等有关资料，考核分析财务计划、预算的执行情况，检查成本、费用升降和盈亏形成的原因，总结经验，揭露问题，并提出改进的建议和措施，促使有关部门改善经营管理。此外，财会人员还应参与拟定本单位的其他经济计划和业务计划。应掌握系统详实的会计数据资料，为加强经济核算提供重要依据，在经济管理的各个方面发挥其应有的作用。

(五)办理其他会计事项

其他会计事项是指上述各项尚未包括的其他会计业务。如协助企业其他管理部门做好企业管理的基础工作，搞好企业、单位管理人员的财会知识的培训等。

二、会计人员的主要权限

为了保障会计人员能切实履行《会计法》赋予自己的职责，《会计法》同样赋予他们相应的必要权限。归纳起来，主要有以下几点。

(一)审核原始凭证

会计人员按照国家统一的会计制度的规定对原始凭证进行审核时，针对以下三种情况进行处理。

(1)如发现不真实、不合法的原始凭证，有权不予受理，并向单位负责人报告。

(2)如发现弄虚作假、严重违法的原始凭证，有权不予受理，同时，应当予以扣留，并及时向单位领导人报告，请求查明原因，追究当事人的责任。

(3)如发现记载不准确、不完整的原始凭证，有权予以退回，并要求按照国家统一的会计制度的规定更正、补充。

(二)处理账实不符

会计人员如发现会计账簿记录与实物、款项及有关资料不相符的，按照国家统一的会计制度的规定有权自行处理的，应当及时处理；无权处理的，应当立即向单位负责人报告，请求查明原因，做出处理。

(三)处理违法收支

会计人员对违法的收支，有权不予办理，并予以制止和纠正；制止和纠正无效的，有权向单位领导提出书面意见，要求处理。对严重违法损害国家和社会公众利益的收支，会计人员有权向主管单位或者财政、审计、税务机关报告。

(四)处理造假行为

会计人员对伪造、变造、故意毁灭会计账簿或账外设账的行为,对指使、强令编造、篡改财务报告的行为,有权予以制止和纠正;制止和纠正无效的,有权向上级主管单位报告,请求做出处理。

(五)监督预算计划

会计人员有权参与本单位编制计划、制定定额、对外签订经济合同,参加有关的生产、经营管理会议和业务会议。即会计人员有权以其特有的专业地位参加企业的多种管理活动,了解企业的生产经营状况,并提出自己的建议。企业领导人和有关部门对会计人员提出的财务开支和经济效益方面的问题和意见,要认真考虑,合理的意见要加以采纳。

为了保障会计人员行使工作权限,各级领导和有关部门要支持会计人员正确地使用工作权限。同时,会计人员也应做好广泛的宣传解释工作,以取得更好的成就。

三、会计人员的任职要求

会计人员的任职要求是对会计工作各级岗位人员业务素质的基本规定。具体内容体现在以下几个方面。

(一)对从事会计工作人员的任职要求

各企业、单位应当根据会计业务的需要配备取得会计从业资格证书的会计人员;未取得会计从业资格证书的人员,一律不得从事会计工作。

《会计从业资格证》管理办法由国务院财政部规定,是从事会计工作的必备资格,是会计人员进入会计行业的必备证件,凡从事会计相关工作的人员,必须取得会计从业资格证书。

图 10-1 会计从业资格证证书封面

会计从业资格证书是具有一定会计专业知识和技能的人员从事会计工作的资格证书,是从事会计工作必须具备的基本要求和前提条件,是证明能够从事会计工作的唯一合法凭证,是进入会计岗位的"准入证"。它是一种资格证书,是会计工作的"上岗证",不分级。从事会计工作必须持证上岗。

(二)对会计机构负责人、会计主管人员的任职要求

会计机构负责人、会计主管人员是一个单位内具体负责会计工作的中层领导人员,负有组织、管理本单位所有会计工作的责任,其工作水平的高低、工作质量的好坏,直接关系到整个单位的会计工作的水平和质量。会计机构负责人、会计主管人员应具备的基本条件为:坚持原则,廉洁奉公;具有会计师以上专业技术职务资格或从事会计工作 3 年以上经历,必须具有一定的实践经验;熟悉国家财经法律、法规、规章制度和方针政策,掌握财务会计理论及本行业业务管理的有关专业知识;必须具备一定的领导才能和组织能力,包括协调能力、综合分析能力等;必须有较好的身体素质,以适应和胜任本职工作。

(三)对总会计师的任职要求

大中型企业、事业单位、业务主管部门应当根据法律和国家有关规定设置总会计师。小型企业单位要指定一名副厂长行使总会计师的职权。总会计师是企业单位经济核算和财务会计工作的行政领导成员,协助单位主要行政领导人工作,直接对单位主要行政领导人负责。总会计师组织领导本单位的财务管理、成本管理、预算管理、会计核算和会计监督等方面的工作,参与本单位重要经济问题的分析和决策,并具体组织本单位执行国家有关财经纪律、法规、方针、政策和制度,保护国家财产。总会计师是一个行政职位,而不是会计专业技术职务。但总会计师必须是取得会计师任职资格,主管一个单位或者单位内一个重要方面的财务会计工作时间不少于3年的会计人员。

1.总会计师的基本职责

(1)负责组织本单位编制和执行预算、财务收支计划、信贷计划,拟订资金筹措和使用方案,开辟财源,有效地使用资金。

(2)负责进行成本费用预测、计划、控制、核算、分析与考核,督促本单位有关部门降低消耗、节约费用、提高经济效益。

(3)负责建立健全经济核算制度,利用财务会计资料进行经济活动分析。

(4)负责对本单位财会机构的设置和会计人员的配备、会计专业职务的设置和聘任提出方案,组织会计人员的业务培训和考核,支持会计人员依法行使职权。

(5)协助单位主要领导对企业的生产经营、基建投资等问题做出决策,参与新产品开发、技术改造、科技研究、商品价格和工资奖金等方案的制定,参与重大经济合同和经济协议的研究、审查。

2.总会计师的工作权限

(1)有权组织本单位各职能部门、直属基层组织的经济核算、财务会计和成本管理方面的工作。

(2)对违反国家财经法律、法规、方针、政策制度和可能在经济上造成损失、浪费的行为,有权制止或纠正;当制止、纠正无效时,提请单位主要行政领导人处理。

(3)主管审批财务收支工作。即重大的财务收支,须经总会计师审批或者由总会计师报单位主要行政领导人批准。

(4)预算、财务收支计划、成本和费用计划、信贷计划、财务专题报告、会计决算报表,须经总会计师签署;涉及财务收支的重大业务计划、经济合同、经济协议等,在单位内部须经总会计师会签。

(5)会计人员的任用、晋升、调动、奖惩,应事先征求总会计师的意见。财会机构负责人或者会计主管人员的人选,应当由总会计师进行业务考核,依照有关规定审批。

总会计师由本单位主要行政领导人提名,政府主管部门任命或聘任;免职或解聘程序与任命或聘任程序相同。总会计师的职权受国家法律保护。单位主要行政领导人应当支持并保障总会计师依法行使职权。

(四)会计人员专业技术职务要求

为了将上述任职要求有效地贯彻,并且能充分地调动会计人员的工作积极性和创造性,国家对企业、行政事业单位的会计人员,依据学历、从事财会工作的年限、政策水平、学识水平和工作能力等，并通过全国性的会计专业技术资格考试后，确定会计专业技术职务。会计专业技术职务分别为初级会计技术职务、中级会计技术职务、高级会计技术职务。会计专业技术职务的任职条件和基本职责是有差别的。

1. 初级会计技术职务

应掌握一般的财务会计理论和专业知识，熟悉并能执行有关的财经方针、政策和财务会计法规、制度，能担负一个方面或某个重要岗位的财务会计工作，具有规定的学历和专业工作经历。

2. 中级会计技术职务

应较系统地掌握财务会计基础理论和专业技术知识，掌握并能贯彻执行有关的财经方针、政策和财务会计法规、制度，能担负一个单位或管理一个地区、一个部门、一个系统某个方面的财务会计工作，具有规定的学历和专业工作经历。

3. 高级会计技术职务

应较系统地掌握经济、财务会计理论和专业知识，具有较高的政策水平和丰富的财务会计工作经验，能担负一个地区、一个部门、一个系统的财务会计管理工作，具有规定的学历和工作经历。

除上述的会计人员应当具备必要的专业知识和专业技能外，会计人员还应当按照国家有关规定参加会计业务的培训；各单位应当合理安排会计人员的教育和培训，保证会计人员每年都有一定的时间用于学习和参加培训。

(五)注册会计师任职要求

注册会计师是指经国家批准依法独立执行会计查账验证业务和会计咨询业务的人员。注册会计师并不直接从事会计工作，而是对企业、单位的会计工作提供咨询、鉴证。其工作机构称为“会计事务所”。

根据《中华人民共和国注册会计师条例》的规定，申请担任注册会计师的人员，须具备规定的学历和一定的实际会计工作经验，经全国统一考试合格，由财政部门批准注册后，才能从事注册会计师工作。

四、会计职业道德

会计职业道德是会计人员在进行会计活动、处理会计关系时所形成的职业规律、职业观念和职业原则等的总和。它既是会计行业对本行业在职业活动中行为的要求，又是会计行业对社会所应负的道德责任与义务。它不仅要约束和调整会计人员的职业行为，更为重要的是约束和调整会计人员的行为动机和内心世界。动机是行为的先导，有什么样的动机就有什么样的行为。会计行为是由内心信念来支配的，信念的善与恶，将导致行为的是与非。对有思想、有情绪、有欲望的会计人员，通过职业道德的引导、激励、规劝、约束等方式，使其树立正确的职业观念，达到自律。会计职业道德的内容分为八个方面。

(一)爱岗敬业

爱岗敬业指的是忠于职守的事业精神，这是会计职业道德的基础。爱岗就是会计人员热爱本职工作，安心本职岗位，并为做好本职工作尽心尽力、尽职尽责。具体表现为会计人员对自己应承担责任和义务所表现出的一种责任感和义务感。敬业是指人们对其所从事的会计职业或行业的正确认识和恭敬态度，并用这种严肃恭敬的态度认真地对待本职工作，将身心与本职工作融为一体。具体要求会计人员做到以下几点。

1.热爱会计工作，敬重会计职业

树立“干一行，爱一行”的思想。

2.严肃认真，一丝不苟

对技术精益求精，把好费用支出关，绝不能有“都是熟人不会错”的麻痹思想和“马马虎虎”的工作作风。业务开支要认真把好“收付凭证的审核关”和“资金流和物流的管理关”。

3.忠于职守，尽职尽责

忠于职守主要表现为三个方面，即忠实于服务主体、忠实于社会公众、忠实于国家。在对单位（或雇主）的忠诚与国家及社会公众利益发生冲突时，会计人员应该忠实于国家、忠实于社会公众，承担起维护国家和社会公众利益的责任。单位会计人员应对外提供有关服务主体真实可靠的会计信息；注册会计师不仅要对委托人负责，更应对广大的信息使用者负责，对被审计单位的财务状况和经营成果作出客观、公允的审计报告。

（二）诚实守信

诚实是指言行与内心思想一致，不弄虚作假、不欺上瞒下，做老实人、说老实话、办老实事。守信就是遵守自己所做出的承诺，讲信用，重信用，信守诺言，保守秘密。

诚实守信是做人的基本准则，是人们在古往今来的交往中产生出的最根本的道德规范，也是会计职业道德的精髓。

1.诚实守信是职业道德的根本

会计人员在工作中要养成实事求是的工作作风，做老实人、办老实事、说老实话，从原始资料的取得、凭证的整理、账簿的登记、报表的编制，到经济活动的分析，都要做到实事求是、如实反映、正确记录；严格以经济业务凭证为依据，做到手续完备、账目清楚、数字准确、编报及时；尽量减少和避免各种失误，严格按照国家会计制度和会计法规记账、算账、结账，保证账证、账账、账表、账实相符。

2.诚实守信是保持职业审慎的态度，执业谨慎，信誉至上

会计人员在处理会计业务时，应具备一定的职业判断能力、业务素质和丰富的工作经验，对会计政策的选择、收入的确认须谨慎对待，否则会影响会计信息质量。对于注册会计师来说，一是注意评价自身的业务能力，正确判断自身的知识、经验和专业胜任能力等方面是否能够承担业务委托所带来的责任；二是注册会计师应对客户和社会公众尽职尽责；三是注册会计师应当严格遵守职业技术规范和道德准则，对其执行的各项工作都妥善规划并加以监督；四是谨慎地选择客户，以职业信誉为重，不接受任何违背职业道德的附加条件，不得承办不能胜任的业务，不得对未来事项的可实现程度做出保证。

3.诚实守信要求会计人员保密守信，不为利益所诱惑，注重职业操守

会计人员的操守主要包括社会或他人对会计职业的尊敬和会计人员自己对会计职业的珍爱。注重职业操守首先是会计人员要对自己所从事的职业有一个正确的认识和态度，尤其是注册会计师在接受委托后，要积极主动地完成所委托的业务，维护委托人的合法权益。在履约的过程中,不擅自中止合同、解除委托,不滥用委托人的授权,不超出委托人委托范围从事活动;对在执业过程中所获服务单位的商业秘密,除法律规定及单位领导人同意外,不能私自向外界提供或泄露单位的会计信息。

(三)廉洁自律

廉洁就是不贪污钱财,不收受贿赂,保持清白。自律是指自律主体按照一定的标准,自己约束自己、自己控制自己的言行和思想的过程。

廉洁自律是会计职业道德的前提,也是会计职业道德的内在要求。会计人员必须两袖清风,不取不义之财,做到面对金钱不眼红。

会计人员的廉洁是会计职业道德自律的基础,而自律是廉洁的保证。廉洁自律是会计职业声誉的"试金石"。要求会计人员做到以下几点。

1.树立正确的人生观和价值观

树立科学的人生观和价值观,自觉抵制享乐主义、个人主义、拜金主义等错误的思想。重视会计职业声望,自尊、自爱、自立。

2.公私分明,不贪不占

会计人员由于处于经济环境的特殊地位,极易产生不道德的行为。因此,正人先正己,无私才无畏,只有依靠内心信念的力量,严格约束自己的行为,才能做到实事求是、奉公守法,做到"常在河边走,就是不湿鞋"。

3.增强抵制行业不正之风的能力,敢于同违法乱纪现象作斗争

2000年7月1日实施的《会计法》,强化了单位负责人和会计人员对本单位会计工作和会计资料真实、完整的责任,改善了会计人员的执法环境,增强了会计人员的法律意识,加大了会计执法的力度。会计人员要正确运用国家有关法规,对某些偏离政策、有章不循、弄虚作假、欺骗瞒报等违法违规行为要及时发现和阻止,以维护国家利益、投资者和债权人的利益以及员工的根本利益。

(四)客观公正

客观公正是会计职业道德所追求的理想目标。客观是指按事物的本来面目去反映,不掺杂个人的主观意愿,也不为他人意见所左右。公正就是平等、公平、正直,没有偏失。客观主要包括两层含义:一是真实性;二是可靠性。客观是公正的基础,公正是客观的反映。

1.依法办事

做到尊重事实,不为他人所左右,不因个人好恶而取舍,不欺上瞒下,不唯领导是从,不弄虚作假。要求会计从业人员不为个人和集团利益截留上交款项,不偷税逃税损害国家利益,不伪造、变造会计凭证、会计账簿,不报送虚假的会计报表。要求注册会计师在执业过程中必须一切从实际出发,注重调查研究,对企业资料和会计信息进行鉴定和公证。只有深入了解实际,才能求得主观与客观的一致,做到审计结论有理有据,客观公正。

2.实事求是,不偏不倚

客观公正贯穿于会计活动的整个过程:一是会计核算过程的客观公正,即指会计人员在具体进行业务处理时,或需要进行职业判断时,应保持客观公正的态度,实事求是、不偏不倚。二是最终结果公正，是指会计人员对经济业务的处理结果是公正的。

3.保持独立性

这里所说的独立性主要是指注册会计师在执行审计业务的过程中，与相关利益当事人应保持独立。注册会计师保持其独立性应当做到以下两点：一是注册会计师应当回避可能影响独立性的审计事项，实现形式上的独立（外在的）。二是注册会计师应当恪守职业良心，保持实质上的独立（内在的）。

（五）坚持准则

坚持准则是指会计人员在处理业务过程中，严格按照会计法律制度办事，不为主观或他人意志所左右。坚持准则是会计职业道德的核心。

这里所说的“准则”不仅指会计准则，而且包括会计法律、法规、国家统一的会计制度以及与会计工作相关的法律制度。要求做到：

1.熟悉准则

认真学习准则，提高会计人员的政策水平。会计人员按照应掌握规则的内容分为三类：一是与会计职业活动相关的法律规范，如《合同法》、《票据法》、《证券法》及相关税收法规；二是与会计准则相关的法规，主要包括《中华人民共和国会计法》、《企业会计准则》、《会计基础工作规范》、《总会计师条例》、《中华人民共和国注册会计师法》、《中国注册会计师独立审计准则》、《中国注册会计师职业道德基本准则》；三是会计制度，包括国家统一发布的《企业会计制度》和《内部控制基本规范》等。

2.遵循准则

依照规则办事，提高会计人员遵守准则的自觉性。作为会计人员，要始终坚持原则，维护法律法规和集体利益，光明磊落、秉公办事。严格按照国家制定颁布的与会计工作相关的法律法规，审核凭证、清查财产、编制会计报表、申报纳税。不打“擦边球”，不能以想当然的主观推断来代替规则，更不能根据职务高低、关系远近来确定执行准则的宽严松紧程度。对于违反经济法律法规的行为和人员，一定要追查责任，并依照有关法律和准则制度予以处理。

3.坚持准则

正确运用规则，提高会计人员执行规则的能力。市场经济的不确定性，决定各单位的经济业务也具有高度的不确定性，而会计有关的规则又力求能够满足不同单位在相当长的时间内适用。这就要求会计人员要了解会计准则制定的理论基础，具有足够的专业胜任能力和创新能力，能够发现新情况，处理新问题。同时，正确处理会计职业权力与职业义务的关系。一方面，要敢于运用法律法规赋予的职业权力，对于违反国家财经纪律和会计制度的开支，会计人员有权作出拒绝付款、拒绝报销的决定；另一方面，要善于运用职业权力，正确对待应负有的职业义务，自觉履行对社会、对他人的责任。

国际会计师联合会《职业会计师道德守则》建议：

（1）如遇到严重的职业道德问题时，职业会计师首先应遵循所在组织的已有政策加以解决。如果这些政策不能解决道德冲突，则可私下向独立的咨询师或会计职业团体寻求建议，以便采取可能的行动步骤。

（2）若自己无法独立解决，可与最直接的上级一起研究解决这种冲突的办法。

(3)若仍无法解决,则在通知直接上级的情况下,可请教更高一级的管理层。若有迹象表明,上级已卷入这种冲突,职业会计师必须和更高一级的管理当局商讨该问题。

(4)如果在经过内部所有各级审议之后道德冲突仍然存在,那么对于一些重大问题,如舞弊,职业会计师可能没有其他选择。作为最后手段,他只能诉诸辞职,并向该组织的适当代表提交一份信息备忘录。

(六)提高技能

提高技能,要求会计人员提高职业技能和专业胜任能力,以适应工作需要。会计职业技能包括会计理论操作水平、会计实务操作能力、职业判断能力、自动更新知识能力、提供会计信息的能力、沟通交流能力以及职业经验等。要有不断提高会计技能的意识和愿望,勤学苦练、刻苦钻研的精神和科学的学习方法。

1.提高会计实务操作能力

会计实务操作能力包括会计人员的专业操作能力和操作的创新能力。会计工作是一门专业性和技术性很强的工作,会计核算、编制财务报告以及单位内部会计控制制度设计等都需要有扎实的理论功底和丰富的实践经验;在进行具体业务处理时,有关会计处理方法的选取、会计估计的变更、会计信息电算化的操作、网络化传输等,要有相当娴熟的操作能力。

2.提高沟通交流能力

沟通交流能力是指会计人员在特定的环境下与他人相互交往与交流的能力,包括适应环境能力、吸收信息能力、表达能力。会计工作既是经济管理工作,也是服务窗口,会计人员在职业活动中涉及各方面、各层次的不同利益的人群,这要求会计人员要具有适应各种不同环境的能力,具有从各方听取或吸收信息的能力,以及具有准确恰当地运用语言和文字表达的能力。

3.提高职业判断能力

职业判断能力是指建立在专业知识和职业经验基础之上的判断能力,而不是主观随意地猜测,是职业胜任能力的综合体现。职业判断需要职业经验来支撑。职业经验是职业实践的积累和升华。各个单位、各个不同的时期以及各种不同的环境条件下,会计事项的性质、会计处理的方式和方法都不尽相同,这不仅需要会计人员将所学的知识融会贯通,还需要对实践进行总结提高。

(七)参与管理

参与管理,简单地说,就是间接参加管理活动,为管理者当参谋,为管理活动服务。参与管理就是要求会计人员积极主动地向单位领导反映本单位的财务、经营状况及存在的问题,主动提出合理化建议,积极地参与市场调研和预测,参与决策方案的制定和选择,参与决策的执行、检查和监督,为领导的经营管理和决策活动当好助手和参谋。

(1)努力钻研相关业务,熟悉财经法规和相关制度,提高业务技能,为参与管理打下坚实的基础。

(2)要有参与管理的意识,积极主动地做好参谋。具体说,会计人员要充分利用掌握的大量会计信息去分析单位的管理活动,将财务会计的职能渗透到单位的各项管理工作中,找出经营管理中的问题和薄弱环节,提出改进意见和措施,从而使会计的事后反映变为事前预测分析和事中控制，真正发挥当家理财的作用，成为决策层的参谋助手。

(3)会计人员应熟悉服务对象的经营活动和业务流程，使参与管理的决策更具针对性和有效性。

(4)掌握单位的生产经营能力、技术设备条件、产品市场及资源状况等情况，结合财会工作的综合信息优势，积极参与预测，并根据预测情况，运用专门的财务会计方法，从生产、销售、成本、利润等方面有针对性地拟定可行性方案，参与优化决策。对计划、预算的执行，要充分利用会计工作的优势，积极协助、参与监控，为改善单位内部管理、提高经济效益服务。

(八)强化服务

强化服务，就是要求会计人员具有文明的服务态度、强烈的服务意识和优良的服务质量。

1.强化服务意识

要树立强烈的服务意识，认识到管钱管账是职责，参与管理是义务。只有树立了强烈的服务意识，才能做好会计工作，履行会计职能，为单位和社会经济的发展做出应有的贡献。

2.注重自身修养

文明服务要求会计人员做到态度温和，语言文明，谦虚谨慎，彬彬有礼，团结协作，互相支持。会计工作是一个协作互动的工作，从制单、记账、审核、报表、出纳到库存，各个环节都紧密相连。任何一个环节出错或延迟，都会影响整个会计信息的真实、客观和及时的传输。各个岗位上会计人员之间、会计人员与其他人员之间要团结协作，宽以待人；同时，要正确处理各部门之间以及上下级之间的关系。要尊重领导、尊重同事，要以诚相待，以理服人，做到沟通讲策略，用语讲准确，建议看场合，小事讲风格，大事讲原则。

3.提高服务质量

不同的会计岗位，掌握的会计信息不同，服务的对象也不尽相同。单位会计人员和注册会计师的服务内容各有侧重：单位会计人员通过客观、真实地记录、反映单位的经济业务活动，为管理者提供真实正确的经济信息，当好参谋；为股东真实地记录财产的变动状况，确保股东资产完整与增值。注册会计师是接受委托人的委托，提供会计鉴证等服务。要以客观、公正的态度，正确评价委托单位的经济财务状况，为社会公众及信息使用者服务。

需要注意的是，质量上乘，并非是无原则地满足服务主体的需要，而是在坚持原则、坚持会计准则的基础上尽量满足用户或服务主体的需要。

为了更好地使会计人员忠于职守、廉洁奉公、严以自律，财政部门、业务主管部门和各单位以督促和教育为主，帮助会计人员提高职业道德水平，树立会计职业的形象。同时，通过一些正反两方面典型事例的宣传，逐步树立会计人员遵守职业道德的良好风尚。同时，将会计从业资格管理、会计专业技术资格考评与会计职业道德检查相结合。

第五节 会计档案

一、会计档案的定义

会计档案是指会计凭证、会计账簿和财务报告等会计核算专业资料，是记录和反映企事业单位经济业务发生情况的重要史料和证据，属于单位的重要经济档案，是检查企事业单位过去经济活动的重要依据，也是国家档案的重要组成部分。

《会计法》规定："各单位对会计凭证、会计账簿、财务会计报告和其他会计资料应建立档案，妥善保管。会计档案的保管期限和销毁办法，由国务院财政部门会同有关部门制定。"因此，会计档案的主要法律依据是《会计档案管理办法》，由国务院财政部门和国家档案局会同制定。

各单位必须加强对会计档案管理的领导，建立和健全会计档案的立卷、归档、保管、查阅和销毁等管理制度，保证会计档案妥善保管、有序存放，以方便查阅，严防损毁、散失和泄密。为了加强会计档案管理，各级人民政府财政部门和档案行政管理部门共同负责会计档案工作的指导、监督和检查。

二、会计档案的特点

与文书档案、科技档案相比，会计档案有它自身的特点，主要表现在以下三个方面。

(一)形成范围广泛

凡是具备独立会计核算的单位，都要形成会计档案。这些单位有国家机关、社会团体、企业、事业单位以及按规定应当建账的个体工商户和其他组织。一方面，会计档案在社会的各领域无处不有，比较普遍；另一方面，会计档案的实体数量也相对其他门类的档案数量更多一些。尤其是在企业、商业、金融、财政、税务等单位，会计档案不仅是反映这些单位的职能活动的重要材料，而且产生的数量也很大。

(二)档案类别稳定

社会上会计工作的种类繁多，如有工业会计、商业会计、银行会计、税收会计、总预算会计、单位预算会计等，但是会计核算的方法、工作程序以及所形成的会计核算材料的成分是一致的，即会计凭证、会计账簿、财务报告等。会计档案内容成分的稳定和共性，是其他门类档案无可比拟的，它便于整理分类，有利于管理制度的制定和实际操作的规范、统一。

(三)外在形式多样

会计专业的性质决定了会计档案形式的多样化。会计的账簿有订本式账、活页式账、卡片式账之分。财务报告由于有文字、表格、数据而出现了16开或8开的纸张规格以及计算机打印报表等。不同行业的会计凭证的外形更是大小各异，长短参差不齐。会计档案的外形多样的特点，要求在会计档案的整理和保管方面，不能照搬照抄管理其他门类档案的方法，而是要从实际出发，防止"一刀切"。

三、会计档案的作用

会计档案是会计活动的产物，是记录和反映经济活动的重要史料和证据，其重要作用表现在以下方面。

(1)会计档案是总结经验、揭露责任事故、打击经济领域犯罪、分析和判断事故原因的重要依据。

(2)利用会计档案提供的过去经济活动的史料，有助于各单位进行经济前景的预测，进行经营决策，编制财务和成本计划。

(3)利用会计档案资料，可以为解决经济纠纷、处理遗留的经济事务提供依据。

(4)会计档案在经济学的研究活动中，发挥着重要的史料价值作用。

各单位必须加强对会计档案管理工作的领导，建立会计档案的立卷、归档、保管、查阅和销毁等管理制度，保证会计档案妥善保管、有序存放、方便查阅，严防损毁、散失和涉密。

四、会计档案的范围

会计档案的范围一般指会计凭证、会计账簿、会计报表以及其他会计核算资料等四个部分。凡是在会计活动中形成的会计凭证、会计账簿、财务报告及其他类的会计专业核算材料等，都必须归档。

(一)会计凭证

会计凭证是记录经济业务、明确经济责任的书面证明。它包括自制原始凭证、外来原始凭证、原始凭证汇总表、记账凭证(收款凭证、付款凭证、转账凭证三种)、记账凭证汇总表、银行存款(借款)对账单、银行存款余额调节表等内容。

(二)会计账簿

会计账簿是由一定格式、相互联结的账页组成，以会计凭证为依据，全面、连续、系统地记录各项经济业务的簿籍。它包括按会计科目设置的总分类账、各类明细分类账、现金日记账、银行存款日记账以及辅助登记备查簿等。

(三)会计报表

会计报表是反映企业会计财务状况和经营成果的总结性书面文件，主要有财务指标快报，月、季度会计报表，年度会计报表，包括资产负债表、损益表、财务情况说明书等。

(四)其他会计核算资料

其他会计核算资料属于经济业务范畴，与会计核算、会计监督紧密相关的，由会计部门负责办理有关数据资料。如经济合同、财务数据统计资料、财务清查汇总资料、核定资金定额的数据资料、会计档案移交清册、会计档案保管清册、会计档案销毁清册等。实行会计电算化的单位在存贮磁性介质上的会计数据、程序文件及其他会计核算资料时，均应视同会计档案一并管理。

注意：采用电子计算机进行会计核算的单位，应将打印出的纸质文件与电子文件一并归档。财务预算、计划、制度等文件材料，不属会计档案归档范围的，应当归文书档案管理。

五、会计档案的管理

会计档案是会计事项的历史记录，是总结经验、进行决策所需要利用的重要资料，也是进行财务会计检查、审计检查的重要资料。因此，各单位的会计部门必须做好会计档案的管理工作。各单位会计人员要按照国家和上级关于会计档案管理办法的规定和要求，对本单位的各种会计凭证、会计账簿、会计报表、财务计划、单位预算和重要的经济合同等会计资料，定期收集、审查核对、整理立卷、装订成册。具体的要求如下。

（一）按照规定造册归档（装订保管）

1.会计档案的整理立卷

各单位每年形成的会计档案，应当由会计机构在会计年度终了后按照归档要求，负责整理立卷、装订成册，编制会计档案保管清册（会计档案案卷目录），在 3 月底前完成会计档案整理归档工作。

会计档案的整理一般采用“三统一”的办法，即分类标准统一、档案形成统一、管理要求统一，并分门别类地按各卷顺序编号。

(1)分类标准统一。一般将财务会计资料分成一类账簿、二类凭证、三类报表、四类文字资料及其他。

(2)档案形成统一。案册封面、档案卡夹、存放柜和存放序列统一。

(3)管理要求统一。建立财务会计资料档案簿、会计资料档案目录；会计凭证装订成册，报表和文字资料分类立卷，其他零星资料按年度排序汇编装订成册。

2.会计档案的装订

会计档案的装订主要包括会计凭证、会计账簿、会计报表及其他文字资料的装订。

(1)会计凭证的装订。一般每月装订一次，装订好的凭证按年分月妥善保管归档。如图 10-2 所示。

图 10-2 会计凭证的装订

①会计凭证装订前的准备工作。

a.分类整理，按顺序排列，检查日数、编号是否齐全。

b.按凭证汇总日期归集（如按上、中、下旬汇总归集），确定装订成册的本数。

c.摘除凭证内的金属物（如订书针、大头针、回形针），对大的张页或附件要折叠成同记账凭证大小，且要避开装订线，以便翻阅时保持数字完整。

d. 整理检查凭证顺序号，如有颠倒要重新排列，发现缺号要查明原因。再检查附件有无漏缺，领料单、入库单、工资和奖金发放单是否随附齐全。

e. 检查记账凭证上有关人员（如财务主管、复核、记账、制单等）的印章是否齐全。

②会计凭证装订时的要求。凭证装订是指将整理完毕的会计凭证加上封面和封底，装订成册，并在装订线上加贴封签的一系列工作。

会计凭证不得跨月装订。记账凭证少的，可以一个月装订一本；一个月内凭证数量较多的，可装订成若干册。最后在凭证封面上注明本月总计册数和本册数。采用科目汇总表会计核算形式的企业，原则上以一张科目汇总表及所附的记账凭证、原始凭证装订成一册，凭证少的，也可将若干张科目汇总表及相关记账凭证、原始凭证合并装订成一册。序号每月一编。装订好的会计凭证厚度通常为 1.5 厘米。

会计凭证的装订程序如下：

a. 将记账凭证汇总表、银行存款余额调节表放在最前面，并放上封面、封底。

b. 在码放整齐的记账凭证左上角放一张 8 厘米×8 厘米大小的包角纸。包角纸要厚一点，其左边和上边与记账凭证取齐。

c. 过包角纸上沿距左边 5 厘米处和左沿距上边 4 厘米处包角纸上划一条直线，并用两点将此直线等分，分别在等分直线的两点处（包角纸和记账凭证上）打上两个装订孔。

d. 用绳沿虚线方向穿绕扎紧（结扎在背面）。

e. 从正面折叠包角纸，并将划斜线部分剪掉。

f. 将包角纸向后折叠粘贴成下图形状。

g. 将装订线印章盖于骑缝处，并注明年、月、日和册数的编号。如图 10-3 所示。

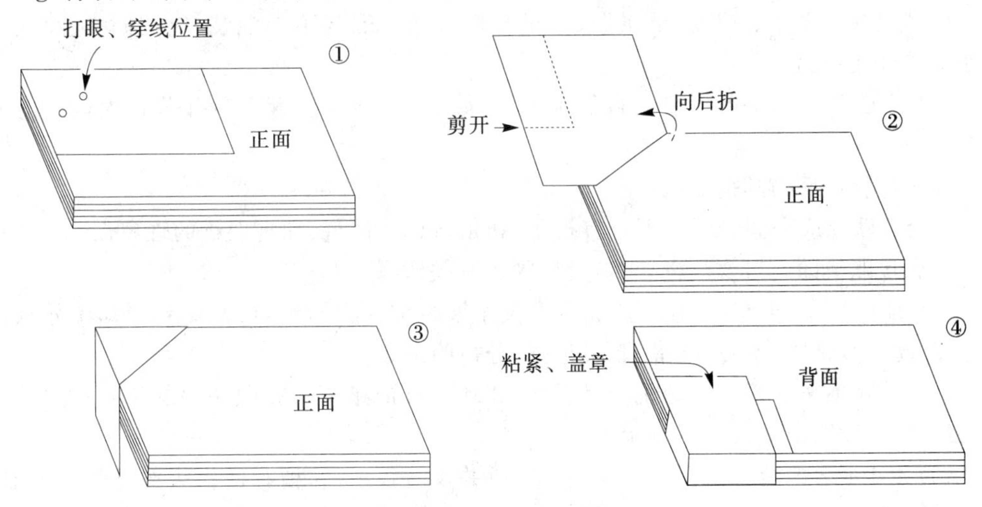

图 10-3　会计凭证的装订程序

③会计凭证装订后的注意事项。

a. 装订成册的会计凭证必须加盖封面，封面上应注明单位名称、年度、月份和起讫日期、凭证种类、起讫号码，由会计主管人员和装订人员签名或者盖章。会计凭证封面由公司统一格式印制。如图 10-4 所示。

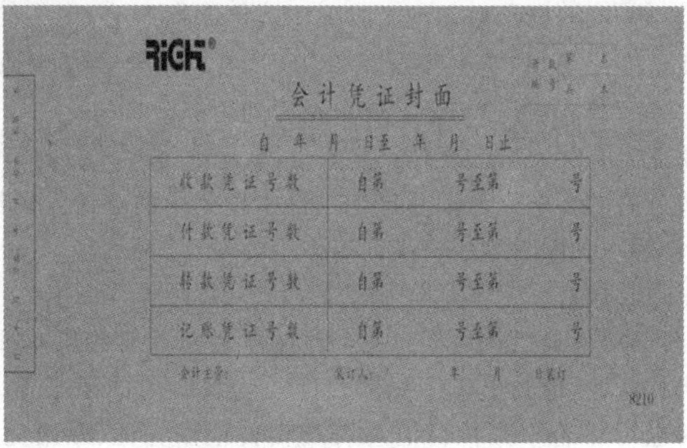

图 10-4 会计凭证封面

b.在封面上编好卷号，按编号顺序入柜，并在显露处标明凭证种类编号，以便于调阅。

(2)会计账簿的装订。各种会计账簿年度结账后，除跨年使用的账簿外，其他账簿应按时整理立卷。基本要求如下。

①账簿装订前，首先按账簿启用表的使用页数核对各个账户是否相符，账页数是否齐全，序号排列是否连续；然后按会计账簿封面、账簿启用表、账户目录、该账簿按页数顺序排列的账页、会计账簿装订封底的顺序装订。

②活页账簿装订要求：

a.保留已使用过的账页，将账页数填写齐全，去除空白页，撤掉账夹，用牛皮纸做封面、封底，装订成册。

b.多栏式活页账、三栏式活页账、数量金额式活页账等不得混装，应按同类业务、同类账页装订在一起。

c.在本账的封面上填写好账目的种类，编好卷号，会计主管人员和装订人(经办人)签章。

③账簿装订后的其他要求：

a.会计账簿应牢固、平整，不得有折角、缺角、错页、掉页、加空白纸的现象。

b.会计账簿的封口要严密，封口处要加盖有关印章。

c.封面应齐全、平整，并注明所属年度及账簿名称、编号，编号为一年一编，编号顺序为总账、现金日记账、银行存(借)款日记账、分户明细账。

d.会计账簿按保管期限分别编制卷号，如现金日记账全年按顺序编制卷号；总账、各类明细账、辅助账全年按顺序编制卷号。

(3)会计报表的装订。会计报表编制完成并及时报送后，留存的报表按月装订成册，谨防丢失。小企业可按季度装订成册。第一，会计报表装订前要按编报目录核对是否齐全，整理报表页数，上边和左边对齐压平，防止折角，如有损坏部位应予以修补，修补后，完整无缺地装订；第二，会计报表装订顺序为会计报表封面、会计报表编制说明、各种会计报表按会计报表的编号顺序排列、会计报表的封底；第三，按保管期限编制卷号。

(二)会计档案的保管与移交

《会计档案管理办法》规定："当年会计档案，在会计年度终了后，可暂由本单位财务会计部门保管一年，期满之后原则上应由财务会计部门编制清册移交本单位的档案部门保管。”

1. 会计档案的保管

根据档案管理办法规定，当年形成的会计档案，在会计年度终了后，可暂由会计机构保管一年；在会计机构内部指定专人保管会计档案。出纳人员不得兼管会计档案。

会计档案必须进行科学管理，做到妥善保管、存放有序，以便查找，严格执行安全和保密制度，不得随意堆放，严防毁损、丢失和泄密。会计档案的保管要求如下。

（1）会计档案室应选择在干燥防水的地方，并远离易燃品堆放地，周围应备有适应的防火器材。

（2）采用透明塑料膜作防尘罩、防尘布，遮盖所有档案架和堵塞鼠洞。

（3）会计档案室内应经常用消毒药剂喷洒，经常保持清洁卫生，以防虫蛀。

（4）会计档案室保持通风透光，并有适当的空间、通道和查阅地方，以利查阅，并防止潮湿。

（5）设置归档登记簿、档案目录登记簿、档案借阅登记簿，严防毁坏损失、散失和泄密。

（6）会计电算化档案保管要注意防盗、防磁等安全措施。

2. 会计档案的移交

当年形成的会计档案，可暂由会计部门保管一年，期满之后，应当由会计机构编制移交清单（移交清单格式），向本单位档案部门移交，统一保管；未设立档案机构的，由会计机构内部指定的兼职人员保管。移交本单位档案机构保管的会计档案，原则上应保持原卷册的封装。个别需要拆封整理的，档案机构应当会同会计机构和经办人员共同拆封整理，以明确责任。财务会计部门在将会计档案移交本单位档案部门时，应按下列程序进行。

（1）开列清册，填写交接清单，见表10-1。

表10-1　会计档案移交清单

<table>
<tr><th>年度</th><th>会议凭证类
（盒、袋）</th><th>会计账簿类
（卷）</th><th>财务报告类
（卷）</th><th>其他类
（卷）</th><th>光盘
（盘）</th><th>备注</th></tr>
<tr><td></td><td></td><td></td><td></td><td></td><td></td><td></td></tr>
<tr><td></td><td></td><td></td><td></td><td></td><td></td><td></td></tr>
<tr><td></td><td></td><td></td><td></td><td></td><td></td><td></td></tr>
<tr><td></td><td></td><td></td><td></td><td></td><td></td><td></td></tr>
<tr><td></td><td></td><td></td><td></td><td></td><td></td><td></td></tr>
<tr><td></td><td></td><td></td><td></td><td></td><td></td><td></td></tr>
<tr><td></td><td></td><td></td><td></td><td></td><td></td><td></td></tr>
<tr><td colspan="7">移交部门：　　　　接收部门：　　　　监 交 人：
移 交 人：　　　　接 收 人：　　　　移交时间：</td></tr>
</table>

（2）在账簿使用日期栏填写移交日期。

（3）交接人员按移交清册和交接清单项目核查无误后签章。

填写移交清册和交接清单项目时应注意：

(1)年度:填写需要移交的会计档案所属年度,用4位阿拉伯数字填写。

(2)移交部门及移交人:由单位内财务部门及其管理人员填写并盖章签字。

(3)接收部门及接收人:由单位内档案部门或接收会计档案的有关部门及其管理人员填写并盖章签字。

(4)监交人:由监督办理接交档案手续的人员签名。

(5)移交时间:填写办理会计档案移交手续的年月日。

(6)备注:填写移交范围的会计档案中需标明的情况。

(三)制定严格的使用和借阅手续

各单位保存的会计档案不得借出。如有特殊需要,可以提供查阅或者复制,但必须办理一定的手续。各单位应当建立健全会计档案查阅、复制登记制度,及时登记会计档案利用情况。应设置"会计档案调阅登记簿",详细登记调阅日期、调阅人、调阅理由、归还日期等。本单位人员调阅会计档案,须经会计主管人员同意。外单位人员调阅或复制会计档案,要有正式单位介绍信,经本单位负责人批准,并在"会计档案调阅登记簿"上详细记录会计档案的调阅或复制情况。查阅或者复制会计档案的人员,严禁在会计档案上涂画、拆封和抽换。

(四)严格遵守会计档案保管期限

各种会计档案的保管期限,根据其特点,分为永久和定期两类。定期保管期分为3年、5年、10年、15年、25年5种。凡是在立档单位会计核算中形成的,记述和反映会计核算的,对工作总结、查考和研究经济活动具有长远利用价值的会计档案,应永久保存。会计档案的保管期限,从会计年度终了后的第一天算起,如1996年度终了日为12月5日,保管期限按1997年1月1日开始计算。

会计档案保存期限由财政部和国家档案局制定。为了全面反映会计档案情况,上档部门应设置"会计档案备查表",及时记载会计档案的保存数、借阅数和归档数,做到心中有数、不出差错。

目前规定企业会计档案保管期限如表10-2所示。

表10-2 企业和其他组织会计档案保管期限表

序号	档案名称	保管期限	备注
一	会计凭证类		
1	原始凭证	15年	
2	记账凭证	15年	
3	汇总凭证	15年	
二	会计账簿类		
4	总账	15年	包括日记总账
5	明细账	15年	
6	日记账	15年	现金和银行存款日记账保管25年
7	固定资产卡片		固定资产报废清理后保管5年
8	辅助账簿	15年	
三	财务会计报告类		包括各级主管部门汇总财务报告

续表

序号	档案名称	保管期限	备注
9	月、季度财务会计报告	3年	包括文字分析
10	年度财务会计报告(决算)	永久	包括文字分析
四	其他类		
11	会计移交清册	15年	
12	会计档案保管清册	永久	
13	会计档案销毁清册	永久	
14	银行余额调节表	5年	
15	银行对账单	5年	

(五)会计档案销毁的手续和程序

会计档案在保管期满后，需要销毁。销毁时必须严格执行会计档案保管的规定，任何人都不得随意销毁。会计档案销毁的手续和程序如下。

(1)由本单位档案机构会同会计机构提出销毁意见，编制会计档案销毁清册，列明销毁会计档案的名称、卷号、册数、起止年度和档案编号、应保管期限、已保管期限、销毁时间等内容。

(2)单位负责人在会计档案销毁清册上签署意见。

(3)销毁会计档案时，应当由档案机构和会计机构共同派员监销。各级主管部门销毁会计档案时，应当由同级财政部门、审计部门派员参加监销。财政部门销毁会计档案时，应当由同级审计部门派员参加监销。

(4)监销人在销毁会计档案前，应当按照会计档案销毁清册所列内容清点核对所要销毁的会计档案；销毁后应当在会计档案销毁清册上签名盖章，并将监销情况报告本单位负责人。

另外，保管期满但未结清的债权债务原始凭证不得销毁，应当单独抽出立卷，保管到未了事项完结为止。单独抽出立卷的会计档案，应当在会计档案销毁清册和会计档案保管清册中列明。正在项目建设期间的建设单位，其保管期满的会计档案不得销毁。

采用电子计算机进行会计核算的单位，应当保存打印出来的纸制会计档案。具备采用磁带、磁盘、光盘、微缩胶片等磁性介质保存会计档案条件的，由国务院业务主管部门统一规定，并报财政部、国家档案局备案。

单位因撤销、解散、破产或者其他原因而终止的，在终止和办理注销登记手续之前形成的会计档案，应当由终止单位的业务主管部门或财产所有者代管或移交有关档案馆代管。法律、行政法规另有规定的，从其规定。

单位合并后，原各单位解散或一方存续而其他方解散的，原各单位的会计档案应当由合并后的单位统一保管；单位合并后，原各单位仍存续的，其会计档案仍应由原各单位保管。

本章小结

本章主要阐述了企业会计实务中将会涉及的会计工作组织、会计机构设置、会计人员的任职资格、会计档案的管理以及会计法规体系构成等诸多方面的知识。要求明确会计工作的组织原则、会计机构的设置、会计档案管理要求，掌握会计人员的职权范围和会计法规体系的构成等方面的知识。通过学习，应该清醒地认识到只有建立适当的会计机构，合理地配备会计人员，才能充分发挥会计作用，完成会计任务。

思考与练习

一、单项选择题

1. 会计法规包括(　　)。
   A. 会计法、会计制度、会计准则
   B. 会计法、会计准则、会计制度和其他有关法规
   C. 会计法、会计制度、会计准则和公司法
   D. 会计法、会计准则、会计制度和税法
2. 会计人员专业技术职称主要包括(　　)。
   A. 高级会计师、总会计师、会计师和助理会计师
   B. 总会计师、高级会计师、注册会计师、会计师
   C. 高级会计师、会计师、助理会计师、会计员
   D. 注册会计师、高级会计师、会计师、会计员
3. 企业财务机构的具体名称一般视(　　)而定。
   A. 企业的行业特性　　B. 企业的规模大小
   C. 企业的组织形式　　D. 企业对财会工作的重视程度
4. 以下内容不属于会计档案的是(　　)。
   A. 银行存款日记账　　B. 总账
   C. 购销合同　　D. 购货发票
5. 现行制度规定，应永久保存的会计档案是(　　)。
   A. 年度会计报表　　B. 季度、月度会计报表
   C. 会计凭证　　D. 会计账簿
6. 各单位每年形成的会计档案，都应由本单位(　　)负责整理立卷，装订成册，编制会计档案保管清册。
   A. 档案部门　　B. 财务会计部门
   C. 人事部门　　D. 指定专人
7. 企业单位记账凭证和汇总凭证的保管年限是(　　)。
   A. 3 年　　B. 5 年

C. 15 年　　D. 永久

8. 下列不属于会计执业资格的是(　　)。

A. 会计师　　B. 注册会计师

C. 会计员　　D. 总会计师

9. 企业单位现金日记账和银行存款日记账的保管期限是(　　)。

A. 3 年　　B. 5 年

C. 15 年　　D. 25 年

10. 会计工作组织形式一般分为(　　)。

A. 集中核算和分散核算　　B. 永续盘存制和实地盘存制

C. 应计制和现金制　　D. 确认、计量、记录和报告

二、多项选择题

1. 会计工作组织的内容包括(　　)。

A. 会计机构的设置　　B. 会计人员的配备

C. 会计规范的制定与执行　　D. 会计档案的保管

2.《会计法》规定会计人员的主要职责是(　　)。

A. 会计核算　　B. 会计监督

C. 经营决策　　D. 保管会计资料

3. 下列关于总会计师的表述正确的是(　　)。

A. 它是一个专业技术资格

B. 它是一个行政职务

C. 它是一个会计职称

D. 它必须由会计师以上专业技术资格的人员担任

4. 下列属于会计人员违法行为的有(　　)。

A. 伪造、变造虚假会计资料

B. 隐匿或故意销毁依法应当保存的会计资料

C. 不依法进行会计管理、核算和监督

D. 按规定发布企业会计信息

5. 关于会计档案的销毁,下列说法正确的有(　　)。

A. 应当由本单位财务会计部门提出销毁意见

B. 应当编制会计档案销毁清册

C. 单位负责人应在销毁清册上签署意见

D. 应当由单位档案机构和会计机构共同派员监销

6. 下列属于会计执业资格的是(　　)。

A. 会计师　　B. 注册会计师

C. 会计员　　D. 总会计师

7. 企业的下列会计档案中,保管期限为 15 年的应有(　　)。

A. 固定资产总账　　B. 库存商品明细账

C. 现金日记账　　D. 长期股权投资总账

8. 下列属于会计档案的内容有(　　)。

A. 记账凭证　　B. 明细分类账

C. 会计报表　　D. 银行存款余额调节表

9. 下列会计档案中,需要永久保存的有(　　)。

A. 汇总凭证　　B. 辅助账簿

C. 年度财务报告　　D. 会计档案销毁清册

10. 会计工作交接完毕后,交接双方和监交人在移交清册上签名或盖章,并应在移交清册上注明的内容有(　　)。

A. 单位名称　　B. 交接日期

C. 交接双方和监交人的职务、姓名　　D. 移交清册页数

三、判断题

1. 基本会计准则是制定具体会计准则的依据。(　　)

2. 企业会计制度规定,既要以会计准则为依据,又要适应各个行业的条件。(　　)

3. 会计工作岗位责任制要求一人一岗,以符合内部控制制度的要求。(　　)

4. 会计人员专业技术职称分为以下几种:总会计师、高级会计师、注册会计师、会计师、助理会计师和会计员。(　　)

5. 本单位的会计档案机构为方便保管会计档案,可以根据需要对其拆封重新整理。(　　)

6. 为了便于查阅历史证据,各种会计资料应永久保存。(　　)

7. 一个实行独立核算的单位,其工作组织形式既可以选择集中核算形式,也可以选择非集中核算形式。(　　)

8. 财会部门或经办人,必须在会计年度终了后的第一天,将应归档的会计档案全部移交档案部门,保证会计档案齐全完整。(　　)

9. 无论企业规模大小都必须设置总会计师。(　　)

10. 正在项目建设期间的建设单位,其保管期满的会计档案也可以销毁。(　　)

四、简答题

1. 会计工作组织的意义有哪些?

2. 组织会计工作应遵循哪些基本要求?

3. 会计人员的主要职责和权限有哪些内容?

4. 会计人员的职业道德内容有哪些?

5. 会计工作的组织方式有哪几种?具体内容有哪些?

6. 什么是会计档案?怎样保存会计档案?

参考文献

[1]财政部.企业会计准则——基本准则[M].北京:经济科学出版社,2006.

[2]财政部.企业会计准则——应用指南[M].北京:中国财政经济出版社,2006.

[3]财政部.企业会计准则讲解[M].北京:人民出版社,2006.

[4]彭云,翁家晨.基础会计[M].合肥:中国科学技术大学出版社,2011.

[5]郭丽华.基础会计[M].成都:西南财经大学出版社,2008.

[6]张秀兰.基础会计[M].长沙:湖南师范大学出版社,2011.

[7]孙国亮,骆竹梅.基础会计[M].成都:西南交通大学出版社,2010.

[8]高职高专规划新教材编审委员会组编.基础会计[M].武汉:武汉大学出版社,2011.

[9]会计从业资格考试辅导教材编写组编.会计基础[M].北京:中国财政出版社,2011.

[10]会计从业资格考试辅导教材编写组编.财经法规与会计职业道德[M].北京:中国财政出版社,2011.